欧亚历史文化文库

总策划 张余胜

兰州大学出版社

甫 白 文 存

丛书主编 余太山

张博泉 著

图书在版编目(CIP)数据

甫白文存/张博泉著. —兰州:兰州大学出版社,
2010.4

(欧亚历史文化文库/余太山主编)

ISBN 978-7-311-03526-6

Ⅰ.①甫… Ⅱ.①张… Ⅲ.①中国—历史—文集
Ⅳ.①K207-53

中国版本图书馆 CIP 数据核字(2010)第 057808 号

总 策 划　张余胜

书　　名　甫白文存
丛书主编　余太山
作　　者　张博泉　著
出版发行　兰州大学出版社　(地址:兰州市天水南路 222 号　730000)
电　　话　0931-8912613(总编办公室)　0931-8617156(营销中心)
　　　　　0931-8914298(读者服务部)
网　　址　http://www.onbook.com.cn
电子信箱　press@lzu.edu.cn
印　　刷　兰州人民印刷厂
开　　本　700 mm×1000 mm　1/16
印　　张　20.75
字　　数　285 千
版　　次　2010 年 7 月第 1 版
印　　次　2012 年 4 月第 2 次印刷
书　　号　ISBN 978-7-311-03526-6
定　　价　62.00 元

出 版 说 明

随着 20 世纪以来联系地、整体地看待世界和事物的系统科学理念的深入人心，人文社会学科也出现了整合的趋势，熔东北亚、北亚、中亚和中、东欧历史文化研究于一炉的内陆欧亚学于是应运而生。时至今日，内陆欧亚学研究取得的成果已成为人类不可多得的宝贵财富。

当下，日益高涨的全球化和区域化呼声，既要求世界范围内的广泛合作，也强调区域内的协调发展。我国作为内陆欧亚的大国之一，加之 20 世纪末欧亚大陆桥再度开通，深入开展内陆欧亚历史文化的研究已是责无旁贷；而为改革开放的深入和中国特色社会主义建设创造有利周边环境的需要，亦使得内陆欧亚历史文化研究的现实意义更为突出和迫切。因此，将针对古代活动于内陆欧亚这一广泛区域的诸民族的历史文化研究成果呈现给广大的读者，不仅是实现当今该地区各国共赢的历史基础，也是这一地区各族人民共同进步与发展的需求。

甘肃作为古代西北丝绸之路的必经之地与重要组

成部分,历史上曾经是草原文明与农耕文明交汇的锋面,是多民族历史文化交融的历史舞台,世界几大文明(希腊—罗马文明、阿拉伯—波斯文明、印度文明和中华文明)在此交汇、碰撞,域内多民族文化在此融合。同时,甘肃也是现代欧亚大陆桥的必经之地与重要组成部分,是现代内陆欧亚商贸流通、文化交流的主要通道。

基于上述考虑,甘肃省新闻出版局将这套《欧亚历史文化文库》确定为2009—2012年重点出版项目,依此展开甘版图书的品牌建设,确实是既有眼光,亦有气魄的。

丛书主编余太山先生出于对自己耕耘了大半辈子的学科的热爱与执著,联络、组织这个领域国内外的知名专家和学者,把他们的研究成果呈现给了各位读者,其兢兢业业、如临如履的工作态度,令人感动。谨在此表示我们的谢意。

出版《欧亚历史文化文库》这样一套书,对于我们这样一个立足学术与教育出版的出版社来说,既是机遇,也是挑战。我们本着重点图书重点做的原则,严格于每一个环节和过程,力争不负作者、对得起读者。

我们更希望通过这套丛书的出版,使我们的学术出版在这个领域里与学界的发展相偕相伴,这是我们的理想,是我们的不懈追求。当然,我们最根本的目的,是向读者提交一份出色的答卷。

我们期待着读者的回声。

总序

　　本文库所称"欧亚"(Eurasia)是指内陆欧亚,这是一个地理概念。其范围大致东起黑龙江、松花江流域,西抵多瑙河、伏尔加河流域,具体而言除中欧和东欧外,主要包括我国东三省、内蒙古自治区、新疆维吾尔自治区,以及蒙古高原、西伯利亚、哈萨克斯坦、乌兹别克斯坦、吉尔吉斯斯坦、土库曼斯坦、塔吉克斯坦、阿富汗斯坦、巴基斯坦和西北印度。其核心地带即所谓欧亚草原(Eurasian Steppes)。

　　内陆欧亚历史文化研究的对象主要是历史上活动于欧亚草原及其周邻地区(我国甘肃、宁夏、青海、西藏,以及小亚、伊朗、阿拉伯、印度、日本、朝鲜乃至西欧、北非等地)的诸民族本身,及其与世界其他地区在经济、政治、文化各方面的交流和交涉。由于内陆欧亚自然地理环境的特殊性,其历史文化呈现出鲜明的特色。

　　内陆欧亚历史文化研究是世界历史文化研究中不可或缺的组成部分,东亚、西亚、南亚以及欧洲、美洲历史文化上的许多疑难问题,都必须通过加强内陆欧亚历史文化的研究,特别是将内陆欧亚历史文化视做一个整体加以研究,才能获得确解。

中国作为内陆欧亚的大国,其历史进程从一开始就和内陆欧亚有千丝万缕的联系。我们只要注意到历代王朝的创建者中有一半以上有内陆欧亚渊源就不难理解这一点了。可以说,今后中国史研究要有大的突破,在很大程度上有待于内陆欧亚史研究的进展。

古代内陆欧亚对于古代中外关系史的发展具有不同寻常的意义。古代中国与位于它东北、西北和北方,乃至西北次大陆的国家和地区的关系,无疑是古代中外关系史最主要的篇章,而只有通过研究内陆欧亚史,才能真正把握之。

内陆欧亚历史文化研究既饶有学术趣味,也是加深睦邻关系,为改革开放和建设有中国特色的社会主义创造有利周边环境的需要,因而亦具有重要的现实政治意义。由此可见,我国深入开展内陆欧亚历史文化的研究责无旁贷。

为了联合全国内陆欧亚学的研究力量,更好地建设和发展内陆欧亚学这一新学科,繁荣社会主义文化,适应打造学术精品的战略要求,在深思熟虑和广泛征求意见后,我们决定编辑出版这套《欧亚历史文化文库》。

本文库所收大别为三类:一,研究专著;二,译著;三,知识性丛书。其中,研究专著旨在收辑有关诸课题的各种研究成果;译著旨在介绍国外学术界高质量的研究专著;知识性丛书收辑有关的通俗读物。不言而喻,这三类著作对于一个学科的发展都是不可或缺的。

构建和发展中国的内陆欧亚学,任重道远。衷心希望全国各族学者共同努力,一起推进内陆欧亚研究的发展。愿本文库有蓬勃的生命力,拥有越来越多的作者和读者。

最后,甘肃省新闻出版局支持这一文库编辑出版,确实需要眼光和魄力,特此致敬、致谢。

余太山

2010 年 6 月 30 日

目录

辽金史研究

1 论金代猛安谋克制度的形成、发展及其破坏的原因

猛安谋克是金朝统治时期女真族一种重要的政治和军事组织,研究它与研究辽清的头下军州和八旗制度有着同等的意义。不过在目前史学著作中,对猛安谋克这种制度的性质,以及它产生、发展、变化的特点,在看法上还不是一致的。比如有的认为猛安谋克在金政权建立以前是一种生产组织,而后来在对辽宋战争中则变成了军事组织。有的认为猛安是代表部落联盟中的部落,谋克代表氏族,是一种地方团体的组织,也是一种军事组织。有的认为猛安为部落单位,谋克为氏族单位,猛安和谋克的首领都称勃极烈,到了金政权建立时由氏族组织转化为军事组织,这种制度一变再变,到了熙宗以后既是军事编制,又是生产单位,同时也是地方行政组织三位一体的封建组织。也有的把猛安谋克看成是单纯的军事组织或军事贵族。这些分歧说明了我们对这种制度的探讨还是很不深入的。为了对这个问题提出一点粗浅的看法,我认为有必要对猛安谋克本身发生、发展和破坏的历史做一个全面的考察,以便从不同时期不同的特点中掌握这种制度关系的本质。因此本文在这里主要想分析以下几个有关的问题:(1)猛安谋克的形成及其特点;(2)金初猛安谋克向南的发展和猛安谋克的整顿;(3)猛安谋克的破坏及其原因。

1.1 猛安谋克的形成及其特点

在一些史学著作中常常把猛安谋克与氏族社会的部落和氏族等同

起来,这种看法我认为有进一步研究的必要。诚然猛安谋克最初是产生于金代女真人的氏族制的末期,它与部落、氏族组织应该是有联系的,但从有关的史料来看,我们认为两者之间是不同的。《金史》卷44《兵志》中说:

> 金之初年,诸部之民,无它徭役,壮者皆兵,平居则听以佃渔射猎,习为劳事,有警则下令部内,及遣使诣诸孛堇征兵,凡步骑之仗粮皆备取焉。其部长曰孛堇,行兵则称曰猛安谋克,从其多寡以为号。猛安者,千夫长也;谋克者,百夫长也。谋克之副曰蒲里衍,士卒之副从曰阿里喜。

《三朝北盟会编》卷3因金人李善庆到汴而述女真之风俗习惯时说:"其官名则以九曜二十八宿为号,曰谙版勃极烈——大官人;勃极烈——官人。其职曰忒母——万户;萌眼——千户;毛毛可——百人长;蒲里偃、牌子头。孛极烈者,纠官也,犹中国言总管云。自五户孛极烈推而上之至万户孛极烈,偕自统兵,缓则射猎,急则出战。"

从这两段记载中可以看出猛安(萌眼)谋克(毛毛可)与孛堇(孛极烈)是不同的。当时女真人的氏族制组织中的首领有官名与职名的区别,官名叫孛堇,职名曰猛安谋克。即:

万户勃极烈—千户勃极烈—百户勃极烈……—十户勃极烈—五户勃极烈。

万户(忒母)—千户(猛安)—百户(谋克)……—十长(?)—五长(?)。

这种官名勃极烈和职名猛安谋克的区别在哪儿呢?据《兵志》"其部长曰孛堇,行兵则称曰猛安谋克",是孛堇为一般氏族部落首领之称,而猛安谋克则为行军时各军事首领的专称。各部落氏族首领在平时不掌军队时只能称孛堇(或部长)而不能称猛安谋克,这从《金史·世纪》一段材料中亦可看出:"景祖异母弟跋黑有异志,世祖虑其为变,加意事之,不使将兵,但为部长[1]"。不过到了氏族末期,氏族部落

---

[1]《金史》中"孛堇"时与"部长"互称,如《金史·百官志》"其部长曰孛堇,统数部者曰忽鲁"而"都勃堇"亦称"都部长"。可知"但为部长",亦即"但为孛堇",其义甚明。

里边出现了经常的军事组织之后,各部落氏族的首领勃极烈,他们也往往是这种经常性军事组织猛安谋克的军事首长,这从《金史》卷81《迪姑迭传》中可以看出:"迪姑迭,温迪罕部人,祖扎古乃、父阿胡迭,世为胡论水部长,迪姑迭年二十余,代领父谋克攻宁江州。"阿胡迭世为胡论水部长(即勃堇),同时从其子迪姑迭带领其谋克来看是胡论水部亦有猛安谋克这种经常性军事组织。如果说猛安是部落单位,谋克为氏族单位,而阿胡迭为部落之长,则应为猛安而不应是氏族单位的谋克。同时依据《金史·兵志》记载"有警则下令部内,及遣使诣诸孛堇征兵"并"从其多寡以为号"和"部卒之数,初无定制"来看,这种军事的猛安谋克都不可能与原部落和氏族的单位、人数和名称相符合的。

那么什么是当时女真人的部落和氏族的名称呢?我们认为应该是历史记载中的"部族"、"宗族"、"族"等。部也即"部族",《金史》卷66《完颜勖传》"凡部族既曰某部"。这种部落氏族组织的氏族长称"孛堇",而统数个部的首领叫"忽鲁",即"其部长曰孛堇,统数部者曰忽鲁"[1],忽鲁孛堇也叫"都孛堇"、"都部长",都是忽鲁的同音异字。

正因为如此,我们在《金史》中所见到的关于金政权建立以前的猛安谋克都不表明是平时的氏族部落的组织单位和名称,而是氏族战争中的军事组织的名称,猛安谋克名词的出现都是与作战有关的。

其次,我们再看看猛安谋克这种军事组织是怎样发展为以地域为特征的地方组织的,这样就必须研究一下猛安谋克与村寨组织的关系。

女真完颜部至献祖(绥可)时徙居海古水,已经"教人烧炭炼铁,刳木为器,制造舟车,种植五谷,建造屋宇"[2]。随着铁制工具的使用与农业的发展,在女真人社会中已出现个体家庭,"女真之俗,生子年长即异居"[3]。同时已出现社会阶级的分化,并开始使用奴隶,氏族制便濒于解体的阶段。在这种变革中,在氏族部落或部落联盟的废墟上产生了农村公社,农村公社与氏族的基本不同点就在于它已经是地域性

---

〔1〕《金史》卷55《百官志》。
〔2〕《三朝北盟会编》卷18引《神麓记》。
〔3〕《金史》卷1《世纪》。

的组织,而不是血缘的组织。有人既说猛安谋克为地域团体,但又总把它与旧的部落氏族组织相当起来,这种把猛安谋克直接由部落氏族变化来的看法也是值得商榷的。我们认为在女真人社会中最初作为地域组织而出现的不是猛安谋克而是村寨组织,后来随着国家的出现,原来的军事组织猛安谋克组织与村寨结合起来成为一种特殊的猛安谋克村寨组织,这样猛安谋克除军事方面尚沿其制以外,又变成了地域性的猛安谋克村寨组织。

《金史》中常见有城栅、乡和村寨的新的组织出现。《金史》卷66《完颜勖传》:"天会六年诏书求访祖宗遗事,以备国史,命勖与耶律迪越掌之,勖等采摭遗言旧事,自始祖以下十帝(按即自始祖至康宗,太祖以前之十帝),综为三卷,凡部族既曰某部,复曰某水之某,又曰某乡某村,以别识之。"仅就《金史·世纪》和《太祖本纪》中所见城名有:纯思城、阿疏城、米里迷石罕城、乌塔城、泓忒城、留可城等;另外尚有"窝谋罕弃城遁去"、"高丽筑九城于曷懒甸,斡鲁亦筑九城,与高丽九城相对"。乡村名有:逼刺纪村、阿里矮村、胡不村、霭建村等。这种城栅村寨与汉族古代的"邑"性质是相似的,它是家族公社或农村公社。后来猛安谋克与这种村寨结合为猛安谋克村寨并移徙于中原之北部与原来汉人的州县制成为两重体系。在这点上它与辽投下制与唐之州县制结合而成为头下军州制、满人的八旗与宋明以来的官庄制结合而成为八旗庄头制度是不相同的,因而其内部生产关系的性质也不相同。一种是把本族的奴隶制统治的地方组织迁到汉人地区,一种是保有本族的特点并吸收了汉人的封建组织内容而成的一种特殊的组织。我们所以说猛安谋克与村寨结合之后成为一种地方组织,这在《金史》中有几处记载意义是非常明显的:

《金史》卷128《循吏传》序:"金自穆宗(景祖乌古乃第五子,名盈歌,或作杨割)号令诸部不得称都孛堇,于是诸部始列于统属。太祖命三百户为谋克,十谋克为猛安,一如郡县置吏之法。太宗既有中原,申画封疆,分建守令(其中亦包括猛安谋克)。"

《金史》卷46户口条:"京府州县郭下则置坊正村社则随户众寡为

乡,置里正,以按比户口,催督赋役,劝课农桑。村社三百户以上,则设主首四人,二百以上三人,五十户以上二人,以下一人,以佐里正,禁察非违,置壮丁,以佐主首,巡警盗贼。猛安谋克部村察,五十户以上设寨使一人,掌同主首。"

《金史》卷57《百官志》猛安谋克条:"诸猛安谋克隶焉;猛安从四品,掌修理军务,训练武艺,劝课农桑,余同防御。诸谋克从五品,掌抚辑军户,训练武艺,惟不管常平仓,余同县今。"

依上所述猛安谋克村寨实具有这样几个特点:(1)猛安谋克是与村寨结合在一起的女真族的地方组织,这种地方性组织之形成是与金太祖改革旧的猛安谋克确立新的猛安谋克的领地领户制度同时开始的。猛安谋克迁入中原后犬牙交错于汉人之州县,与州县并成为两套组织,互不干涉,它们虽都隶属于节度使或总管府,但两者之间则无相互隶属与管辖的关系。从其地位来看,猛安相当于防御,谋克相当于县令。猛安谋克部村寨五十户以上设有寨使,其地位与州县之村社的主首同。(2)作为地方组织的猛安谋克是行政军事以及管理生产的基本组织,它既管行政也管"修理军务,训练武艺""抚辑军户"同时也管理生产"劝课农桑"。不过它管理生产是在保有农村公社或家族公社某些特点的"牛头地"的土地分配和组织的基础上来实现的。(3)猛安谋克村寨名多贯有旧氏族首领的称号,如皇帝所居叫皇帝寨,相国所属为相国寨。此外尚有:蒲里孛堇寨、托撒孛堇寨、漫七离孛堇寨、句孤孛堇寨、合叔孛堇寨、报丁孛堇寨、没达河孛堇寨等,盖皆金初孛堇所居之村寨。其中亦有不贯孛堇字样者,如海枯寨、阿出勃出寨、御河寨、没咄寨、乌舍寨、和里间寨、达河寨、蒲达寨等[1]。这种贯有贵族官称的村寨反映了女真人村寨基本是由旧的氏族长和军事首领所支配的,另外孛堇名称之存在是与金初勃极烈制的保留分不开的,这是氏族制残余的反映。

再次,我们看看猛安谋克的形成与"千户""百户"的关系如何?《金史》中时见有猛安谋克与千户百户参用,《金史·兵志》中说:"猛安

---

〔1〕皆见于《金史》及许亢宗之行程录。

欧·亚·历·史·文·化·文·库

者,千夫长也,谋克者百夫长也。"一直到后来的《满洲源流考》等书都是这样解释,看来不是没有原因的。猛安谋克这种名称直接来源于千夫(户)长和百夫(户)长,它是与氏族社会时期五或十进位的组织有关的。这种五与十进位的组织最初又与当时生产和个体家庭出现有关的。在氏族制内这种组织最初出现,从中国一些少数民族史研究,大概又是与当时围猎经济有关。

女真人围猎时是按伍、什、百、千等来组织队伍和头目的,有伍夫长、什夫长、百夫长、千夫长等。这种以五和十进位参用的方法成为当时女真人围猎和军事编制的重要依据。这种编制的方法并不是金代女真人特有的现象,几乎在许多氏族末期都产生了这种情况。汉代的匈奴族,三国时期的乌丸,北魏时的蠕蠕以及后来的蒙古、满族等都曾有过这种五或十进位的编制出现,而且这种编制方法又都在军事编制中起重要的作用。

最后,为了了解猛安谋克之形成及其性质的变化,再进一步分析一下猛安谋克与军事首领的关系。

在《金史》中许多地方猛安谋克是表现为军事首领的称呼,在这点上有人把猛安谋克视为军事贵族亦未尝不可。为什么猛安谋克的形成与军事首领有密切关系呢?为此就必须先说明一下金政权建立以前女真人军事民主主义的政治特点。

由于部落人口密度的增加,以及对内对外的种种原因,女真人在其始祖函普时期已经出现了亲近部落间的联盟。《金史》卷1《世纪》记载完颜部的内部情况:

> 始祖(函普)至完颜部居久之,其部人尝杀它族之人,由是两族交恶,哄斗不能解,完颜部人谓始祖曰:若能为部人解此怨,使两族不相杀,部有贤女年六十未嫁,当以相配,仍为同部。始祖曰:诺。乃自往谕之,曰:杀一人而斗不解,捐伤益多,曷若止诛首乱者一人,部内以物纳偿,汝可以无斗,而且获利焉,怨家从之。乃为约曰:凡有杀伤人者,征其家人口一马十偶牸牛十,黄金六两,与所杀伤之家,即两解不得私斗。曰:谨如约。女真之俗,杀人偿马牛三

8

十自此始,既备偿如约,部众信服之。

由于这时女真社会内部的变化,以及各部间的斗争,因而要求建立适合于各氏族部落共同遵守的氏族部落公约,使亲近的若干部落结合起来,函普就是在这时期以解决各部之纷争和联合各部而被推选为各部首领的。但这时还只是完颜部各部间亲近部落的联合,后来发展为完颜部与以外各部的斗争,到昭祖时这种斗争便激烈了,"昭祖稍以条教为治,部落寝强,辽以惕隐官之。诸部犹以旧俗不肯用条教,昭祖耀武于青岭白山,顺者抚之,不从者讨伐之"[1]。到景祖乌古乃时已经成为一个强大的部落联盟的组织了,"景祖稍役属诸部,自长白耶悔统门耶懒土骨论之属,以及五国之长。皆听命"[2]。随着部落联盟的形成,军事首领也就成为经常设置的官职。

随着部落联盟的出现与发展,以及对外掠夺战争的需要,于是作为正常职业的军事组织的猛安谋克也就出现了,逐渐地猛安谋克也就成为一种重要的军事官职而授予各贵族,由于军事贵族在战争中权力的加强,他们最后发展为世袭的军事贵族。在宁江州战前我们见有"授谋克"、"授世袭千户谋克"的记载[3],同时从康熙年间于沙儿虎旧城(去宁古塔四十里)发现之"合重浑谋克印"之铜章[4],亦可证明此前猛安谋克确已成为一种官爵。在阿骨打建立金政权以前正式地对猛安谋克改制,适应国家之需要确立了猛安谋克的领户制度,"初命诸部以三百户为谋克,十谋克为猛安"[5]。这是猛安谋克在性质方面的一个根本改变,它已成为国家统治的工具,并由军事民主主义的军事组织发展为奴隶主国家的军事组织和地方组织。

在金政权还未确立以前,女真人的军事首领是以与氏族的议事会和民众大会并存为特点的,比如《金史》卷1《世纪》中有"康宗与官属会议"以及"召官属耆老"即氏族长的议事会。这时女真人的军事首领

---

[1]《金史》卷1《世纪》。
[2]《金史》卷1《世纪》。
[3]参见《金史》卷80《斜卯阿里传》、《金史》卷73《宗雄传》、《金史》卷81《阿徒罕传》等。
[4]见《柳边纪略》卷3。
[5]参见《金史》卷2,《太祖本纪》二年十月条,《金史》卷44《兵志》等。

还不是为所欲为的君主。昭祖欲稍立条教于各部,诸父部人都不赞同起来反对,并要坑杀[1],而且这种军事首领本身也还保有共产和民主的风习,"推财与人,分食解衣无所吝惜,人或忤之亦不念"[2]。在军事行动中军事首领也是与民众会议结合的,《大金国志》卷36《兵志》有段材料很能说明这个问题:

> 金国凡用师征伐,上自大元帅,中自万户,下至百户,饮酒会食,略不间别,与父子兄弟等。所以上下情通,无闭塞之患。国有大事,适野环坐,画灰而议,自卑者始,议毕即漫灭之,不闻人声。军将大行,会而饮,使人献策,主帅听而择焉。其合者即为特将任其事,暨师还胜,又大会问有功者,随功高下支赏,举以示众,薄则增之。(《三朝北盟会编》卷3所述略同)

从这里不仅可以看出金政权建立以前的情况,同时亦可以看出这种民主主义在阶级社会的初期仍以残迹存在着。

以上是我们通过猛安谋克与部落氏族的关系,猛安谋克与村寨组织的关系,猛安谋克与千户百户的关系,猛安谋克与军事首领的关系四个问题研究了猛安谋克的形成特点。我们认为猛安谋克并不是部落氏族的异称,它是军事民主主义时期军事作战组织,其编制是与围猎中的伍什的编制直接相关的,而猛安谋克的原意也即"千户"、"百户",可见它是直接由这种编制的"千户"、"百户"而定名的。在这点上它与契丹以"头目"(头下)、满族以"旗"来定名是不同的。但是无论取名于"千户"、"百户"也好,取名于"头目"也好,取名于"旗"也好,而千户、百户的五或十编制方法以及军事首倾的头目和旗等内容都是这个时期军事组织中的重要组成部分,在这点是大家很少注意的。猛安谋克随着具有农村公社性质的村寨出现以及适应国家政权建立的需要与女真本族的这村寨组织结合而为地方性组织,但同时国家军事编制仍以猛安谋克来进行。因为这种组织形成与军事首领有关,所以猛安谋克本身也

---

[1]《金史》卷1《世纪》。
[2]《金史》卷1《世纪》。

具有头目的意义[1]。因此在建立政权以前它可以为军事首领的尊号，建立政权后又可以成为官爵、将校等称呼。这就是猛安谋克所具有的真相，任何不从具体历史来看而把猛安谋克简单化都是不切合实际的。

1.2 金初猛安谋克的向南发展和猛安谋克的整顿

阿骨打第二年在新旧势力的斗争中，为了提高和巩固军事首领的地位，进一步打击旧氏族势力，建立新的统治力量，因此一方面对宗室耆老将士颁赏战获，分给赍财，奖励军功，赏赐猛安谋克；另一方面，对猛安谋克组织本身进行了新的变革，把这种组织确立为三百户为一谋克，十谋克为一猛安。这样猛安谋克便成为军事贵族直接掌握的工具。金政权建立后，新的统治者不仅在本族内推行这种制度，来代替旧的氏族制度，并对降服的辽人、系辽女真人、渤海人、汉人等也一概授以猛安谋克的称号。随着金之兵力向南发展，他们以新兴力量，连续打败了辽与北宋政权后，金朝奴隶主便以军事部落武装移民的方式先后向中原北部迁徙。其向南迁徙的历史，从总的发展来看大致可以分为以下几个时期。

第一个时期：金太祖时，由于对辽战争的胜利，开始把猛安谋克向宁江州、黄龙府和泰州等地迁徙。以便一方面加强对新占领区域的统治和防御当地人民的反抗；另方面也为把本族人安置在比原来更为肥美的土地上进行屯田，作为向南继续发展的基地。其见于《金史》者如下：

卷72《银术可传》："收国二年分鸭挞、阿懒所迁谋克二千户，以银术可为谋克，屯宁江州。"

卷72《娄室传》："太祖取黄龙府，娄室请曰：黄龙一都会且僻远，苟有变则邻郡相扇而起，请以所部屯守。太祖然之。仍合诸路谋克，命娄室为万户，守黄龙府。"（亦见《金史》卷2《太祖本纪》）

---

〔1〕参看《东北集刊》第一期，陈述著：《头下释义》。

卷46《食货志》户口条:"天辅五年,以境土既拓,而旧部多瘠卤,将移其民于泰州,乃遣皇弟昱及族子宗雄,按视其地,昱等且其土以进,言可种植,遂择诸猛安谋克中民户万余,使宗人婆卢火统之,屯种于泰州,婆卢火旧居阿注浒水(又作按出虎),至是迁焉。其居宁江州者,遣拾得、查端、阿里徒欢,奚挞罕等四谋克,挈家属耕具徙于泰州,仍赐婆卢火耕牛五十。"(亦见《金史》卷2《太祖本纪》、卷71《婆卢火传》、卷73《宗雄传》)

第二个时期:金太宗时占领了黄河以北的地方后,开始将本族猛安谋克大批的移入关内,天会十一年掀起了一个大迁徙的浪潮。

《大金国志》卷8《太宗皇帝纪》天会十一年条:"秋,起女真国土人散居汉地。女真一部族耳,后既广汉地,恐人见其虚实,遂尽起本国之土人,棋布星列,散居四方,令下之日,比屋连村,屯结而起。"

《建炎以来系年要录》卷68绍兴三年秋九月条:"是秋金左副元帅宗维(宗翰)悉起女真土人,散居汉地,惟金主及将相亲属卫兵之家得留。"

第三个时期:金人废掉伪齐刘豫政权以后,特别是1141年南宋将淮水以北土地割让给金之后,猛安谋克内徙之数字骤增,并较前两次有着新的特点。

《大金国志》卷36屯田条记载:"屯田之制,出自上古,金国之行,比上古之制尤简。废刘豫后,虑中国怀二三之意,姑(始)置屯田军,非止女真,契丹、奚家亦有之。自本部族徙居中土,与百姓杂处,计其户口,给以官田,使自播种,以充口粮。春秋量给衣服,若遇出军之际,始给钱米,米不过十斗,钱不过数千,老幼在家,依旧耕耨,亦无不足之歉。今屯田出处,大名府、山东、河北、关西诸路皆有之,约一百三十余千户,每千户止三百人,所居止处,皆不在州县,筑寨村落间。千户百户虽设官府,亦在其内。"

第四个时期:完颜亮迁都燕京后,一方面为加强其对华北之控制力量,另方面为削弱居于东北地方女真大贵族的实力,防止其起事,于是将上京的宗室,也即女真贵族统治的核心力量,大批的向河北山东迁

徙,以便作为其统治的政治支柱。关于这次猛安谋克贵族内徙以《金史》卷44《兵志》记载最详:

> 贞元迁都,遂徙上京路太祖、辽王宗干、秦王宗翰之猛安,并为合札猛安,及右谏议乌里补猛安,太师勖宗、正宗敬之族,处之中都;斡论、和尚、胡刺三国公,太保昂、詹事乌里野、辅国勃鲁骨、定远许烈、故果国公勃迭八猛安,处之山东;阿鲁之族处之北京;按达族属处之河间。

从上引之金代猛安谋克南徙的资料,可以看出从金太宗到海陵时先后有三个高潮(即太宗天会十一年、熙宗皇统五年、海陵贞元迁都三次的大规模内徙),而每个高潮又都与当时的军事政治等的发展是分不开的。金代女真统治者把猛安谋克大批的南徙,从其本质来看,是以部落军事移民的办法来实现其在新占领区的统治,它与中国历史上一些民族迁徙政策有着若干不同的特点。它主要是以奴隶制度为内容的猛安谋克制向中原汉族集居的封建地区迁住,形成这两种不同制度的交错与并存,并以对汉族等人采取奴隶掠夺的方式来发展本族的奴隶制,这样在中原北部便出现了奴隶制与封建制两道长河的对流,这样给北部的经济政治加以许多新的特色。在这点上,他与鲜卑慕容氏采取把汉人郡县侨置其本部,和辽之契丹以本族之头下与唐之州县结合建立军州来安置汉人等办法来发展本族的经济文化是不相同的。金代女真人之所以能够把奴隶制的猛安谋克移入中原,这与他自身的发展是分不开的。因他与汉人接触时已经是个相当发展的奴隶制国家了,奴隶制对女真人来说还是个新生不久的制度。

金代将猛安谋克向南迁徙之所以具有部落集团的军事移民的性质,主要是因为一方面其迁徙是由于军事的发展和对军事占领区的新的统治,另方面其采取的方法是以集团的殖民方法,其统治是建立在阶级与种族的剥削和压迫之上。猛安谋克之向中原迁徙不仅采取有组织的集团方法而且他们被迁入以后仍然保有其原来的名称,实际上就是把猛安谋克村寨组织原封不动徙入内地,这从有关的史料中完全可以看出它的特点来。现在将有关的一些材料表录于下:

所属路	猛安谋克名	名称的源起	出处
西京路	宋葛斜斯浑猛安	与上京宋葛屯有关	《金史》卷127《温迪罕斡补鲁传》
西北路	拿怜、术花猛安部	拿怜与上京纳邻河有关,术花无考	《金史》卷24《地理志》西京路抚州条
	王敦必剌猛安部	王敦必剌上京河名	同上
西南路	胡论宋葛猛安	与东北之胡论水、上京宋葛屯有关	《金史》卷88《纥石烈良弼传》
	按出灰必剌罕猛安	与上京按出虎水有关	《金史》卷103《完颜蒲刺传》
中都路	胡士霭哥蛮猛安	与上京得胜陀(国古忽士皑葛蛮)有关,即今吉林省扶余县石碑崴子	《金史》卷85《豫王永成传》
南京路	按出虎猛安部	与上京按出虎水有关	《金史》卷80《移剌战争愵传》92《曹望之传》
河北东路	胡剌温猛安部	与上京胡剌温屯有关	《金史》世宗本纪大定十六年十一月
山东东路	移里闵斡鲁浑猛安	与上京隆州移里闵斡鲁浑河猛安有关	《金史》卷44《兵志》
	把鲁古必剌猛安	与上京拔户古河有关	《金史》卷85《潞王永德传》
山西西路	按必出虎猛安	与上京按必出虎河有关	《金史》卷85《夔王允升传》
大名府	帕鲁欢猛安	与上京隆州帕里干山有关	《金史》卷103《纳兰胡鲁剌传》
	纳邻必剌猛安	与上京纳邻河有关	《金史》卷104《乌林答兴传》

　　这里所列举的当时西京、中都、南京、河北、山东、大名诸路猛安名的一部分,它们共同的特点即猛安的名称都与原来东北之猛安名、水名和山名等有关,我们知道女真人的部落和猛安多以其所居之山水命名的,说明了它们迁入内地后仍保有原来之名称。这是女真奴隶制发展和扩张的必然结果,也是我国多民族国家在各地方民族经济政治发展时期必然出现的一个过程。由于女真猛安谋克的内徙不仅使当地的汉

族地主经济的发展复杂化,而且由于汉族人民对女真人的直接影响,也使女真人社会内部的发展复杂化了。特别经过熙宗、海陵两个时期的发展,到了金世宗时期女真人的奴隶制内起了新的质变,新的封建关系的激剧增长与奴隶制的解体,作为奴隶制经济基础的上层建筑的猛安谋克组织也开始走上破坏的路程。于是在这时不仅仅是女真奴隶制与其外部并存着的封建制两种体系间的斗争,而且也从猛安谋克内部展开了这两种势力间的矛盾与斗争,这标志着女真人的历史又进入了一个新的变革时期。在这个变革期间,金世宗采取了许多措施以便使猛安谋克这种制度能够继续巩固下去,为奴隶主阶级的经济利益的要求而发挥作用。金世宗对猛安谋克的整顿也有一个历史的发展过程,以大定二十年以后最为突出,这与这个时期的变革最激烈有关的。金世宗一代社会的主要改革大致可以用以下几个方面来包括:

1.2.1 猛安谋克组织的整顿与加强

海陵王时猛安谋克已经混乱,并且由于海陵为了对宋战争,大肆括兵,一方面妨碍了猛安谋克的生产,同时由于把大批士兵趋之于战争的结果,也使地方猛安谋克的力量削弱了。金世宗为改变这种情况,缓和阶级矛盾,在他即位初便对新旧军进行裁减,把大批的作战士卒放遣还家,是加强地方猛安谋克的力量和进一步整顿猛安谋克的重要条件,也是整顿猛安谋克组织前的一个必要的步骤。在把大批士卒放还回家之后,金世宗便对猛安谋克组织先后进行了一些整顿,主要表现在:(1)大定七年由于过去省并猛安谋克和海陵时无功授猛安谋克而被罢去失职的,根据思敬的要请,以“量材用之”的原则重新恢复一些猛安谋克[1]作为扩充猛安谋克力量的方法。(2)大定十五年由于猛安谋克内部领户制的混乱,十月遣吏部郎中蒲察兀虎等十人,分行天下,再定猛安谋克户,其规定“每谋克不过三百户,七谋克至十谋克置一猛安”[2]。(3)金代猛安谋克是一种父子相承的世官制度,而承袭本身是采取嫡子继承制而排斥庶子的继承。另外自熙宗海陵两个皇帝先后建立起中

---

[1]《金史》卷70《思敬传》。
[2]《金史》卷44《兵志》。

·欧·亚·历·史·文·化·文·库·

央集权政治以后,往往猛安谋克是充任别职的,因而世宗于大定十七年对承袭制也作了些新的规定:"制世袭猛安谋克,若出仕者,虽年未及六十,欲令子孙袭者听。"[1]另外对"父任别职"其子承袭猛安谋克规定必须在二十五岁以上[2]。这种规定也无非是从巩固猛安谋克的地位与作用出发的。(4)大定二十年,一方面因为"以祖宗平定天下以来,所建立猛安谋克,因循既久,其间有户口繁简,地理远近不同,又自正隆之后,所授无度";另方面因为"大定间,亦有功多未酬者",于是对猛安谋克又作番"新定"工作,同时命"新授者,并令就封"。并规定功授世袭谋克的许以亲属从行:"猛安不得过十户,谋克不得过六户。"[3]"当给以地者,除牛九具以下令给,十具以上四十具以下者,则于官豪之家量拨地六具与之。"[4](5)大定二十四年为了"大重其权"以猛安谋克之号授给诸王,想以此来维系其女真族之旧态:"当是时,多易置河北山东所屯之旧括民地而为之业,户颁牛而使之耕,畜甲兵而为之备,乃大重其权授诸王以猛安之号,或新置者特赐之名,制其奢靡,禁其饮酒,习其骑射,储其粮糗,其备至严也。"[5]

经过金世宗时期的整顿,虽然不能根本改变猛安谋克内部由奴隶制向封建制的变革,但是经其整顿和扩大、加强之后,从数字来看猛安谋克大有增加。《金史·食货志》载大定二十三年有猛安202,谋克1878,所领户615624,所领口为6158636。当时全国户数约为650万,人口约为6420万,则猛安谋克户约占全国户口之十分之一。

1.2.2 罢契丹猛安谋克以扩充女真猛安谋克的实力

金世宗对猛安谋克的变革也表现在对契丹人猛安谋克的废除上。大定三年八月"诏罢契丹猛安谋克,其户分隶女真猛安谋克"[6]。这次罢契丹猛安谋克与过去罢渤海、汉人猛安谋克大不相同。他并未因为

---

[1]《金史·世宗本纪》,大定十七年四月条。
[2]《金史·世宗本纪》,大定十七年四月条。
[3]《金史》卷44《兵志》。
[4]《金史》卷47《食货志》中具税条。
[5]《金史》卷44《兵志》。
[6]《金史》卷6《世宗本纪》。

罢契丹猛安谋克之后,依着州县的组织进行编制,也不是恢复原来契丹人的社会组织,而是把他们分隶于女真人的猛安谋克中。其目的是一方面防止契丹人的反抗,另方面也充实和扩大了女真人的猛安谋克组织和力量。但是这个时期并非罢去所有契丹猛安谋克,未与乱的契丹人,仍可安居。《金史》卷90《完颜兀不喝传》中记载说:

> 窝斡已平,诏罢契丹猛安谋克,其元管户口及从窝斡作乱来降者,皆隶女真猛安谋克,遣兀不喝,于猛安谋克人户少处分置。未经罢去猛安谋克,合承袭者,仍许承袭,赈赡其贫乏者,仍括买契丹马匹,官员年老之马,不在括限。顷之,世宗以诸契丹未尝为乱者与来降者,一概隶女真猛安中,非是。未尝从乱,可且仍旧。平章政事完颜元宜奏,已迁契丹,所弃地,可迁女真人与不从乱契丹杂处。……上曰:分隶契丹以本猛安租税给赡之,所弃地,与附近女真人及余户愿居者,听其猛安谋克官选契丹官员不预乱者,充之。

这种把曾参加窝斡叛乱的契丹猛安谋克分隶于女真猛安,其他契丹猛安谋克官职世袭,本部为官不做任何变更的办法,到了大定七年仍沿而未改。大定九年因有契丹外失剌的谋叛伏诛,同年思敬上疏论五事提出:"契丹可分隶女真猛安……上皆从之。"[1]大定十七年才正式把所有契丹猛安谋克分隶于女真猛安。《金史》卷88《唐括安礼传》:

> (大定)十七年诏遣监察御史完颜觌古速行边,从行契丹押剌四人……自边亡归大石。上闻之诏曰:大石在夏国西北,昔窝斡为乱,契丹等响应,朕释其罪,俾复旧业,遣使安辑之,反侧之心犹未已,若大石使人间诱,必生边患。遣使徙之,俾与女真人杂居,男婚女聘,渐化成俗,长久之策也。于是……徙西北路契丹人尝预窝斡乱者,上京济利等路安置。

这次对契丹猛安谋克政策的变化,它有这几个主要内容:(1)主要是防止契丹人与大石联合起来反对金政权,即所谓"西南西北招讨司契丹余党,心素狼戾,复恐生事,它时或有边隙,不为我用"[2]。"若大

---

[1]《金史》卷70《思敬传》。
[2]《金史》卷44《兵志》。

17

·欧·亚·历·史·文·化·文·库·

石使人间诱,必生边患"。其政策的变更是与阶级矛盾分不开的。(2)在此以前则采取迁徙女真人到契丹已弃地与不从乱的互相杂处的办法来监视契丹人。现在则采取"俾与女真人杂居,男婚女聘,渐化成俗"对契丹人女真化的政策。这种政策的提出,是由于女真人自建国以来经济文化之发展,他们在生产文化水平上已经超过了尚保有游牧特点的契丹人的水平。于是后来可能有许多契丹人与女真人融合。(3)把契丹人由西北向女真内地上京济利乌古里石垒等处安置,并且分给土地,令从事农业的生产[1],以便巩固和发展女真人发祥地的经济,满足女真贵族剥削的要求。

1.2.3 防止与汉人杂处,提倡旧俗,集聚力量,以维持猛安谋克的统治地位

金世宗为了整顿猛安谋克,防止猛安谋克的最后破坏,很重要的一环即是制止女真人的汉化,他为了防止猛安谋克与汉人杂居,乃"以猛安谋克自为保聚,其田土与民田犬牙相入者,互易之"[2]。同时大肆提倡女真旧俗,对汉族的文化抱着敌视的态度。并且亲自率领诸王到老家上京(会宁)大会亲旧,自度胡曲,乃至"慷慨悲咽,不能成声"[3]。以表示他不忘本俗,以教导诸王。

金世宗他不仅防止女真人与汉人杂居,防止汉化提倡旧俗,同时为维持猛安谋克这种制度,乃防止独立的个体家庭的发展,阻止女真人向地主转化,而提倡旧的大家族的生产,并使本族人"每四五十户,结为保聚,农作时,令相助济"[4],保持比较原始的聚种的方法。

此外金世宗时又将河南、河间等路之猛安谋克向大名、东平、平州等地徙聚[5],同时又把山东东路之猛安谋克迁入到河间、河北东路[6],在东北地方则又将速频、胡里改之猛安谋克向上京迁徙[7]。这

---

〔1〕《金史·世宗本纪》。
〔2〕《金史》卷70《思敬传》。
〔3〕《金史》卷39《乐志》。
〔4〕《金史》卷47《食货志》户口条。
〔5〕《金史》卷89《移剌慥传》。
〔6〕《金史》卷47《食货志》田制。
〔7〕参见《金史·世宗本纪》,大定二十四年十一月丙午条和二十五年四月甲子条。

种把猛安谋克互相调动,看起来好像无意义的,其实正是与这一时期政治与阶级关系的变化有着关系的。从这个时期互相迁徙的记载中,至少可以看出这样几个问题:(1)河间路地方在海陵时曾把宗室迁到该地,世宗时一方面因为当地土质坏;另一方面因宗室在那里"侵削居民"引起阶级斗争的发展,因而将他们迁到平州[1]。(2)世宗把遥落河、移马河的契丹地之猛安谋克迁入大名东平,叫他们与女真人杂居,日久婚姻,不外是想使契丹人女真化[2],并帮助其镇压当地的人民反抗。(3)东北之上京把罢除之契丹人迁去,女真人之统治力量感到薄弱,于是把最勇敢的速频、胡里改猛安谋克迁到上京[3],一方面削弱速频、胡里改的力量,另方面利用其力量以充实上京。

1.3　猛安谋克的破坏及其原因

从猛安谋克在《金史》中的记载内容来看,它不是一个单一的称谓,它包括几个方面的含义。至少有这些含义:(1)代表地方行政组织的猛安谋克;(2)军事编制的猛安谋克;(3)作为头目的代称的猛安谋克。也正因为如此,研究猛安谋克破坏的原因时就应当作具体的分析。比如作为行政组织的猛安谋克,随着奴主经济的破坏而破坏的就早些,而作为军事编制的猛安谋克,在金章宗完成封建制变革后,其名称保留得更久些,这种具体历史事件在研究中是应该注意的。如果不这样看就无法全面地了解随着奴隶制经济关系的解体而在上层建筑各个方面的变化。而作为金朝奴隶制经济基础的上层建筑的猛安谋克的破坏,首先是从经济的变化和阶级关系的变化开始的。因而我们就首先从这里开始研究。

---

[1]《金史》卷73《按答海传》。
[2]参见《金史·世宗本纪》及《金史·兵志》。
[3]《金史·世宗本纪》。

1.3.1 土地关系和阶级关系的变化是作为地方行政组织的猛安谋克破坏的根源

猛安谋克村寨是古代农村公社的残迹,在这种村寨组织中的土地主要表现为牛头地,牛头地的占有是猛安谋克奴隶主剥削的基础。奴隶主们都占有许多的牛头地,耕牛和奴隶,用奴隶从事生产。到了熙宗时始创屯田制度,在屯田猛安谋克内实行"计口授田"制。"计口授田"实际与按牛具多少进行土地分配已有区别,但是这种分配土地的方法仍是较为原始的,很与北魏实行均田以前的计田占田相近。金世宗时猛安谋克内之牛头地,由于猛安谋克的阶级关系的变化。在其内部已出现了封建的佃耕关系,因而牛头地的经营便起了新的变化,牛具组织也开始混乱了。由于猛安谋克内土地私有的出现,阶级的分化,土地兼并发展了,并出现了占田制,造成"小民无田可耕"[1]的地步。另外女真猛安谋克户都不自营土地,并卖掉自己的奴婢,"尽令汉人佃莳取租而已",奴隶主用奴隶经营土地,大部分向封建的佃租制转化。《金史》食货田制条载:"(大定)二十一年正月,上谓宰臣曰:山东大名等路猛安谋克户之民,往往骄纵不亲稼穑,不令家人农作,尽令汉人佃莳取租而已。……近已禁卖奴婢,约其吉凶之礼,更当委官阅实户数,计口授地,必令自耕,力不赡者,方许佃于人。"又:"近遣使阅视秋稼,闻猛安谋克人惟酒是务,往往以田租人而预借三二年租课者,或种而不耘,听其荒芜者,自今皆令阅实各户人力可耨几顷亩,必使自耕耘之,其力果不及者,方许租赁。""(大定)二十二年以附都猛安户,不自种悉租与民,有一家百口,垅无一苗者。"从这几段材料中可以看出金世宗后期封建关系在猛安谋克内普遍发展起来了,许多奴隶主向地主转化,这是女真族社会继金初的变革之后又一次最重要的变革。这种变革直至章宗时才基本完成。

随着土地关系的变化,阶级关系也发生了变化,许多奴主变成了地主。女真奴隶主猛安谋克由奴隶主向地主转化,从经济上看,即由使用奴隶生产而转化为招收汉人佃耕,坐取地租;从政治方面来看,即由猛

---

[1]《金史》卷47《食货志》田制。

安谋克向封建士大夫的转化。这一方面表现在金章宗时法律上已规定猛安谋克的新的选举制度,《金史》卷44《兵志》:"至章宗明昌间,欲国人兼知文武,令猛安谋克举进士,试以策论及射,以定其科甲高下。"正因为如此,有的当袭为猛安谋克者则不愿就,而"策论进士第"[1]。以应举进士这条道路代替旧猛安谋克的授封制度,这反映了女真族在官制方面的重要变化。另一方面也表现在这些女真贵族一经沾染了汉族士大夫的风习,他们便"习辞艺,忘武备"[2]而与士大夫交游过着糜烂的生活。刘祁《归潜志》卷6载:

> 南渡后,诸女真世袭猛安谋克,往往好文学,与士大夫游,如完颜斜烈兄弟、移剌延玉、温甫总领、夹谷德固、术虎士、乌林答肃孺辈,作诗多有可称,德固勇悍,在军中有声,尝送舍弟以诗,亦可喜。天兴初提兵戍谯,军乱见杀。

这种土地关系以及奴主向地主转化,佃耕的农民代替了原来的奴隶,都反映了女真族社会内部在这时处于深刻的变革中,女真奴主的腐化、出卖奴隶说明奴隶生产关系已再不适应其社会生产力发展的要求,同时也是封建制与奴隶制在中原北部由并存斗争而转向新的统一的过程。但是由于具体的历史条件的关系,女真族奴隶制向封建制的转变具有这样的特点:(1)女真族把猛安谋克大批的移入华北,虽然是以奴隶制的移民方式实现的,但由于封建制的影响和把汉人持为"驱丁"[3],这样在猛安谋克内部就已经育养了封建的成分,特别是女真人不能把被征服的地区都转变为奴隶制,而把自己的奴隶制插花于封建制的原野中,因而比较先进的汉族的封建制对其内部变化的影响起着重大的作用,特别是汉族人民的反抗与斗争更加推动了其变革。(2)女真族的奴隶制的发展,而许多奴隶都来自战争中的俘虏,而女真一般农民都保有成为国家的重要兵员,在其内部发展的要求下以及汉族人民的先进的技术影响下,采取按正常道路把奴隶转为农奴的办法满足

---

〔1〕《金史》卷115《赤盏尉忻传》。
〔2〕《金史》卷92《徒单克宁传》。
〔3〕在《金史》中常见有"驱"、"驱丁"、"驱军"、"驱奴"、"驱婢"等字样,其地位低于良民而高于奴婢,应是一种农奴。

不了奴隶封建主的要求,因而采取出卖奴隶,另招汉人作佃农的办法来发展封建关系。因为用技术较高的汉人生产,对女真封建主说来则更有利可图。(3)金政权的特点早在金世宗由奴隶制向封建制激剧转化之前的熙宗时期,它就已经不再是一个单纯的奴主政权组织,而是在猛安谋克与州县双重组织之上的一个专制主义政体。作为这样政权支配下的一个方面的奴隶制向封建制转化中,奴隶主与封建主之间为争夺政权而进行的斗争就不是太激烈的,在这样的政权下边,奴隶主只要把经营方式变换一下,他们大多数即由奴主成为地主,但这种变换主要是通过当时女真内部及汉族人民的斗争来实现的。(4)猛安谋克奴主贵族是由于他们学习汉人地主而转化为地主的,他不是从内部正常发展起来的,他们完全继承了北宋以来汉族大地主的腐朽生活,正因为这样,这个政权虽然完成了本族内部的封建化过程,但他不能在对北方的经济发展和缓和阶级矛盾上起着作用。

由于土地关系与阶级关系的重大变化,作为女真族地方行政组织的猛安谋克也就从经济生产上和组织上被破坏了,作为地方组织的猛安谋克在金章宗完成封建化后也就无存在的意义。在《金史》中猛安谋克户口与牛具税主要记载到世宗时这并不是偶然的。在社会上虽然章宗以后尚有世袭猛安谋克的记载和牛头税的记载,但这只是残迹,世袭猛安谋克已多数成为无领地领户的虚名,这从《归潜志》卷3载乌林答爽"虽世袭(谋克)家甚贫"可知。而《金史》中章宗以后的猛安谋克大多是在军事编制中尚保有此名称,但实际这时军事中的猛安谋克已发生了变化,与以前有着不同的特点。

1.3.2 猛安谋克的破坏与军事组织

猛安谋克最初为军事组织,金政权建立后成为地方组织与军事组织。经过金世宗时的社会变化到金章宗封建化完成后,地方组织的猛安谋克又失掉其存在的意义了,只作为残余而保留着。这时在军事编制中尚沿用旧的猛安谋克,不过性质上有了新的变化,它已经渐渐地与封建性质相适应,如规定猛安谋克可以举进士并且"以策论及射,以定其科甲高下"。不过这种军事编制中的猛安谋克在章宗以后从组织上

作战能力上来看也日益破坏了,其破坏的现象主要表现在以下诸事实上:

1.3.2.1　军事战斗力的锐减

猛安谋克这种军事组织在其初期由氏族制向奴隶制的变革中起了积极的作用,并在巩固和发展奴隶制过程中也起着相当的作用,特别是在对辽宋战争中女真人以这种军队推翻了当时中国境内这两个腐败的政权也是一个有意义的事。但后来随着奴隶制的发展和奴主的腐化,以及奴隶制向封建制的变革过程中,猛安谋克的军事组织不仅削弱,而且也成为奴隶主镇压和阻止这种变革维系旧的奴隶制的工具。它随着封建化的完成,新的地主阶级继承了北宋以来大地主的腐败政治,在经济政治军事上都无所革新,而这种组织虽然保存,而其战斗力亦非往昔之比,这从以下的记录中便完全可以看出。

《金史》卷102《完颜弼传》:"贞祐初,宣宗驿召弼赴中都,是时云内已受兵……寻为元帅左都监,驻真定,弼奏,赏罚所以劝善惩恶,有功必赏,有罪必罚,而后人可使,兵可强。今外兵且增,军无斗志,亦有逃归而以战溃自陈者,有司从而存恤之,见闻习熟,相效成风。"

《金史》卷108《侯挚传》贞祐三年四月上章九事:"其九曰:从来掌兵者,多用世袭之官,此属自幼骄惰,不任劳苦,且心胆懦怯,何足倚办?宜选骁勇过人,众所推服者,不考其素用之,上略施行焉。"

像这种腐败的军队当然"兵势益弱""例无战志",而在与敌作战时猛安女真将帅虽"握兵者甚众"只好"皆束手听命,无一人出而与抗者"[1]。这就是当时猛安谋克军的真相。

1.3.2.2　从组织上看官多兵少,名存而实亡

猛安谋克的破坏也表现在军事组织上,这时主要特点是军官多而猛安谋克所领的士卒却极少,实际上猛安谋克此时亦只"务存其名而已"[2]。《金史》卷109《陈规传》记载当时猛安谋克军队的情况最能说明问题:"况今军官数多,自千户而上有万户,有副统有都统,有副提

---

〔1〕见刘祁:《归潜志》。
〔2〕《金史》卷44《兵志》。

控,十羊九牧,号令不一,动相制切。闻国初取天下,元帅而下唯有万户,所统军士不下数万人,专制一路,岂在多哉? 多则易择,少则易精。今军法每二十五人为一谋克,四谋克为一千户,谋克之下有蒲辇一人,旗鼓司火头五人,其任战者才十有八人而已,又为头目选其壮健以给使令,则一千户所统不及百人,不足成其队伍矣。"

1.3.2.3 官优兵饥,人民破产

不仅军事组织破坏,有名无实,以及士兵的战斗力消失,由于统治阶级的腐败,和国家财政的困难,士兵无食,加强鱼肉百姓,和军队中的将校从中得到优异的待遇,这种腐败现象更加严重了。

《金史》卷109《陈规传》:"古之良将尝与士卒同甘苦,今军官既有俸廪,又有券粮,一日之给兼数十人之用,将帅则丰饱有余,士卒则饥寒不足,曷若裁省冗食而加之军士哉。"不仅仅士卒饥寒不足,而士卒的家口"又数倍于军,彼皆落薄失次,无所营为,惟有张口待哺而已"[1]。为了养兵,就得从农民身上加强剥削。当时的农民是怎样的情况呢?《金史》卷113《赤盏合喜传》:"上太息曰:南渡二十年,所在之民破田产,鬻妻子,以养军士,且诸军无虑二十余万,今敌至不能迎战,徒以自保,京城虽在何以为国,天下其谓我何? 又曰:存亡有天命,惟不负民可也。"正因为如此,以此残破腐败的军队来与北方新兴起的蒙古族作战便张皇失措,极端怯懦,这种表现正是与当时金朝地主阶级的政治上的黑暗,和阶级的腐败分不开的。

1.3.2.4 组织"乣军"、"忠义军"等的失败

由于猛安谋克的衰弱,对新兴起的蒙古族军队无以应战,乃组织契丹等之乣军以为北边边防的主力。然而宣宗南迁,想依靠的主力乣军也都溃叛,这时猛安谋克兵势益弱:"器械既缺,粮糒不给,朘民膏血而不足,乃行括粮之法,一人从军,举家待哺,又谓无以坚战士之心,乃令其家属入京师,不数年,至无以为食,乃听其出,而国亦屈矣。"[2]

宣宗末年又想依靠收纳各族的"归正人"和"亡命"组织所谓"忠孝

---

〔1〕《遗山先生集》卷18。
〔2〕《金史》卷44《兵志》。

军""忠义军"。这些士卒都是"不问鞍马有无,译语能否,悉送密院"[1]或者以"招集义军"的名义临时编凑起来的,不但无作战能力,而且"终不可制,异时擅杀北使"[2],也丝毫不能挽救金朝统治者的灭亡。

1.3.3 当时各族人民的斗争是猛安谋克最后被破坏和消亡的主要动力

猛安谋克大批地迁入黄河流域,女真族奴隶主一方面联合北方汉族大地主共同统治北方的人民,另方面又依靠其军事的力量,大批地掠夺汉人的土地、骡马和人民以发展其奴隶制的经济。他们将汉族人民的"腴田沃壤尽入势家",而瘠恶的土地付汉户贫民耕种。这样便引起汉族人民与女真屯田户间的"互相憎疾"[3]。在完颜亮时,于河北山东括田将汉人的坟墓、井灶都被占去"怨嗟争讼",到宣宗迁开封争讼仍然"未已"[4]。与此同时他们先后搜括马匹,海陵时在正隆四年诏调诸路马计56万余匹。五年又大括天下赢马(见《金史》卷5海陵本纪)。这种对土地牲畜的掠夺是与把汉族人民沦为奴隶或驱丁的过程同时进行的,主要与当时女真的奴隶主的政策是分不开的。随着这种关系的发展,当时的各族人民为了反抗这种奴隶方式的掠夺与压迫,他们掀起了无数次的斗争。到了世宗时这种阶级斗争已经相当尖锐,特别是后来蒙古族南下,汉族等人民的反抗更为剧烈,据《大金国志》所载在1212年各地已是"盗贼纵横"而且"莒、淄、潍、河中、陕西之寇动数万人,所在屯结。朝廷议欲谋讨之,张庆之以为民未安集,岁虽稔而力未苏。若调兵以平寇,恐大军(蒙古军)再来则不堪应敌,若用两河签兵,止为敌饵,无益也"。此后阶级斗争便不断地发展,《元遗山先生集》卷28完颜怀德碑中说:

> 贞祐二年,受代有期,而中夏被兵,盗贼充斥,互为支党,众至数十万,攻下都邑,官军不能制。渠帅岸然以名号自居。仇拨地之酷,睚眦种人,期必杀而后已。若营垒、若散居侨寓托宿,群不逞闹

[1]《金史》卷44《兵志》。
[2]《金史》卷44《兵志》。
[3]《金史》卷107《高汝砺传》。
[4]参见《金史》卷49《食货志》田制。

起而攻之,寻迹捕影,不遗余力,不三二日,屠戮净尽,无复噍类。
至于发掘坟墓,荡弃骸骨,所在悉然。

这种阶级斗争显然是与猛安谋克的掠夺土地和为反抗猛安谋克这种奴隶制的组织及其贵族有关的。汉族人民反抗女真人以猛安谋克来编制汉人,在太宗得平州时就已经开始,也正因为汉人民的反抗而不得不废除猛安谋克制。但是后来猛安谋克这种组织迁入内地,汉族等人民为反抗猛安谋克的剥削与统治也进行了不断的斗争。在这种斗争中打击了奴隶制度,加速了奴隶制度向封建制度的转化,在这斗争中农民又重新从原来被掠去土地的奴隶主手中获得了佃租权,也在这斗争中猛安谋克最后被破坏和消亡了。

综上所述,我们认为猛安谋克这种组织的破坏首先是在女真族社会由奴隶制向封建制变革中,由于土地关系和阶级关系的变化而开始的。它随着金代奴隶制经济的确立而确立,也随着这种奴隶制经济的破坏而破坏。作为军事组织的猛安谋克较作为地方组织的猛安谋克保留得更久些,但是这种组织它已起了变化逐渐地与封建关系相适应,并成为地主腐化怯懦无能,无力代表当时国家的一种表现,这时期猛安谋克军事组织的腐败正是当时地主政权腐败的一部分。当时各族人民的阶级斗争是女真人由奴隶制向封建制转化以及猛安谋克的破坏的基本推动力量。

（原刊《文史哲》1963 年 1 期）

2 论猛安谋克在女真族社会发展中的作用

猛安谋克在女真族社会发展中的作用,是我研究有关猛安谋克制度的几个问题中的最后一个题目。在研究这个问题之前,我曾先后写了《论金代猛安谋克制度的形成、发展及其破坏的原因》、《金代奴婢问题的研究》、《关于女真族"牛头地"问题的考察》以及《猛安谋克与民族关系》等问题。可以说,本文是对以上一些问题作了基本探讨之后写成的。其中《论金代猛安谋克制度的形成、发展及其破坏的原因》一文已发表于《文史哲》1963 年第 1 期,因而关于猛安谋克自身的一些问题在这里不准备重复,现只就猛安谋克在女真族社会发展中的作用,结合女真族历史的进程分析一下。是否正确,希望专家和读者不吝赐教。

2.1 金政权建立以前及太祖太宗时期的猛安谋克的作用

女真族在建立金政权以前和太祖、太宗的整个时期,其历史发展的轮廓大致如下:

女真族本属于通古斯族的一支,五代时女真族又分成生女真和熟女真两个部分,被契丹迁到辽阳以南的叫"熟女真";留在混同江、长白山一带的叫"生女真"。从五代至北宋,居住在混同江、长白山一带的生女真,刚从穴居野处发展到定居的生活,这时尚无文字与历法[1]。

---

[1]《金史》卷 1《世纪》;《三朝北盟会编》卷 3。

至五代祖石鲁时,氏族部落已有很大的发展[1],"稍立条教"约束各个部落,表示以完颜部为中心的部落联盟正在形成中。11世纪中叶,第六代祖乌古乃"卒定离析,一切治以本部法令"[2],征服各部形成一个强大的部落联盟组织。及至太祖阿骨打时,女真族的奴隶制国家已基本形成,并于1115年在阿骨打的领导下建立起自己的政权——金国。

女真族在由氏族制向国家的过渡时期,其组织是部落组织,"部落"在女真语为"阿买"[3],其部落长为"孛堇",各部的联合首领为"都孛堇"。部落的军事组织是猛安谋克。无论是部落组织,抑或是猛安谋克组织都保持着民主主义的基本特征,这是与"乐则同享,财则同用"[4]的共有制分不开的。氏族制的若干特点,一直到金立国后仍作为残迹而保留着。例如金太宗吴乞买仍是"牧于野,屋舍车马衣服饮食之类,与其下无异"[5]。

在金国建立以前,女真族即展开了反抗辽统治的战争,1125年辽亡,女真贵族便把锋芒指向自己的同盟者北宋。1126年腐朽的北宋政权在女真人的攻击下覆灭,并把猛安谋克组织于天会十一年大批的迁入黄河以北各地,"棋布星列,散居四方","比屋连村,屯结而起",[6]以便统治中原北部的汉人民。

在这个期间,猛安谋克对于女真族的社会变革和发展所起的作用,可以从以下几方面分析。

2.1.1 在由氏族制向国家变革中的作用

猛安谋克在防御外侮和以武力统一各个分散部落,成为一个新的部族,以及在女真族由氏族制向国家变革中所起的作用都是巨大的,它成为女真族对外战争掠夺的工具。从立国前一些关于猛安谋克作战的

---

[1]《金史》卷67《留可统门传》载石鲁时完颜部是由二十个氏族组成的;徒单部和乌古论部是由十四个氏族组成的;蒲察部是由七个氏族组成的。可知此时氏族组织已有相当的发展。

[2]《金史》卷1《世纪》。

[3]"阿买"意即"部落",与蒙古语之"爱满"同。

[4]《三朝北盟会编》卷166引张汇《金房节要》。

[5]《大金国志》卷10《熙宗皇帝纪》。此外关于金初保有旧的残余之事记载很多,亦可看洪皓《松漠纪闻》、文惟简《虏廷事实》。

[6]《大金国志》卷8《太宗皇帝纪》。

史料中可以看出。

《金史》卷67《桓赧散达传》:"世祖闻肃宗败,乃自将,经舍狼、贴割两水,取桓赧、散达之家,桓赧、散达不知也。世祖焚其所居,杀略百许人而还。未至军,肃宗之军又败,世祖至,责让肃宗失利之状,使欢都、冶诃以本部七谋克助之。"

《金史》卷120《唐括德温传》:"唐括德温,本名阿里,上京率河人也。曾祖石古,从太祖平腊醅、麻产,领谋克。祖脱孛鲁,领其父谋克,从太祖伐辽,攻宁江、泰州,战有功……"

《金史》卷81《迪姑迭传》:"迪姑迭,温迪罕部人。祖扎古乃,父阿胡迭,世为胡论水部长。迪姑迭年二十余,代领父谋克,攻宁江州。"

从迪姑迭之父世为胡论水部长,而其父又有经常的军队(谋克兵)来看,猛安谋克在当时已发展为常设的军事组织。这种常设的猛安谋克军事组织在对外战争中,主要充当着掠夺土地、人民和财产的工具,其对并吞的各部落的原则是:"好则结为亲,以和求之;怒则加以兵,以强掠之。"(见《三朝北盟会编》卷3)"以强掠之"反映出这个时期军事掠夺的特征。同时把掠夺来的财产和人民作为战利品而赐给作战的军官和士兵。

《金史》卷2《太祖本纪》:"十月……次来流城,以俘获赐将士,召渤海梁福、斡答剌使之伪亡去,招谕其乡人曰:女直渤海本同一家,我兴邦伐罪,不滥及无辜也。使完颜娄室招谕系辽籍女直。师还谒宣靖皇后,以所获颁宗室耆老,以实里馆赀产给将士……"

同上:"辽兵溃,逐至斡论泊,杀获首虏及车马甲兵珍玩,不可胜计,遍赐官属将士,燕犒弥日。辽人尝言女直兵若满万则不可敌,至是始满万。"

《金史》卷1《世纪》:"(世祖围窝谋罕城)破其城,尽俘获之,以功差次赐诸军,城始破。"

由于把战争的俘获和财产赏赐给各氏族贵族和将士,这样便加速了奴主贵族的形成,使之成为奴隶和财产的新的占有者。随着这种财产关系的变化,过去充当氏族战争的军事首领,便逐渐由选举而变为世袭的奴主贵族,猛安谋克也就成为一种官号,并以授封的形式封给这些贵族,这即"以功授世袭千户(猛安)谋克"[1]。同时部落联盟的军事首领也就逐渐与贵族议事会和民众大会组织相对立,而把最高的权力篡夺到自己手中。《金史》卷2《太祖本纪》:

> 九月,太祖进军宁江州,次寥晦城,婆卢火征兵后期,杖之。复遣督军。诸路兵皆会于来流水,得二千五百人,致辽之罪……遂命诸将传挺而誓曰:汝等同心尽力,有功者,奴婢部曲为良,庶人官之,先有官者叙进,轻重视功,苟违誓言,身死挺下,家属无赦。

这里所记载的阿骨打,已经不像是各部落军事首领的样子,俨然似后来的最高统治者的国君了。可见猛安谋克在破坏旧氏族组织,促进新的社会组织的出现是有积极意义的。因此阿骨打第二年在新旧势力的斗争中,为了提高和巩固军事首领的地位,进一步打击旧氏族势力,建立新的统治力量,便对猛安谋克组织本身进行了新的变革,把这种组织确立为三百户为一谋克,十谋克为一猛安。这样猛安谋克便由单纯军事组织发展为军事和行政组织,成为新贵族掌握的工具。

2.1.2 在反辽对宋战争中的作用

猛安谋克军事组织,在反辽对宋战争中也起着巨大的战斗作用。它成为摆脱辽的压迫和向外发展的强有力的军事组织。《金史》卷44《兵志序》:"金兴,用兵如神,战胜攻取,无敌当世,曾未十年,遂定大业。原其成功之速,俗本鸷劲,人多沉雄,兄弟子侄,才皆良将,部落保伍,技皆锐兵。加之地狭产薄,无事苦耕,可给衣食;有事苦战,可致俘获。劳其筋骨,以能寒暑;征发调遣,事同一家。是故将勇而志一,兵精而力齐。一旦奋起,变弱为强,用是道也。"

在反辽对宋战争期间,猛安谋克的作用主要表现在以下几点:

①女真族建立政权前后,在太祖、太宗统治时期,先后展开反辽对宋的战争,战争的性质情况虽有不同,但是都具有不同程度的奴隶主阶级对外掠夺的特点。他们在战争中扩大了自己的领地和奴隶,并在辽

---

[1]《金史》卷73《宗雄传》。

宋的新占领区充当了新的统治角色。这些奴隶主贵族以猛安谋克军为实力在战争中发展了自己,使自己在奴隶来源上不断地得到了补充,如《金史》卷2《太祖本纪》天辅二年二月:"劾里保、双古等言:咸州都统斡鲁古知辽主在中京,而不进讨;刍粮丰足,而不以实闻。攻显州时,所获生口财畜,多自取。……"在占有汉人地区后,又把大批汉人向北迁徙作奴婢,其状之惨,更是当时人民所难以忍受的。《三朝北盟会编》卷99引《汴都记》云:"初男女北迁者,以五百人为一部,虏以数十骑驱之,如驱羊豕。京师人不能徒走高涉,稍稍不前,即敲杀,遗骸蔽野。"

②在反辽对宋战争中猛安谋克实际的作战作用也是突出的,这主要表现在猛安谋克往往以寡制众上面。这方面的例子是很多的,现只引两条于下:

《金史》卷81《蒲察胡盏传》:"蒲察胡盏……其父特厮死,袭为谋克。……天会三年,大军攻太原,城中出兵万余来战,胡盏以所领千户军击之。复败敌兵三万于榆次境。……七年,取邠州,遇宋人二十余万,我军右翼少却,时胡盏为左翼千户,摧锋陷阵,敌遂败去。败张浚(于)富平,复有功。"

《金史》卷82《乌延吾里补传》:"乌延吾里补……(天会年间)宋兵十万在单父间,总管宗室移剌屋,选步卒一万,骑兵四千,往讨之。吾里补领其亲管谋克以从,遇敌先登,力战有功。大军经略密州,吾里补将兵二千为前锋,遇敌万人于高密,遂败其众,追至城下,杀戮殆尽,获马牛三千余。……"

在女真反辽战争开始不久,则"辽人尝言女直兵若满万则不可敌"[1],也正说明了女真猛安谋克兵的战斗力是很强的。正因为如此,在战斗中才能"以寡制众,变弱为强"。其取胜的根本原因不外是由于其内部"事同一家",同时这种战争符合了女真族贵族发展的要求,也由于最初反辽战争具有摆脱辽的奴役的正义性质,得到了当时女真内部人民的支持。另外,这种战争正处于女真奴隶制上升时期,女真族内部成员还未沦为奴隶之前,他们的地位虽与奴隶主贵族是对立的,但由

----

〔1〕《金史》卷2《太祖本纪》。

欧·亚·历·史·文·化·文·库·

于氏族制的残留"阶级虽设,寻常饮酒食,略不间别,与兄弟父子等。所以上下情通,无塞闭之患。每有事未决者,会而议之"[1]。贵族之间以及与女真族内部平民之间,仍有着藕断丝连的关系,他们中的一些人,可以凭借军功而上升为猛安谋克贵族,在对外战争中可以均得一些利益。而当时奴隶主统治者在女真族来说是个新的阶级,尚能团结本族成员,同时也往往利用那种旧的氏族遗俗和传统,作为联合本族成员的基础,以便驱使他们参战,因而猛安谋克组织就易于发挥其掠夺工具的作用。

③猛安谋克不仅在反辽对宋战争中发挥其作战组织的作用,同时在平时也负担着捍卫奴隶主的胜利果实,镇压当时人民的反抗与维护奴隶主政权的作用。《金史》卷86《夹古胡剌传》:"正隆末,山东盗起,胡剌为行军猛安讨贼。遇贼千五百人于徐州南,败之。山东路统军司选诸军八百人作十谋克,胡剌将之。"金太宗时起把猛安谋克向中原北部大批迁徙,分处各地,其主要目的也即在此。

2.1.3 在组织生产中的作用

猛安谋克既然由军事组织进而发展为地方行政组织,它必然是以社会生产的存在为前提的。金初女真族统治者对猛安谋克内的生产是很注意的,《金史》卷2《太祖本纪》收国元年正月金兵进逼达鲁古城:"辽兵遂败,乘胜追蹑至其营,会日已暮,围之。黎明,辽军溃围出,逐北至阿娄冈,辽步卒尽殪,得其耕具数千,以给诸军。"《金史》卷46《食货志》:"天辅五年,以境土既拓……遂摘猛安谋克中民万余,使宗人婆卢火统之,屯种泰州。……仍赐婆卢火耕牛五十。"此外,金太宗对徙边戍户组织生产也是很关心的,《金史》卷3《太宗本纪》天会九年:

> 四月己卯,诏新徙戍边户匮于衣食,有典质其亲属奴婢者,官为赎之。户计其口而有二三者,以官奴婢益之,使为四口。又乏耕牛者,给以官牛,别委官劝督田作。……五月丙午,分遣使者诸路劝农。

---

[1]《三朝北盟会编》卷244引《金虏图经》用师条。

这种注意生产的措施，无非是在于加强猛安谋克在发展生产中的作用。猛安谋克官的职权除了经常训练士兵，加强军备以外，还有个很重要的任务即"劝课农桑"[1]，组织和监督猛安谋克内的生产。猛安谋克村寨内的基本生产形式，是所谓"牛头"或"牛具"，其土地叫"牛头地"或"牛具地"，其税叫"牛头税"或"牛具税"。《金史》卷47《食货志》：

> 牛具税，猛安谋克部女直所输之税也。其制：每耒牛三头为一
> 具，限民口二十五，受田四顷四亩有奇，岁输粟大约不过一石。

这种牛具组织和赋税制度，在女真族中至少可以看出以下两点作用：①猛安谋克村寨以这种牛具方式组织生产，对女真族奴隶制经济的发展是起积极作用的，与奴隶制的经济基础是相适应的。但是同时也必须看到，这种比较原始的组织也束缚了奴隶制的进一步发展，由于它保留了许多氏族的遗迹，却便于奴隶主集团利用这种形式加强其统治的地位。②牛具税的征收对满足国家财政需要和供给猛安谋克军队的军需都起了相当的保证作用。同时把这种税收以公共的仓廪贮积起来，并作为赈济之用，就可以在某种程度上防止村寨内女真成员的分化和破产，以此保证村寨成员的生产和生存的能力，这样就可以稳定不断地由本族成员中征求兵力的基础。

猛安谋克之所以能在生产上起作用，主要是当时这种组织是与奴隶制经济基础相适应的。就猛安谋克户来说，他们都亲自生产，即所谓"自种"，没有脱离生产，就连金太宗也还"牧于野"的，当然不能将"牧于野"这种现象视为主流，只能看做旧的残余形态的表现，在阶级社会初期国君往往是利用这种情况来刺激平民的生产，其目的仍在于加强剥削。但是也正由于这种氏族残余，妨碍女真族奴隶制的充分发展，因而当奴隶制经济进一步发展时，女真族奴主集团中便出现新奴主贵族与旧贵族的矛盾与斗争，新奴主贵族掌握政权后，便实现许多新的改革，使奴隶制进一步地发展，与此同时，并孕育着新的封建关系的萌芽，甚至最后发展为封建制。

由此可见，女真族由氏族制向奴隶制变革以及在向外发展中，猛安

---

[1]《金史·食货志》及《金史·百官志》。

谋克对女真族自身来说是种新的组织,猛安谋克贵族是个新的上升阶级,对女真族的社会发展是起促进作用的,不承认这点也就不能历史地对待女真族社会有关问题。但是这只是问题的一个方面,问题的另一个方面,即当女真族进入奴隶制时期,中原已经是相当发展着的封建经济,所以当女真族这道奴隶制的长河由北至南而漫及中原时,奴隶制与封建制两道长河在对流中,便产生了激烈的矛盾与斗争。在这种矛盾斗争中,猛安谋克组织及其贵族,虽然在扩大巩固女真族的奴隶制发展方面起着作用,但这种扩大和巩固却是在牺牲汉人的封建生产的基础上实现的,换句话说,是在靠掠夺汉人的土地和破坏汉人的封建经济来发展自己的奴隶制的,它对黄河流域生产的摧残和影响是严重的。这从以下一些具体事实得到有力的说明:

(1)由于女真贵族在对宋战争中,执行着奴隶主的掠夺和焚杀政策,使北方人民惨遭一场异常的战争灾难,人口死亡,城市乡村被摧毁,北方的农业生产呈现枯萎凋缩的现象。《三朝北盟会编》卷106建炎元年六月引《赵子崧家传》:"兼闻虏骑所至,惟务杀戮生灵,劫掠财物,驱掳妇人,焚毁屋舍产业,意欲尽使中国之人,父子兄弟女妇,不能相保,狼狈冻馁,归于死地,以逞其无厌之心,远近之民,所共愤疾。"其所蹂躏的地区是相当广的,《建炎以来系年要录》卷4建炎元年夏四月:"初敌纵兵四掠,东及沂密,西至曹、濮、兖、郓,南至陈、蔡、汝、颍,北至河朔,皆被其害。杀人如刈麻,臭闻数百里,淮泗之间,亦荡然矣。"

黄河南北的锦绣山河,凡是经过猛安谋克蹂躏的地区,无一处不是白骨蔽野,破瓦颓垣,荆榛千里,成为一片荒凉。如河南之洛阳、邓、唐、蔡等州,山东之青、潍,河北之瀛、棣、澶等州,战争的破坏都是很严重的,特别是"两河之民,更百战之后,旧野三时之务,所至一空,祖宗七世之遗,厥存无几"[1]。

(2)金初由于女真族贵族靠掠夺汉人发展自己的奴隶制,并把猛安谋克组织迁入中原进行统治,使中原北部的经济、政治与阶级关系发生很大的变化,这种变化最突出的特点是:北方汉人民的地位下降,他

〔1〕《三朝北盟会编》卷103建炎元年五月六日条下。

们有许多被掠为猛安谋克的奴婢或近于农奴身份的驱丁。天会时金人掠致宋国男女即不下二十万人,他们都"降为奴隶,执炊牧马"[1]。据《金史》有关的材料,个别的大奴隶主其"奴婢万数",一般的奴隶主贵族有 2000 个奴婢的,有 700 或 500 个奴婢的,亦有 100 个左右的,最少亦是数人到几十人。这和古代希腊奴隶主占有奴婢数量比较是有过而无不及的。就是到了金世宗奴隶制已处于解体的时期,猛安谋克占有奴婢的情况亦是不少的,并且是不平衡的。[2]

类　别	户　数	口　数	内正口数	内奴婢口数	每户平均占有奴婢数	正口与奴婢口比例
猛安谋克户	615624	6158636	4812669	1345967	2 个多	4∶1
在都宗室将军司	170	28790	982	27808	200 个多	1∶28 强
迭剌唐古二部五乣	5585	127544	109463	18081	3 个多	6∶1

从这个表来看,猛安谋克户项内,奴婢口占其口数 21.8%;在都宗室将军司项内,奴婢口占其口数 96.6%;迭剌唐古二部五乣项内,奴婢口亦占其口数 14.2%。金初把汉人驱俘为奴婢或农奴,汉人民身份下降,由于奴隶主对奴婢的残暴摧残,许多人民无辜牺牲,生命毫无保证,"任其生死,视如草芥"[3]。

(3)黄河流域的汉人民,在宋末金初战争中不仅倾家荡产,置身于死地,而且他们一经被征服后,一方面要受本族地主阶级的盘剥和压迫,另方一面还要受女真奴隶主猛安谋克的压迫和榨取,其中最为突出的即"薙发易服",强制汉人民服从女真人的落后的风俗习惯,并施之以严刑峻法,以及"以人口折还债负"和以防止汉人民南逃和四方"奸细"入境之名,加强对户口和人身的控制,限制百姓出入,结果是"小商细民,坐困闾里,莫能出入,道路寂然,几无人迹矣"[4]。

---

[1]《靖康稗史七种·呻吟语》。
[2]此表系依《金史·食货志》户口条制,另外牛具税条亦有记载,个别数字略有区别。
[3]洪迈《容斋三笔》卷 3。
[4]《建炎以来系年要录》卷 47 绍兴元年九月癸亥条。

·欧·亚·历·史·文·化·文·库·

2.2 金熙宗以后猛安谋克的作用

当女真族进入中原初期,奴隶制正处于上升和发展的时期,猛安谋克组织就女真社会来说还是与经济基础相适应的。但是由于把猛安谋克迁入中原,女真贵族对汉人民实行奴隶式的剥削和压迫,北方人民为反抗猛安谋克组织及其贵族,进行了普遍的英勇斗争。金熙宗时在女真族奴隶制的发展要求下和汉人民的反抗下,女真族奴隶制内部和他们对汉人民的统治发生了相当大的变化,随着这种变化,猛安谋克的作用也就相适应地有所变更。因之金熙宗以后猛安谋克的作用,不能与此前的情况完全等同。

金熙宗以后,女真族内部和他所统治下的北方社会究竟有哪些变化呢? 其特点怎样呢? 在这里有必要作一概括的介绍,否则即无从谈这个时期猛安谋克的作用。

在金初太祖、太宗时,女真奴隶制犹保有许多氏族制的残迹,当时女真贵族间等级关系还不严格,君臣之间平时"携手握臂,咬头扭耳,至于同歌共舞"[1]。兵权主要掌握在大贵族宗翰手中,旧的长辈贵族在政治上占有特殊的地位。至熙宗、海陵时,由于女真族奴隶制的发展和其受封建关系的影响,为了进一步与北方汉族地主阶级勾结,加强对汉人民的直接统治,以金熙宗、宗干、宗弼为首的新奴主贵族与老贵族宗翰和挞懒、宗盘两派发生激烈的斗争,而最后战胜旧奴主集团把权力掌在自己的手中。继熙宗、海陵之后,金世宗统治期间社会经济有了显著的恢复和发展,随着北方封建经济的恢复和发展,女真族内部的封建关系也在激剧地发展着,因而女真族奴隶制便陷于崩溃,至金章宗时女真族的封建制最后完成。这就是金熙宗至章宗时社会变革和发展的总的过程与特点。在这个期间,猛安谋克所起的作用与以前是不同的,现在分以下几点论述。

---

[1]《三朝北盟会编》卷116引张汇《金虏节要》。

2.2.1 金熙宗、海陵时期的猛安谋克的作用

在金熙宗、海陵新奴主贵族当政期间,无论在经济上政治上都有相当大的变化。这种变化的总的特点是:北方的经济开始恢复,女真族内部封建因素在扩大滋长,开始表明向封建过渡的趋向,但这期间奴隶制在女真内部仍是主要的形态。

金熙宗为缓和本族内的矛盾和奴隶制与封建制的矛盾,巩固其在北方的统治地位,在北方农业生产上采取了一系列的措施,比如将鹿囿、禁苑隙地等赐人民为民田,同时招募汉人租佃官地,黄河滩地也逐渐地被开垦。熙宗、海陵时北方的水利也在修复,熙宗废除刘豫政权以后,宗弼曾将刘豫"诸军悉令归农"[1],并减轻刘豫时旧税"三分之一,民始苏息"[2]。这都是有利于北方生产发展的。

金熙宗时对内徙的猛安谋克,适应本族经济发展的要求和在中原封建经济的直接影响下,开始实行新的猛安谋克军事屯田制,即所谓"计口授地"的办法。猛安谋克屯田"计口授地"与拓跋族之"计口授田"满族之"计丁授田"有相似处,都含有封建的因素,这是由旧的土地分配办法向封建制过渡的一种形态。不过由于历史条件不同,他们最后过渡到封建制的形式略有区别。拓跋族最后向均田制发展,这是与魏晋以来的占田课田制的影响分不开的,满族最后发展为八旗庄头制,是与宋明以来的庄田制的影响有关的,而女真族由牛头地中经"计口授地"最后形成租佃制,是与唐宋的一般大地主租佃关系影响有关的。猛安谋克屯田制是适应新奴主集团统治要求的,因而猛安谋克的屯田也就成为新奴主贵族对女真族统治的基础。

金熙宗海陵时期为适应本族奴隶制发展和对中原汉人民加强统治的要求,在政治上也进行了一系列的改革,其中最重要的一项即废除金初的中央勃极烈贵族会议制,而仿辽宋建立一套中央的集权组织。与此同时,对金初保留的各种氏族制残余形态一并废除,加强皇权。金熙宗为了发挥猛安谋克对北方汉人民统治和镇压北方人民起义的作用,

---

〔1〕《宋史纪事本末》卷67《金人立刘豫》。
〔2〕《金史》卷105《范拱传》。

把猛安谋克由黄河以北进而分布黄河以南各地。海陵时又曾将宗室尽徙之南,以便削弱东北老贵族的势力。海陵时为削弱老贵族残余势力,把猛安谋克组织变成新奴主的支柱,更以剥夺和省并的办法,将老贵族及其子孙的猛安谋克传授给新的奴主贵族,例如《金史》卷132《乌带传》载天德二年四月杀秉德(宗翰子)"以秉德世袭猛安谋克授乌带",《金史》卷86《完颜福寿传》:"完颜福寿,曷速馆人也。父合住,国初来归,授猛安。天眷二年,福寿袭父合住职(猛安),授定远大将军,累加金吾卫上将军。海陵省并猛安谋克,遂停封。"授封猛安谋克已不再遵循旧的以军功的办法,而是"无功授猛克(猛安谋克)",并且是"所授无度"的。

金熙宗为了笼络汉族地主阶级士大夫分子,进一步推行太宗时曾实行了的科举制,并于皇统八年下令:"自今本国及诸色人量才通用。"赋予投靠他们的汉族地主以经济政治特权。同时还提倡尊孔养士,翻译儒家经典,这样金政权与北方地主阶级更进一步地勾结起来了。此外这时金与南宋的关系,金熙宗这一派新奴主集团也是与主战派的宗翰和投降派的挞懒略有不同的。由于女真族内部和南北形势的变化,为了集中力量与旧奴主贵族斗争,和镇压缓和北方汉人民的反抗,金熙宗等新奴主贵族的政策是与南宋暂时议和,就是史学界所谓"侵略"的金兀术(宗弼)亦是主和的。例如:

《金史》卷77《刘豫传》:"初,宗弼自江南北还,宗翰将入朝,再议以伐宋事,宗翰坚持以为可伐。宗弼曰:江南卑湿,今士马困惫,粮储未丰足,恐无成功。宗翰曰:都监务偷安尔。"

可见宗弼渡江北还后是反对旧贵族宗翰的南侵政策的。1137年宗盘、挞懒一派当政,主张把河南、陕西归宋,得到宗干、宗弼的反对,宗弼一派新奴主贵族把挞懒将河南、陕西割宋看做是"与宋人交通赂遗"丧失了本阶级的权益的,于是在宗弼的直接策划下杀了挞懒。因而宗弼等的与宋议和是与挞懒不同的,他是在保持既得的河南、陕西统治权的条件下与宋议和,但并不因此放弃如果以后时机成熟再行伐宋的愿望,这从皇统七年冬宗弼将死时对其属下所说的话可知。《大金国志》:"南宋军势强甚,宜益加好和,十数年后,南军衰老,然后图之。"这就是金熙宗时与南宋议和的实质所在。

根据以上的分析,猛安谋克在金熙宗、海陵时,其作用除了对外战争外,由于形势的变化,其主要作用还表现在:①猛安谋克组织及其内部的土地关系的某些变化,它成为新奴主贵族的支柱,为新奴主贵族的经济政治服务。②猛安谋克向中原迁徙,一方面有打击和削弱老贵族的势力的作用,另一方面是为加强对北方汉人民的统治,镇压北方人民的起义和反抗。③这时的猛安谋克由于实行计口授地制,从猛安谋克内的生产来看,仍然是适应女真族奴隶制发展的要求的,仍起着监督和组织生产的作用。因此猛安谋克组织对女真本族说仍是起积极作用的,而其内部的改革,也在一定程度上缓和了猛安谋克与北方地主经济的矛盾,这就是北方生产逐渐恢复的原因。

2.2.2　女真族由奴隶制向封建制变革中的猛安谋克的作用

女真族把猛安谋克大批地迁入黄河流域以后,由于受汉人地主经济文化的影响,在女真族奴隶制内部也发生了新的变化。这种变化从金世宗时就已开始,金世宗时期是女真族奴隶制崩溃和封建制发展,两者之间斗争最激烈的时期。在这种社会新旧变革中,作为奴隶制的上层建筑的猛安谋克组织,及作为奴主代表者的猛安谋克贵族,便成为新的生产关系发展的桎梏,成为挽救和延缓奴隶制的灭亡和阻止封建制发展的工具。

猛安谋克从海陵以来就已经开始新的分化,到了金世宗的初年这种现象已经相当严重,如《金史》卷46《食货志》大定四年金世宗下诏曰:"正隆时,兵役并兴,调发无度,富者今贫不能自存,版籍所无者今为富室,而犹幸免。"与此同时猛安谋克屯田也被破坏了,《金史》卷92《曹望之传》:"(大定三年)上曰:自正隆兵兴,农桑失业,猛安谋克屯田多不如法。"同时猛安谋克户亦有的"家贫则卖所种屯田",[1]因而"女真人户,或撷野菜以济艰食,而军中旧籍马死,则一村均钱补买,往往鬻

---

〔1〕《金史》卷90《张九思传》。

妻子,卖耕牛,以备之"[1],因此金世宗便曾对猛安谋克组织进行整顿,以加强猛安谋克挽救奴隶制危机和统治的作用。在女真族内的这种新旧变革中,金世宗采取了以下一些措施加强猛安谋克的作用:①从组织上重新整顿猛安谋克,如规定"每谋克不过三百户,七谋克至十谋克置一猛安",同时根据海陵时无功的授猛安谋克,乃规定"量材用之"和有功而得封猛安谋克的"并令就封",并且以猛安谋克之号授诸王,来扩大猛安谋克组织和猛安谋克贵族。此外,金世宗又曾罢契丹猛安谋克,将其户分隶于女真猛安谋克,以便充实和扩大女真人猛安谋克的组织和力量。②为保持和维护猛安谋克的生产,防止和巩固猛安谋克内的土地关系和生产关系,而把大批的士兵复员生产,强制猛安谋克户"计口授地,必令自种"和保持比较原始的聚种的方法。限制猛安谋克户奢靡、饮酒、出卖奴婢,与此同时防止与汉人杂处,提倡旧俗,集中力量,以维持猛安谋克的统治地位。③由于金世宗时期北方地主经济的恢复和发展以及女真新贵族的封建化,当时土地兼并已极为严重,于是金世宗便抑制豪强的发展,以限田和括地的办法,制止女真贵族兼并土地,规定他们除牛头地外,只能占有十顷,超过的以冒占官地的名义拘括为官,同时为满足猛安谋克贵族土地要求,大肆对汉人地主土地进行拘刷,以限制打击女真贵族汉化和汉族地主的发展和兼并。

由此看来,猛安谋克在金世宗时,其作用已与金初和熙宗时实行"计口授地"时期不同,猛安谋克至此不仅与汉族地主经济矛盾,而且也成为女真族自身向封建制发展的阻力和桎梏。这时期屯田的计口授地制已再不能适应女真族发展的要求,其变革的方向是租佃制,这时期猛安谋克贵族已经失去组织猛安谋克内生产的能力,他们日益腐化成为堕落的阶级,金世宗强化猛安谋克只能对女真族的历史发展起着阻碍的作用。

2.2.3 女真族封建化后的猛安谋克

金世宗继海陵之后,重农桑,革弊政,减轻赋税,对北方经济发展是

---

[1]《金史》卷92《曹望之传》。

起着有利的作用的,并在北方人民的反抗下,被迫局部地废除了奴隶制和农奴制,但是金世宗对待本族的发展偏于保守,他强化猛安谋克和对汉人土地的掠夺,却又限制了北方经济的更高发展。事实上金世宗的抑制豪强的政策,并不能阻止封建关系的发展,许多女真贵族依然把土地租给汉人耕种,坐取租税,鱼肉小民,猛安谋克土地照旧荒芜。《金史》卷47《食货志》:"近遣使阅视秋稼,闻猛安谋克人惟酒是务,往往以田租人,而预借三二年租课者;或种而不耘,听其荒芜者。"而括汉人土地分给猛安谋克,又便利了豪强乘机兼并,"如山东拨地时,腴地尽入富家,瘠者仍付贫户,无益于军,而民有损"[1]。从汉族地主阶级来说,一些地主亦未因括地而破产,以当时括地最厉害的山东地区为例,济州任城李氏巨族,在世宗及其以后仍是"连阡陌于诸任"[2]。同县之成氏亦是个"积年殷富"的大地主,至章宗承安间仍是"郡邑豪士"[3]。因而至章宗时便改变了金世宗的维护猛安谋克的基本办法,废除了女真族的奴隶制和农奴制剥削下的农民(二税户与驱丁),女真族封建化便基本完成了。

女真族奴隶制解体和封建制的完成是有其具体原因和特点的,这与当时的历史条件有关。猛安谋克奴主贵族的腐化,导致女真族奴隶制的解体,他们大量地出卖奴婢,奴隶生产衰落,他们不是通过将自己的奴婢解放而使他们成为自己的土地的农奴或农民,而是出卖他们另外招募汉人作为佃户来耕种其土地,使自己成为新的地主阶级。这一方面是女真族由奴隶制向封建制的进步,从另一方面来说,在其转变为封建地主阶级之后,他们走的是北宋以来大地主阶级腐败的途径,他们遵循的是北宋以来大地主阶级腐化的生活规范。因此这一方面形成女真族内部矛盾与斗争,即封建关系与奴隶制关系的斗争,另一方面由于其继承了北方大地主的腐化之特点,同样的不仅不能缓和他们与汉人民的矛盾,相反,北宋以来农民与地主的矛盾,在新的条件下更加发展了。

---

〔1〕《金史》卷47《食货志》。
〔2〕《金文最》卷86 黄晦之《济宁李氏祖茔碑》。
〔3〕《金文最》卷86 鹿汝弼《成氏葬祖先坟茔碑》。

　　当金章宗完成女真族封建化之后,以女真为首的北方大封建主与南方大封建主一样,都不能在经济上政治上缓和当时对人民的剥削,都不能采取促进当时社会进步的措施。所以当北方新兴起的蒙古族南下时,他们都无力代表人民的利益,来抗击蒙古军对北方人民的更为野蛮的摧残,而是重复了北宋的旧辙很快地就灭亡了。

　　章宗及其以后的猛安谋克,只是作为女真族的残余形态而存在,但是猛安谋克军事组织的名称仍然保留,由于其内部生产关系的变化,猛安谋克军已与汉族封建国家的军事武装相差无几了。这时的猛安谋克贵族实际已是披甲的地主和封建国家的寄生阶级。其对于社会的影响与作用,从以下几点可以看出:

　　①猛安谋克既然已转为封建的地主,金统治者也就不能不从满足本族的贵族土地要求出发,仍然想以括地为名侵夺民田,如金章宗命宗浩于诸路拘地"凡得地三千余万顷"[1],而猛安谋克地主亦借军事力量乘机掠夺和兼并。《遗山文集》卷16《平章政事寿国张文贞公神道碑》:"武夫悍卒,倚国威以为重,山东河朔上腴之田,民有耕之数世者,亦以冒占夺之,兵日益骄,民日益困。"另方面又包取民田,致使"民有空输税赋,虚抱物力者"[2],而且猛安谋克"世袭家豪夺民田"[3],于是军民间土地的矛盾并未因女真族封建化而和缓。

　　女真猛安谋克由奴隶制转为封建租佃制后,他更以军事暴力加强对北方农民的地租剥削和勒索,这从镇防军的暴虐可知。《金史》卷102《蒙古纲传》:

　　　　纲奏宿州连年饥馑,加之重敛,百姓离散,镇防军递征逋课,窘迫陵辱,有甚于官,众不胜其酷,皆怀报复之心。近日高羊哥等苦其佃户,佃户愤怒,执羊哥等投之井中,武夫不识缓急,乃至于此。乞一切所负并令停止,俟夏秋收成征还军人,量增廪给,可也。诏议行之。

---

〔1〕《金史》卷93《宗浩传》。
〔2〕《金史》卷47《食货志》。
〔3〕《金史》卷97《裴满亨传》。

②金章宗以后,由于女真贵族过着北方大地主的生活,以及为防御或抵制北方蒙古族的侵犯,当时国家豢养着大量的骄纵惰落不事生产的军队,因而国家要靠对人民的沉重剥削来维持财政的支出和消耗。

金末的特点是:将校多而兵少,兵多而为农者少,从土地来看是军民田相半,大量的土地掌握在女真地主手中。大量的军事开支,从金章宗承安元年十二月记载遣李仁惠劳赐北边将士可以看出。这次劳赐用银20万两,绢5万匹,如果以金熙宗"绍兴议和"宋岁纳金国银25万两,绢25万匹比较,银占宋纳岁银的五分之四,绢亦占五分之一。其结果便是:"此以军须,随路赋调,司县不度缓急,促期征敛,使民费及数倍,胥吏又乘之以侵暴。"[1]

③这时的猛安谋克既不能在生产上发挥作用,同时在军事上亦不能发挥作战作用,特别是金宣宗南渡前后尤甚。

《金史》倦102《完颜弼传》:"今外兵日增,军无斗志,亦有逃归而以战溃自陈者,有司从而存恤之,见闻习熟,相效成风。"

《金史》卷101《耿端义传》:"贞祐二年,中都被围,将帅皆不肯战。端义奏曰:今之患,卫王启之,士卒纵不可使,城中军官,自都统至谋克,不啻万余,遣此辈一出,或可以得志,议竟不行。"

《金史》卷108《侯挚传》:"从来掌兵者,多用世袭之官,此属自幼骄惰,不任劳苦,且心胆懦怯,何足依办?宜选骁勇过人,众所推服者,不考其素用之。上略施行焉。"

这些骄纵惰落,毫无斗志的猛安谋克兵,不仅他们自身要靠国家养活,而其"家口又数倍于兵","无所营为"也都"张口待哺",因而"农民重困"[2]和破产。《金史》卷113《赤盏合喜传》载:"上太息曰:南渡二十年,所在之民,破田宅,鬻妻子,以养军士;且诸军无虑二十余万,今敌至,不能迎战,徒以自保,京城虽存,何以为国,天下其谓我何。又曰:存亡有天命,惟不负民可也。"其中"所在之民,破田宅,鬻妻子,以养军士",可以看出,当时军队对于社会所起的影响和作用,只能是加深社

---

[2]《遗山文集》卷18《嘉议大夫陕西东路转运使刚敏王公神道碑铭》。

会经济政治矛盾。

综上所述,猛安谋克在金代社会发展中所起的作用与影响,前后是不同的,它是随着女真贵族在北方统治的政治、经济关系的变化而变化的。大体说来,在女真族由氏族制向奴隶制的变革中,在奴隶制上升时期,猛安谋克组织及其贵族在女真族历史中是起着进步的作用的,是适应了女真族历史发展的要求的,在促进奴隶制国家形成和发展以及在巩固女真族新社会的秩序方面有积极的意义。这种制度就女真族的历史来说,在当时是一种新的制度,其阶级是一种新的阶级。

猛安谋克在女真族内虽然是一种新的组织,但是它与当时国内的封建制比较则是落后的。因而一旦这种组织进入中原以后,当其与中原的封建经济政治接触,它对封建生产将起严重的破坏和摧残作用,影响当时社会的发展。所以当时黄河流域的汉人民反抗猛安谋克统治的斗争是反抗落后生产方式和政治军事组织的斗争,这种斗争是正义的、进步的。

在女真族的发展中,新旧奴隶主的斗争中,猛安谋克内部的关系也相应地起着某些变化,它成为新奴主贵族的工具,积极地为新奴主集团服务。但是当女真族内部新地主阶级出现和发展,以及在由奴隶制向封建制变革中,猛安谋克组织及其贵族便成为新的生产关系的阻碍者,它成为维护旧的生产关系的延续的工具,起着阻碍生产发展和历史进步的作用。由此看来,作为奴隶制的军事政治组织的猛安谋克及其贵族,其作用和影响只能是从是否适应其经济基础的条件下而起作用,这从当时的经济关系和阶级关系的几次变化中,和猛安谋克组织适应这种变化而起的作用中可以得到说明。

以上就是对猛安谋克在女真族历史发展中所起的作用的基本看法。

(原刊《吉林大学学报》1963 年 1 期)

3 金代黄河流域农业生产的恢复、发展与租佃关系

金人灭亡北宋以后,便逐渐地把黄河以北以南的广大地区,控制在自己的手中,并在这个地区对汉族人民残暴地统治、剥削了百余年。在金朝统治期间,黄河流域的农业经济虽然发生了相当大的变化,但是封建的农业基础并未因女真族的奴隶主入侵而根本动摇,封建租佃制在北方依然占着主导的地位。在这里想着重地分析下金熙宗到章宗时期,黄河流域农业生产的恢复发展和同租佃制有关的一些问题,以便了解在金朝统治下黄河南北的经济发展的基本状况。

3.1 黄河流域农业生产的恢复发展

继金初黄河流域农业生产惨遭破坏之后,金熙宗时农业生产已开始趋向恢复,而到了金世宗和章宗明昌承安间已有着显著的发展,成为金朝统治的极盛时期。这主要表现在以下几个方面:

(1)从农业生产工具使用的状况来看,在金统治黄河流域期间,至少继承了北宗时发展的水平,并通过女真族将这种先进的生产技术传到东北各地。从农具构造来看,某些方面亦有所改进,生产工具的种类更加齐全和完备。这从考古材料和文献记载中可以得到说明。在今东北以及北京等地区发现金代大量农业生产工具,远比辽代进步,其形制与中原相似,其中有:犁、镬、垛叉、铡刀、镰刀、镐、锹、铲、锄、手镰等,同时文献记载金代亦普遍地用耙[1]。这和出土的北宋中叶农业工具犁、镬、耧、耙、锄、镐等,无大差异。从犁的组成看有铧、犁盘、蹚头、牵引

---

[1]赵秉文《长白山行》"瘦妻曳耙女扶犁",可见"耙"在金时亦广泛使用。

等;从犁的形制看与元王祯《农书》所绘相似[1]。这反映了金代农业生产工具和生产技术发展的基本状况。

(2)金代农业生产的恢复发展,也表现在耕地面积的不断扩大上面。

《金史》卷46《食货志》金世宗大定二十三年七月调查材料,全国猛安谋克垦田总数为1690380顷有奇。金世宗时共有猛安202个,谋克1878个,每猛安平均垦地为8368顷有奇,每谋克平均垦地为900顷有奇。金在中原屯田的猛安,据《大金国志》记载为130余千户(即猛安)。如果以130个猛安计算,则猛安在中原之垦田应为1087840顷有奇。此外金代尚有大量的民佃官田和民田,再加上这两部分土地,则金在中原垦田总数至少在300万顷左右。《金史》卷47《食货志》载宣宗兴定三年侯挚奏河南军民旧垦田总数为197万顷;金末石抹斡鲁言:南京一路旧垦田数为398500余顷。侯挚和石抹斡鲁所言河南、南京路之旧垦田数,应是金极盛时之垦田数,加在一起即有2368500顷。金熙宗以后,特别是金世宗时,黄河流域耕地不断扩大,也反映在黄河退滩地梁山泊地的开垦上,同时金初所占的禁地和牧场也逐渐地弛放给民或许民开垦。所以赵秉文在《滏水文集》卷12《保大军节度使梁公墓铭》中记载金世宗时"中都、河北、河东、山东,久被抚宁,人稠地窄,寸土悉垦"。这与金初"两河之民,更百战之后,田野三时之务,所至一空,祖宗七世之遗,厥存无几"[2]的"荆榛千里"的景象相比,是迥然不同的。

金代垦田面积的不断扩大,是与这个时期北方地主经济的发展联系着的。例如,济宁李氏至章宗明昌时:"阖族五十余位,大小五百口,散居诸村……阡陌连接,鸡犬相闻,大率俱以力田为业,生产温厚,衣食充羡。"[3]太原王氏"力辟土地,躬耕稼穑,虽水旱不息,虽寒暑不避,田口广蓄积备先具也",成为"河阳之大姓"[4]。临海弋润"殖产倍于

---

[1]请参看《新中国的考古收获》113页。

[2]《三朝北盟会编》卷103建炎元年五月六日条下。

[3]《金文最》卷86黄晦之《济宁李氏祖茔碑》。

[4]《金文最》卷45雷文儒《太原王氏墓记》。

旧"[1]，广宁梁氏"世为闾山甲族……年十七嫁为河中侯讳某之夫人。李侯自父王龙虎以来，占籍河中，以赀雄乡里"[2]。岢岚郭瑁"自大父以来，以资雄乡曲，任侠尚气，乐于周急，尝日出缗钱一千以给丐者，如是数十年，故人以阴德归之"[3]。洛南李氏"因倍蓰前世之业，而始有仆马婢妾之奉"[4]。在晋南地区解放后发现许多金代地主阶级的雕砖墓，也反映了金世宗和章宗时北方地主的豪华，这点也是与12世纪中叶以后北方社会经济的显著发展密切相关的。

（3）从单位面积产量来看，也反映了农业生产的发展状况。北宋时北方陆水田的单位面积产量，从有关的一些史料看，陆田一般在一石或近于二石，如熙河等州屯田"大约中岁亩一石"，"岁亩收一石"；"绍平二年河北屯田，三百六十七顷，得谷三万五千四百六十八石"，平均亩收零点九七石多，如果这是与民平分之数，则亩收亦不过一点九石许[5]。水田一般是亩收三石。[6]

金章宗以前金代的单位面积产量没有记载，但从金章宗以后农业生产逐渐衰落时期的单位面积产量来看，也可以看出一个大概。如《金史》卷47《食货志》兴定三年正月，尚书右丞领三司事侯挚言：河南地区当时上田可收一石二，中田一石，下田八斗，平均亩产为一石。河南以麦为主，此当指陆田而言，其产量与北宋熙河等州产量相同。有人以金河南亩产一石为例，与北宋河北亩产近两石相比，认为金比宋时产量降低将近一半。这种比较是缺乏实际条件的，北宋、金时河南不能与河北、山东等地来比，因为他们土质不同，产量高低也是不同的。赵秉文《滏水文集》卷11《保大军节度使梁公墓铭》：

公在陕西，上平贼书，累数千言。其大略言：大定四年，行通检

〔1〕《遗山文集·临海弋公阡表》。
〔2〕《遗山文集·赞皇郡太君墓铭》。
〔3〕《遗山文集·广威将军郭君表》。
〔4〕杨宏道《小亨集》秀野园记。
〔5〕《宋史·食货志》屯田。
〔6〕《宋史·食货志》屯田：陈、许、邓、颍、暨、蔡、宿、亳至于寿春，用以水利垦田"亩约收三斛"。又熙宁（三年）王韶言："谓原城而下，至秦州主、成纪，旁河五六百里，良田不垦者，无虑万顷。治千顷，岁可得三十万斛。"亦亩收三斛。所谓以水利田或旁河种田，当指水田而言。

法,是时河南、陕西、徐、海以南,屡经兵革,人稀地广,蒿莱满野,则物力少,税赋轻,此古所谓宽乡也。中都、河北、河东、山东,久被抚宁,人稠地窄,寸土悉垦,则物力多,税赋重,此古所谓狭乡也。宽狭乡之地,至有水陆肥瘠一等,物力相悬不啻数十倍,后虽三经通推,并依旧额,臣恐瓶罍之诗,不独讥于古矣。书奏,上甚嘉叹,命藏有司,将用之。

从这大段的议论中可以看出河南与河北、山东是不同的,他不但不能与河北亩产量相比,反而说明河南比较荒废,尚平均亩产一石,那么河北高于河南是没有问题的,估计至少应与北宋时水平相当。

金代北方劳动人民鉴于水田的收获多于陆地,多重视水田的耕作,而政府亦在提倡,北方的土地利用程度因此亦有一定的提高。海陵正隆二年曾诏河南州郡,仍令各修水田,通渠灌溉。[1] 金世宗时张仅言:"护作太宁宫,引宫左流泉溉田,岁获稻万斛。"[2]金章宗以后更大力提倡,鼓励开水田,章宗时出现"豪民与人争种稻"[3]的现象。金代水田单位面积产量《金史》卷100《李复亨传》记载河南南阳:"土性宜稻,今因久雨,乃更滋茂,田凡五百余顷,亩可收五石,都得二十五万余石。"《金史》卷50《食货志》载金章宗泰和八年七月水田"比之陆田所收数倍",宣宗兴定三年十二月"今河南郡多古所谓开水田之地,收获多于陆地数倍"。从水田产量多于陆地数倍以及李复亨说"亩可收五石"来看,则水田亩产量当在三至五石之间。

(4)随着农业生产的恢复与发展,12世纪中叶以后,北方社会经济在其他方面,也有着显著的恢复发展。手工业较为发达的是与人民生活最为密切的瓷窑业。自熙宗后北宋以来许多名窑,如陕西的耀州窑,河北的观台窑等,都在陆续恢复生产,而到了金世宗以后更得到显著的发展。同时在泗州、宿州等地还出现了一些新兴起的窑业地点。制瓷技术已达到相当的水平,河南阳翟钧窑所烧成的"钧红",若玫瑰般的

---

〔1〕《大金国志》卷14。
〔2〕《金史》卷133《张仅言传》。
〔3〕《金史》卷101《承晖传》。

娇艳,间以紫红和青蓝,色彩复杂,是金代劳动人民的重大创造。其他如矿冶、造纸、印刷、雕砖、铸铁等,自熙宗以后也都得到恢复发展。其中平水本的雕版技术可与南宋临安的佛经扇面比美,雕砖技术也达到极高的水平,金代铁铸工艺品已超过了北宋的水平。所有这些新的成就,都是与金熙宗以后,特别是金世宗到章宗明昌承安间,北方农业生产的显著恢复与发展分不开的,是广大劳动人民在生产中的斗争与辛勤劳动的结晶。

(5)随着北方农业生产的恢复发展,金世宗和金章宗时,国家的财政收入也有显著增加,社会呈现出相当稳定的现象。《金史》卷47《食货志》大定二年二月尚书省奏天下仓廪贮积而达2079万余石,到章宗大定二十九年四月已是"恐仓廪积久腐败"。明昌三年"天下常平仓总五百一十九处,见积粟三千七百八十六万三千余石,可备官兵五年之食;米八百十余万石,可备四年之用"[1]。仅就粟一项来看比大定二年二月增多17073000余石,如果粟米加在一起比大定二年二月增多25173000余石,比大定二年二月仓廪积粟全数还多。因而《金史》卷109《许古传》载"世宗章宗之隆,府库充实,天下富庶"是有根据的。王去非《平阴县清凉院碑》:"大定岁次壬午,天下治平,四民安居,平阴城西十数里间,人各就己业,为田庐,到处成聚落,依山频河,无虑数百家。"[2]反映了金世宗时农村恢复发展的基本状况。

在北方农业生产显著恢复和发展的基础上,金世宗统治时期,被称为金朝统治的"小康"时代,而金世宗本人也得到了个"小尧舜"的称号。其实所谓"小康"和"小尧舜",不过反映了在北方劳动人民的劳动中,出现的北方社会生产的显著恢复和发展的局面而已。

《金史》卷73《宗雄传》载其孙蒲带时,章宗诏曰:"自熙宗时,置使廉问吏治得失。世宗即位,及数岁则一遣黜陟之,故大定间,郡县吏皆守法,百姓滋殖,号为小康。"

《金史》卷8《世宗纪赞》:"(金世宗)即位五载,而南北讲好,与民

---

〔1〕《金史》卷50《食货志》。

〔2〕见《全文最》卷35。

休息,于是躬节俭,崇孝弟,信赏罚,重农桑,慎守令之选,严廉察之责,却任得敬分国之请,拒赵位宠郡县之献,孳孳为治,夜以日继,可谓得为君之道矣。当此之时,群臣守职,上下相安,家给人足,仓廪有余。刑部岁断死罪,或十七人,或二十人。号称小尧舜,此其效验。"

金世宗、章宗时期,为什么北方的农业生产得以显著的恢复和发展呢?最基本的原因是北方人民反抗金统治者的斗争和努力进行的生产,是与广大的劳动人口的上升直接相关的。成千上万的人口的增长(主要是劳动人口的增长)是北方农业生产得以显著恢复发展的基本力量。

金世宗、章宗时期,人口不仅比金初有迅速的增长,而且超过了北宋在北方统治时的户口数字。[1]《金史》卷46《食货志》:"大定初,天下户方三百余万;至二十七年,天下户六百七十八万九千四百四十九,口四千四百七十万五千八十六。……泰和七年十二月,天下户七百六十八万四千四百三十八,口四千五百八十一万六千七十九。"户口的增长是北方社会生产力提高的具体表现,同时也是耕地面积和生产水平恢复发展的基础。尽管如此,当时统治者实行了一些有利于生产力恢复和促进生产发展的措施,也是当时社会生产有显著恢复发展的重要原因,这些措施主要表现在以下几点上:(1)金熙宗时即曾一度与南宋取得议和的局面,并注意北方农业生产的恢复。金世宗又曾"南北讲好,与民休息"。同时金世宗与南宋停止战争之后还把海陵时驱使南伐的士兵加以裁减,使之还乡[2],这对于当时经济的发展也是有利的。(2)减轻赋税。金代赋税一般讲是比五代、辽、北宋为轻,而且女真族人民所负担的赋税比汉人还轻。到了金代,五代、辽、北宋时期许多农业附加税的名称不见了,而且夏秋两税已变成纯属地税意义的土地税,夏税亦改为纳粟,而不纳钱。金时夏秋税粟合在一起为五升三合,而北宋除夏税钱外,秋税中田米八升,下田米七升四合,五代时比金尤重。

---

〔1〕请参看袁震《宋代的户口》,载于《历史研究》1957年3期。
〔2〕《金史》卷6《世宗纪》大定二年正月甲午:"命河北、山东、陕西等路征南步军,并放还家。"五年正月癸酉:"命元帅府新旧军以六万人留戍,余并放还。"同样内容亦见《仆散忠义传》。

金代赋税轻是与金政权历次减少赋税的措施有关的。金太祖占有辽东时即曾"诏除辽法,省赋税"[1],宗弼(兀术)废除刘豫政权后又曾对北方汉人减旧税"三分之一,民始苏息",金世宗和章宗时减轻赋税之例更多[2],关于这一点就是南宋统治者也是不避讳的。《宋史·食货志》:"光宗绍熙元年……时金主璟(章宗)新立,(杨)万里迓使客于淮。闻其蠲民间房园地基钱,罢乡村官酒坊,减盐价,除田租,使虚誉于吾境。"(3)奖励农桑,修复水利,也是金世宗、章宗时农业生产有显著恢复的一个重要原因。有人说女真族落后,进入中原北部后只知破坏,不知奖励农桑,不知修复水利,这实属臆断,是不符合金在北方统治期间农业发展的过程的。其实早在金太祖、大宗时就是对他们本族和被征服地区的农业生产很注意的。金太宗时即曾"务本业""抑游手"和"劝农"。金世宗就是以"重农桑"被称的,《金史》《食货志》、《百官志》中的村社与猛安谋克组织,皆以"劝课农桑"为重要职务。至金章宗时更规定:"能劝农田者,每年谋克赏银绢一两匹,猛安倍之,县官于本等升五人(人应为阶字),三年不怠者,猛安谋克迁一官,县升一等。田荒及十之一者,笞三十,分数加至徒一年;三年皆荒者,猛安谋克追一官,县官以升等法降之。"[3]另外,金世宗、章宗继熙宗之后北方的水利事业也是继续恢复和发展的。《金史》卷92《卢庸傅》:"大定二十八年进士,调唐州军事判官,再调平定县令,庸治旧堰,引泾水溉田,民赖其利。"章宗以后北方奖励水田,"开渠""凿井"也可以反映出水利事业有所发展的情况。由此看来,金世宗、章宗时农业生产的显著恢复发展不是偶然的,是有其发展的必然趋势,我们应当给予这种趋势以正确的估计。

3.2　租佃关系的发展

当女真贵族占领黄河南北地区以后,在金政权的统治下,北方封建

---

〔1〕《金史》卷2《太祖纪》。
〔2〕《金史》卷47《食货志》、卷73《宗尹传》。关于金世宗初年为缓和阶级矛盾,减轻剥削的记载亦见苗耀《神麓记》(《三朝北盟会编》卷233引)。
〔3〕《金史》卷47《食货志》。

租佃制的发展,显示出一些不同的特点。

首先,表现在金政府的官地不断的增加和扩大上面。女真贵族凭借着战胜者的资格,并用比较落后的强制手段,大量地把原来汉人的土地据为己有,一方面分赐给猛安谋克女真贵族;另一方面则由政府直接出租。因而金代官地的数量大为增加,形成"官民地相半"[1]的局面。

在金政府直接控制下的官地与佃户,其控制的程度前后是不同的,这种变化大约是在金章宗时期。《金史》卷47《食货志》载户部尚书高汝砺言:"旧制人户请佃荒地者,以各路最下第五等减半定租,仍免八年输纳,若作己业并依第七等税钱减半,亦免三年输纳,自首冒佃比邻田定租三分纳二,其请佃黄河退滩地者,次年纳租。向者小民不为久计,此至纳税之时,多巧避匿或复告退。盖由元限太远,请佃之初,无人保识故尔。今请佃者,可免三年,作己业者免一年,自首冒佃并请退滩地,并令当年输租,以邻首保识为长制。"

从这段材料大致可以看出金政府所控制的官田民佃的变化情况,其中可注意者有以下几点:

(1)国家已将中原地区的大量荒地、黄河退滩地等,据为国有。国家是以奖励开荒的办法来招致汉人请射,而官地民耕,在金政府的规定中有两种发展的可能,一为开垦之后永作官地,农民成为政府的永佃户,并规定"以各路最下第五等减半定租,仍免八年输纳";一为开垦之后为己业,农民更成为政府支配下的自耕农,并规定"依第七等税钱减半,亦免三年输纳"。

(2)从民佃官地免租的年限的规定来看,其前后也是有变化的,最初规定是"请射荒地者,以最下第五等减半定租,八年始征之;作己业者,以第七等减半为税,七年始征之"。后曾一度将"八年"改限为"五年",所以章宗大定二十九年又提出"宽其征纳之限",把民佃官田规定"如愿作官地,则免税(应为租)八年",而"愿为己业"的则由最初之"七年"改为"免税三年"[2]并且加上了一个新的规定,即不管是"作

---

[1]《金史》卷47《食货志》。
[2]《金史》卷47《食货志》。

官地"或"为己业","并不许贸易典卖"。[1] 大定二十九年这次规定也就是高汝砺所说的"旧制"。其实这个"旧制"不是金朝的"旧制",而是金章宗时的"旧制"。

(3)金初对民佃官田的农民的约束与控制比较松弛,因之至交纳租税的年头,多有巧避或复告退的现象,至章宗时便缩短元限,并为了加强对农民的控制,规定"以邻首保识"的办法,这反映了国家对佃耕官田的农民的控制关系的加强,是与当时封建经济的发展相适应的。

其次,女真族迫入中原后,使北方土地关系发生变化的另一特点,即在封建关系中交织着女真族奴隶制的土地关系。封建土地与奴隶制土地关系互相矛盾和斗争,而最后在封建制的影响下,奴隶制普遍地向封建租佃制转化。金世宗时是这种转化的最剧烈的时期。

《金史》卷47《食货志》:

(大定二十一年正月),山东大名等路猛安谋克户之民,往往骄纵,不亲稼穑,不令家人农作,尽令汉人佃莳取租而已。

(六月)近遣使阅视秋稼,闻猛安谋克人惟酒是务,往往以田租人,而预借三二年租课者。

(二十二年)附都猛安户,不自种,悉租于民。

《金史》卷88《唐括安礼传》:

南路女真户颇有贫者,汉户租佃,田土所得无几。

而女真贵族和权要之家亦侵占土地出租,《金史》卷47《食货志》:"随处官豪之家,多请占官地,转与它人种佃。"《金史》卷7《世宗本纪》:"如山后之地,皆为亲王公主权势之家所占,转租于民。"金世宗对女真贵族和猛安谋克封建化,采取限制的办法,但已不能改变这个事实。女真族进入中原后把封建土地的经营奴隶制化,以及最后又封建化,这反映了历史发展的复杂状况。

在这种土地关系的复杂变化过程中,当女真贵族和猛安谋克转为封建地主后,虽然就本质来看他们已与汉族地主的租佃制无大区别,但由于他们的前身是奴隶主,因而转为封建地主后,不免仍带着奴隶制的

---

[1]《金史》卷47《食货志》。

53

·欧·亚·历·史·文·化·文·库·

尾巴。他们一方面完全接受了北方汉族大地主的腐化生活和剥削方式;另一方面又没有最后去掉奴隶主的残迹影响,而且把奴隶主的残迹附加在封建的土地剥削的关系中去。正因为如此,他们的野蛮性和贪欲的肠胃及其行恶的途径,又甚于北宋以来的大地主阶级。所以当女真族转为封建地主后,北方汉人民在女真地主和汉族地主的盘剥下,阶级矛盾是异常尖锐的。

最后,在金统治的整个时期中,汉族地主阶级也不能不因金政权的影响而有所变化,最突出的变化即其经济政治地位相对的下降,他们要想发展自己就不能不与女真贵族勾结。他们一方面与金政权勾结,维持其统治地位;另一方面由于女真贵族的统治,在封建制与奴隶制矛盾斗争中,往往其土地遭到金政权的强力掠夺,所以他们的土地所有权是不稳定的,这从金世宗的括地运动中可以反映出来。

金世宗的括地,是在以最大限度地牺牲汉人民的利益来保持其奴隶制的存在,在他在位(1161—1189年)期间,曾几次三番地派人往各地"拘刷良田",以各种各样的名义和借口,把汉人土地强行收夺,重新分给女真人户。凡是遇有以"皇后庄"、"太子务"、"长城"、"燕子城"等为名的地区,一概视指为官地,而原业主缴验凭证也一切不管。不过为了维持汉人生存,只是把荒地再依原数还民。一直到金章宗时,女真统治者仍以"中都,山东,河北屯驻军人地土不赡",派官到诸路"括籍",又向汉人强行夺得"三十余万顷"[1]的土地。其结果是"腴田沃壤,尽入势家,瘠恶者乃付贫民,无益于军,而民则有损,至于互相憎疾,今犹未已"[2]。正因为如此,北方地主的租佃制的维持必须是在与女真统治者的互相勾结中得以生存和占有其佃户。从《金文最》卷45党怀英《赠正奉大夫袭封衍圣公孔公墓表》中可以看出北方大地主的一般情况。

　　大定三年七月补文林郎袭封衍圣公管句……公职在严奉林
　　庙,草木之人,无敢辄犯,宗族之间,少长有礼,人敬其勤,复畏且

〔1〕《金史》卷93《宗浩传》。
〔2〕《金史》卷107《高汝砺传》。

爱。一日顾瞻郓国夫人殿,私自言曰:生为人子孙,而谬当其职,使之隘陋如此,宁不愧于心乎?乃亲率佃户,携斧斤之具,入东蒙之山,躬亲指画,采伐中橡楠者,旬有余日,连车接轸以归。起西庙尼山庙两处郓国夫人殿及大中门家庙斋厅祭祀库,计五十余楹,彩饰图绘毕备……朝廷闻公名召赴阙,欲留随朝任用,公力辞职专祀事,不宜妨职任之不专。特授曲阜县令。

从这里可以看出孔家与金政权的政治关系,同时亦可看出孔家土地主要是出租,并且有许多的佃户,而且这些佃户仍然要为主人所支使而从事各种劳役的。这应是北方汉族地主土地关系的一般特点。

与租佃制有关的即租额的大小问题。金时私人地主的地租额史无记载,可能是北宋时的分租制的继续,一般是百分之五十。现在主要谈谈官地租额的有关问题。为了研究方便起见,摘有关的史料如下:

(1)《金史》卷47《食货志》租赋:"金制官地输租,私田输税。租之制不传,大率分田之等为九而差次之。"可见金官田租额由于其制不传,后人亦不甚清楚。《续文献通考》卷1,对于金官田租额作如下的推论:"按金之官田租制虽不传,以泰和元年学田之数考之,生员给民佃官田六十亩,岁支粟三十石,则亩征五斗矣。虽地之高下肥瘠不同,租宜有别,然视民田五升三合,草一束之数,必倍蓰过之。是亦官田租重之一征也。"

依此民佃官田的地租额已达百分之五十,这也是今天史学家所常引用的一例。

(2)《金史》卷47《食货志》田制:"河南租地计二十四万顷,岁租(粟)才一百五十六万(石),乞于经费之外倍征以给之[1]。"

依此平均每顷官租为六石五斗,每亩为六升五合,此两税多出一升二合。如此倍征计算则为一斗三升,多于两税六升五合。这是民佃官田的租额又一例证。

(3)《金史》卷47《食货志》田制载尚书右承领三司事侯挚言河南军民田总为197万顷有奇,其中见耕的为96万余顷,平均亩产量为一

---

[1]"粟""石"二字依《金史详校》加入。

欧·亚·历·史·文·化·文·库·

石,岁共收粟9600万石,"十一取之"岁得租960万石,则每亩官租为一斗,此数与上例所引之倍征之数接近。

(4)《金史》卷50《食货志》水田:"贞祐四年八月言事者程渊言:砀山诸县陂湖,水至则畦为稻田,水退种麦,所收倍于陆地,宜募人佃之,官取三之一,一岁可得十万石。诏从之。"

按十万石以"官取三之一"计算,则收获全数为30万石,如以陆地亩产量一石计算,则"所收倍于陆地"当为二石,则地为1500顷,合亩为150000亩。亩产量二石,官租以三之一计算,平均每亩租为六斗六升强。这是民佃官田三分取一的一例。

(5)同上金章宗:"(明昌)六年十月,定制县官任内有能兴水利田……其租税止从陆田。……(宣宗)兴定五年五月……今河南郡县,多古所开水田之地,收获多于陆地数倍,勒令分治。户部按行州郡,有可开者,诱民赴功,其租止依陆田,不复添征,仍以官赏激之。"这又是水田按陆地收租之一例。

以上所举5例,说明了金代民佃官田地额的一般情况。第一例引《续文献通考》的话,民佃官田的地租已达百分之五十,如系官田租额这应是最高的租额,但所引泰和元年学田之数,亦颇可疑,此生员给民佃官田六十亩,岁支粟三十石,可能是民佃官田给生员之后,是按一般地主的地租额支付的,非官田地租的实数。如果确如《续文献通考》之言,但与第二、三例此较观之,亦非金代民佃官田地租的唯一之例,或最一般的租额。依第二、三例之官田佃租额,以亩取六升五合计算,则租额所占比例极微,如以一斗或一斗二升计算,则租额只占收获量的百分之十左右。从水田收租的情况来看,亩产二石,如以《续文献通考》之亩收五斗官租计算,水田官租占四分之一,水田亩产五石计算,也只占十分之一,如果水田按陆地亩收官租一斗左右计算,水田亩产二石,其官租为二十分之一,亩产五石,则官租为五十分之一。所有这些证明金代民佃官田租额的规定是相当轻的,因之《续文献通考》中所说的"亩征五斗"既不可靠,更不能作为一般通则,如果这是个通则,普遍的收租形式,那么高汝砺反对把民佃土地括给军户,主张"惟当倍益官租,以给军食"[1],就成为不能理解的问题了。因为"倍益官租"把官租亩收五斗,再加上一翻为一石,则亩产量尽为国家所收,这种百分之百的占有农民的生产物是任何封建社会所不能允许的。

3.3　简短的结语

综上所述,现将主要看法归结如下:

(1)金代黄河流域的农业生产,在金统治时期不是一直处于衰退的阶段,而是经历了残破、恢复发展与衰落的整个过程的。但就金统治全部地区的农业恢复发展来看,仍是不充分的,也是不平衡的。一直到金世宗、章宗时,淮南地区的农业发展仍然未改变宋末金初的旧观[2],这个地区到了元代才逐渐有所恢复。

(2)金代黄河流域的土地,耕作面积亦有一定扩大,荒地、黄河退滩地、梁山泊地都得到了相当的开垦。单位面积产量大体已接近北宋时期北方的水平,特别值得注意的是金统治北方时中原的农业生产技术与先进的农业生产工具已较普遍地传入东北各地,这对于当时中国边疆的农业生产进步起了相当大的推进作用,也是当时中国北方农业生产进步一个很重要的表现,它远远超过了辽在这个地区统治时期的水平,可以看出黄河流域封建生产技术对东北地区的积极的影响与作用。

(3)金统治时期,黄河流域的农业生产虽然由于女真族奴隶制侵入,在中原地区星布着猛安谋克的奴隶制,但封建租佃制仍占着绝对的支配地位。当时的租佃制的地主有政府出租官田,有女真贵族及汉人地主出租的土地,亦有寺院地主出租的土地,寺院地主与一般地主一样,也是靠"租入有余"来维持其地主的生活的。汉族地主对农民的关系大体沿北宋旧制发展,而金政权出租的官田初期对农民约束较为松

---

〔1〕《金史》卷47《食货志》。

〔2〕金代淮河流域地区由于与南宋接近,屡遭战争,因之农业破坏较大,刘迎《淮安行》"迄今井邑犹荒凉,居民生资惟榷场"。此外从赵秉文《保大军节度使梁公墓铭》记载"徐海以南,屡经兵革,人稀地广,蒿莱遍野"亦可知。

·欧·亚·历·史·文·化·文·库·

弛,而至章宗时才加强对佃户的各方面的约束与限制,反映了到这个时期封建租佃制的加强。

(4)金统治北方时,从国家所征收的地租来看是比较轻的。金代地税比北宋和当时南宋为轻。这是北方人口有着显著增长的一个重要原因。从本文中所列举的几个实例来看,说金代官地租额普遍为百分之五十是有问题的,至少它不是当时金代所施行的通则。

（原刊《吉林大学学报》1963 年 4 期）

4 金代女真"牛头地"问题研究

"牛头地"一词,见于《金史·食货志》,亦称"牛具税地"(《金史·纳合椿年传》),因女真族按照各正户牛具数授予土地而得名。

从《金史》有关的记载看,按各正户所有牛具数而授予牛头地和按牛头地而征收牛头税,确是女真族社会中的一个重要问题。它不仅对了解女真族土地关系和社会性质有重要意义,而且对研究中国北方其他族如何从奴隶制向封建制转化也不无裨益。

4.1 牛头地的性质、特点及其 与计口授田的关系

牛头地是女真族奴隶制土地分配和占有的一种主要方式。其土地最高所有权掌握在国家手中,不得买卖,女真贵族和各家族,只有从国家分得、占有或使用权。《金史·食货志》牛头税记载:"其制,每耒牛三头为一具,限民口二十五受田四顷四亩有奇,岁输粟大约不过一石,官民占田无过四十具。"

这种授田制度所规定的耒牛和人口数,是基于以下三个条件而制定的:即土地国有、大家族的存在和奴隶主贵族占有土地的要求。因为当时只有这些大族长和贵族才能拥有多的人口、生产工具以及牲畜等优越条件。他们通过法律的形式把土地占有权集中到自己手中,而且还往往逾限多占。如左丞完颜襄旧有牛头地7具,后定为40具,占田176顷有奇。

牛头地由各家族组织耕种或各小家庭"协力""聚种"(《金史·兵志》兵制大定二十二年)。在金初,父子兄弟聚居的大家族和父子兄弟

析居的小家庭共同存在[1]。析居户仍保有合产聚种的遗风,他们合聚一起构成一具(二十五口),分得四顷四亩有奇的牛头地,共同占有,聚种经营。因此,在当时,真正独立的个体家庭是不存在的,或是很少存在的。

金世宗时,聚居的大家族已经破坏,父子兄弟往往析居,各以所得之地为家。世宗奖励父子兄弟聚居、聚种,其目的在于维护牛头地经营制度的存在,巩固奴隶制赖以存在的经济基础,保护亦兵亦农的猛安谋克制度和奴隶主贵族的统治地位。这种以牛头地为基础的奴隶制,实际上仍保有家长制的残余。

牛头地的授给,只限于女真族或被征服的一些部族的猛安谋克户;汉人、渤海人不包括在内[2]。接受牛头地的女真奴隶主不是依靠占有土地多寡剥削依附农民,而是依据占有人口(包括奴隶)、耒牛多少来确定对土地的占有权。这是女真贵族与封建地主的不同之处。

金世宗时,户口、土地、牛具之间的数字,已与原规定的牛头地分配原则不符了。现据《金史·食货志》记载,将大定二十三年七月尚书省奏推排定猛安谋克户口、田亩、牛具的数字,列表于下:

分项	户口数			田 数	牛 具 数			特 点
	户数	口数	每户平均口数		应有牛具数	实有牛具数	每牛具平均田数	
猛安谋克	615624	6158636	10	1690380顷有奇	246345	384771	4.4顷弱	人口少,实际占牛具数多。
在都宗室将军司	170	28790	160	3688.75顷有奇	1151	304	12.08顷	人口多,牛具少,每牛具占田多。
迭剌、唐古二部五糺	5585	137544	24	46024.17顷有奇	5505	5066	3.4顷	人口多,牛具少,每牛具占田亦少。

表中数字说明,原定的牛具、户口、土地之间的比例关系,都已混

---

[1]《金史·世纪》:"生女直之俗,生子年长即异居。"
[2]《金史·食货志》户口:"凡汉人、渤海人不得充猛安谋克户。"

乱。牛头地分配原则和制度的破坏,标志着女真族奴隶制的瓦解,而在其中起着催化作用的,则是金熙宗皇统五年颁行的"计口授田"制。《大金国志》卷36《屯田》记载:

> 废刘豫后,虑中国怀二三之意,姑(始)置屯田军,非止女真,契丹、奚家亦有之。自本部族徙居中土,与百姓杂处,计其户口,给以官田,使自播种以充口粮。[1]

所谓"计其户口,给以官田",即《金史·食货志》记载的"计口授地"。它是在本族社会发展和变革的要求下,特别是进入中原后受汉人封建经济的强烈刺激与影响下出现的。

计口授田制度,在中国历史上的一些民族中,都曾出现过。战国以前中原的奴隶制,其类型与金代女真奴隶制相似,因为没有来自外界的封建关系的影响,所以它的发展过程是完备的。北魏也曾出现过计口授田,后来由于受汉族占田、课田制的影响进而发展为封建的均田制。满族在1621年进入辽沈地区后,也实行过计口授田制,并接受宋明以来田庄制的影响发展为八旗的庄头制度。尽管这些族的历史发展情况不尽相同,但他们实行过计口授田则是无可怀疑的。

金代女真实行计口授田时,并未把牛头地分配制度完全废除。至金世宗时还规定"计其丁壮牛具,合得土地实数,给之"(《金史·食货志》田制),"是后限民口二十五,算牛一具"(《金史·食货志》牛头税)。这两种土地分配办法,都不同程度地受旧的形式和传统的约束,在不废除奴隶制的情况下,计口授田还不能最后从狭隘的闭关自守的公社中解脱出来。金世宗虽然继承熙宗以来计口授田办法,但他禁卖奴婢,反对猛安谋克与汉户杂处,提倡猛安谋克聚居,自为保聚,只有力不赡者方许佃于人[2],这都不利于将计口授田进一步发展为封建制。

牛头地和同居共耕、分居共耕是分不开的,而计口授田则与分居分耕制的发展结合,在由奴隶制向封建制的变革中迈出了最关键的一步。

---

〔1〕《三朝北盟会编》卷244引张棣《金虏图经》屯田及《建炎以来系年要录》卷138记载略同。

〔2〕参见《金史·食货志》田制。

这是因为保有家长制特点的奴隶制,需要的是家族对奴隶的集体占有和集体耕作,封建制需要的是被依附于土地之上的个体经营的农民,计口授田是前者向后者转化的必要前提与途径,它的特点以丁口为准授予土地。《金史·食货志》田制记载当时授田的情况是:

> (大定)二十七年,随处官豪之家多请占官地,转与它人种佃,规取课利。命有司拘刷见数,以与贫难无地者,每丁授五十亩,庶不致失所,余佃不尽者方许豪家验丁租佃。

每丁授田三十亩、五十亩不等,完全是仿中原而行的。它与拓跋鲜卑和后来满族实行计口授田又有不同。拓跋鲜卑主要对内徙人口实行计口授田,后来的满族是在进辽沈后实行计口授田。金代则是在本族猛安谋克内部实行这种制度,它不是把奴隶转变为个体经营者,只是将女真人户的牛头地部分变为计口授田。因此它在向封建制转化中,情况就不能不更加复杂。

综上所述,牛头地的土地分配制度是一种原始形态在阶级社会中的残留。这种国有土地制是一种家族奴隶制。计口授田制是女真族在土地分配问题上的一次重要变革,分居共耕(合产聚种)是同居共耕的一个发展,同时也是分居分耕的过渡形态。计口授田发生在奴隶制的解体时期,它虽然不能改变家族奴隶制的实质,但它随着私人土地所有制以及分居分耕的个体生产的发展,而逐渐成为个体农民获得土地的一种方式,代之而起的是自耕制和封建的租佃制。牛头地的土地分配,虽然保有家族共有的残迹,但是实际上已为奴隶主和家族长所占有。他们通过先占有奴隶和生产工具、牲畜进而获得土地,这就是猛安谋克土地占有关系和分配关系的特点。

4.2　牛头地的剥削与赋税制度

牛头地的剥削性质,是由牛头地的直接生产者的性质及其在生产中的地位决定的。由于牛头地的直接生产者是奴隶,因而牛头地的剥削关系是奴隶主与奴隶的关系,它并不因为带有家族占有的特点而改变奴隶制关系的本质。

猛安谋克组织内部,是由奴隶主和奴隶两个根本对抗的阶级所构成,当然也还有本族的一般平民。猛安谋克贵族一方面占有数量不等的奴隶;另一方面占有牛头地。《金史·食货志》通检推排记载金世宗一段话:

> 一谋克户之贫富,谋克岂不知。一猛安所领八谋克,一例科差。设如一谋克内,有奴婢二三百口者,有奴婢一二人者,科差与同,岂得平均。正隆兴兵时,朕之奴婢万数,孳畜数千,而不差一人一马,岂可谓平。朕于庶事未尝专行,与卿谋之。

　　在女真族中,因为土地、牛具、奴婢是猛安谋克三项最重要的资产,所以也就构成当时政府验定户口高下和贫富的标准。据大定二十三年七月调查统计的资料,猛安谋克项内平均每户占有两个多奴婢,正口4人弱占有一个奴婢;在都宗室将军司项内平均每户占有奴婢143个多,每正口约有28个多奴婢;迭剌、唐古二部五乣项内,平均每户占有3个多奴婢,正口约6人占有一个奴婢。其中以在都宗室将军司占有奴婢的数字最大,说明奴婢主要集中在这些贵族手中;相反的,在迭剌、唐古二部五乣户中占有奴婢最少,说明这里奴隶制还不发达。实际上占有奴婢,不可能按户和正口来平均分配。因为在猛安谋克正户中,有相当部分是一般平民户,他们是很少占有奴婢或无奴婢的,奴婢主要集中在猛安谋克贵族和富有者的家族中。

　　女真奴隶主凭着本家族所占有牛具、人口从国家分配到牛头地,并驱使奴隶从事耕种,奴隶在生产中占有重要地位。兹举例说明:

　　《金史·太宗纪》天会九年四月诏:"新徙戍边户,匮于衣食,有典质其亲属奴婢者,官为赎之。户计其口而有二三者,以官奴婢益之,使户为四口。又乏耕牛者,给以官牛,别委官劝督田作。"

　　此例说明当时金政府唯恐女真人户劳动生产者不足,由政府同时补充奴婢与耕牛,并且使之田作。

　　《金史·食货志》田制:"(大定)二十一年正月,上谓宰臣曰:'山东、大名等路猛安谋克户之民,往往骄纵,不亲稼穑,不令家人农作,尽令汉人佃莳,取租而已。……近已禁卖奴婢,约其吉凶之礼,更当委官阅实户数,计口授地,必令自耕,力不赡者方许佃于人。'"

此例证明猛安谋克户原由"家人农作",不出租土地。家人是包括奴婢在内的。奴隶被称为家人,不是女真族独有的现象,在保有家族奴隶制特点的一些民族往往都是这样。禁止出卖奴婢,各家族靠占有奴婢"计口授地",说明在由奴隶制转变为封建租佃制的过程中,还受着旧制度的约束。

《金史·食货志》户口:"(大定)二十年,以上京女真人户,规避物力,自卖其奴婢,致耕田者少,遂以贫乏,诏定制禁之。"

此例表明奴隶的有无对奴隶制生产有直接的影响,同时也表明奴隶是奴隶主财产的一部分。如果说古代井田是奴隶主剥削奴隶的基础,那么牛头地也是女真奴隶主剥削奴隶的基础,是奴隶主把自己的财产——奴隶和土地在生产上的结合。像这样的剥削关系只能是奴隶制,而不是封建制。

女真族的奴隶是家族奴隶,牛头地主要由奴隶耕种。那么与牛头地相关的税赋又具有什么特点呢?这是研究牛头地必须回答的一个问题。

《金史·食货志》:"牛头税,即牛具税,猛安谋克部女真户所输之税也。"这里把牛头税的承担者及其性质说得十分明确。

牛头税是女真户对国家所承担的一种税制,是牛头地土地占有关系在税制上的体现。女真在建立金朝以前,土地公有,还没有最后形成奴隶制的私人占有制,那时无税赋,公共土地由公社成员代耕。《三朝北盟会编》卷 230 引《崔淮夫上两府劄子》说:"其金人,北军一家,莳地不下数顷,既无税赋,春则借民以耕,夏则借人以耘,秋则借人以收。"此种制度在原始社会末期已存在了。"借民以耕",最初并不具有剥削的性质,后来随着私人土地占有制的出现与发展,在各家族主要使用奴隶劳动的情况下,借民以耕的公田没有得到发展,而代之的是牛头地,税赋也采取牛头税的形式出现。

女真族的税赋,初无定制,根据需要多寡而定[1] 到金太宗天会

---

[1]见《三朝北盟会编》卷 3。

三、五年间,随着牛头地制的确立以及国家经常征收税赋的需要,才正式确定牛头税的征收制度。

征收牛头税的依据和基础是牛头地,即二十五口、一耒具四顷四亩有奇的土地。征收额数,天会三年规定每耒赋粟一石,天会五年又规定女真内地诸路猛安谋克户,每耒赋粟五斗。大定二十一年规定每一牛具止令各输三斗[1]。如此看来,牛头税的征收,不管一牛具土地收获多少,都根据国家规定缴纳定额的赋粟。这对女真户是有利的。它比汉人负担的两税轻20倍乃至40倍。此点不能单纯从女真族的统治带有种族的特征来解释,也还有其社会发展的自身原因。它既与牛头地的分配和占有有关,又与其社会生产水平和历史的具体特点相适应。在具有家族奴隶制特点的民族和国家中,国家以土地最高所有者的资格向分到土地的各家族征收定额税赋似乎都是存在过的,只是由于情况不同表现出不同特点罢了。

征收牛头税粟,主要是为了储积,以备饥馑、凶年、歉岁赈给之用。每谋克设有专门储藏牛头税粟的仓廪,以与郡县的常平仓相区别。仓廪由谋克监管,亏损亦由谋克负责。这种为公共而储积的税粟,很明显是从原始公社时期的贡物转化而来的。

另外,猛安谋克俸给最初亦由牛头税支给,这从"宜令依旧支请牛头税粟"(《金史·百官志》百官俸给)可知。显然地,这又是从把原始的贡物作为部族长消费的那部分转化而来的。

牛头税的内容和特点表明:它一方面与原始社会部族时期的贡物制度有历史上的联系和变革关系;另一方面它已发展为一种具有本族特点的税制。

地税与地租有区别。地税的承担者有其土地的所有权或占有权。在女真社会中能分得牛头地并占有牛头地的是猛安谋克户。因此,牛头税不是奴隶主向奴隶征收,而是土地最高所有者国家向分得和占有牛头地的猛安谋克户征收。在历史上不管是哪一种类型的奴隶制,奴隶的最本质的特征,即它是作为奴隶主财产的一部分而出现的。奴隶

---

〔1〕《金史·太宗纪》及《金史·食货志》牛具税。

既已随同土地一起被奴隶主所占有,没有自己的人格和财产,不得占有土地,因此,奴隶不管是以口计或户计,都无需向国家出税。在这点上,女真族的牛头税与夏商周时的贡、助、彻,在性质上是相同的。

金初奴隶制与周代奴隶制有许多相似之处,因此同有实行三年一大比的条件与基础。金世宗大定四年始变三年一大比为征收物力钱制,这反映了金代在赋役方面的深刻变化。

《金史·食货志》通检推排记载:"通检,即周礼大司徒三年一大比,各登其乡之众寡、六畜、车辇,辨物行征之制也。金自国初占籍之后,至大定四年,承正隆师旅之余,民之贫富变更,赋役不均。世宗下诏曰:粤自国初,有司常行大比,于今四十年矣。正隆时,兵役并兴,调发无度,富者今贫不能自存,版籍所无者今为富室而犹幸免。是用遣信臣泰宁军节度使张弘信等十三人,分路通检天下物力而差定之,以革前弊,俾元元无不均之叹,以称朕意。凡规措条理,命尚书省画一以行。"

按,此引"周礼大司徒三年一大比"之事,系出《周礼》"小司徒"之职。其制根据各家族人口多少、财物多寡以定户之高下,然后再征赋役。赋即指六畜、车辇之类;役则指徭役(主要是兵役)。所谓"赋役不均",即反映了当时赋与役都是依户之贫富来确定的。三年一大比制度与女真族实行的牛头地制度相适应,都以保留公社特点的家族奴隶制为存在的条件,它对保证猛安谋克全民皆兵的军事制度,以及巩固奴隶主的传统地位都起了重要作用。

三年一大比,不仅是辨物行征的需要,也是防止猛安谋克户贫富变更、赋役不均的需要。金世宗时,随着猛安谋克阶级关系的变化,贫富变更、赋役不均的现象已十分严重,三年一大比已不再适应发展变化的需要,于是大定四年在推行通检推排的基础上,实行新的物力钱的行征制度。物力钱与金初旧制不同,主要表现在它吸取了唐宋的封建精神,并在本族原来实行大比的基础上,形成一种具有自己特点的制度。

物力主要包括三个方面,即土地、奴婢和其他各种资财。金朝既对土地征收租税,又把土地列入物力通定项内,这实际是历来统治者增加土地税的一种办法。在春秋时有作丘赋、作田赋,即在租税之外又对土地增加新赋,其与金代不同者,春秋时自成赋目,而金代则作为资产之一,以物力的名目一起征收,即田赋包括在物力之内,不另成赋目。

金初实行三年一大比,确定户籍高下主要据人口和资产两个方面,因而户籍高下也就成为赋役行征的标准。金世宗大定四年"通检推排"后,确定户籍高下的依据未变。《金史·食货志》通检推排:

> (大定)五年,有司奏诸路通检不均,诏再以户口多寡、富贵轻重,适中定之。

金制,以民户内有物力者为课役户,无物力者为不课役户。金代物力钱征收制度,与唐户税略同。唐按资产而定户等,户等是户税征收的根基,户税实际是资产税,这与金代以物力定户等然后征收物力钱(资产税)是相似的。唐建中后实行两税法,户税成为两税中的主干,即计户口资产定户高下,作为两税征收的标准,这实际上是把租庸调三者同熔在两税法一炉之中。到宋时,两税已成为独立的地税,而计户口物力(资产)定户高下成为供役轻重的标准,而资产税则以"杂变"等方式另外存在,在这点上它与金代物力钱(资产税)是不相同的。

唐时户税在原则上王公以下的户都负担,与金代物力钱"上自公卿大夫,下逮庶民,苟无免者"(《金史·食货志》)相同。

唐时户内有课口的称课户,无者为不课户,课户纳庸调,与金代"户内有物力者为课役户,无者为不课役户"亦大同小异。课,指调之内容而言;役,指庸之内容而言。但不同者唐时品官之家均免庸调,而金所免者唯有杂役,并仍"验物力所当输者出雇钱",此又略同于宋。

金初所实行的牛头税和三年一大比,与当时牛头地以及公社组织的保留密切相关。金世宗时确定的物力钱征收制度,是适应女真族社会内部发展变化的要求,并吸取唐户税制的精神而形成的一种稳定的户税制度。不过,金代也吸取了宋时把两税独立为地税的办法,以与女真猛安谋克所负担的牛头税相区别。金代虽然对汉人、女真人统一推检人户物力,但由于女真社会制度不同,所通括的主要是牛具、土地(牛头地)、奴婢。因此同是物力,在女真贵族没有最后封建地主化时,其财产关系的性质也不尽相同,但就统一于物力征收这点仍是个重要

·欧·亚·历·史·文·化·文·库·

进步。这就是金代女真以牛头地为基础,并随其变化在税赋方面所表现出的复杂特点。

4.3 牛头地的破坏与封建租佃制的完成

任何一种土地关系的存在,无不与当时社会生产力发展的水平及其性质相适应的。生产力水平的高低决定着土地占有关系的形式和性质,并使它的存在和发展显示出许多特点来。

金代女真人,在与汉人接触中接受汉人生产技术或直接用汉人生产以发展本族的经济,这从现已发现的遗址、遗物可以得到证明。出土的铁制等生产工具有:铁犁、蹚头、手锄、镐、锹、铲、镬以及多种多样的镰,此外还出土双股垛叉和鱼形铡刀等。其中铁犁由犁铧、犁镜、蹚头、牵引四个部件组成,铧亦有形制、大小不同,制造技术远比辽时进步,大体接近北宋,有的地方并有新的改进与发展。铁制生产工具的进步,是与冶铁工业发展分不开的。在黑龙江省阿城等县都发现了冶铁遗址,河北、山西南部山区也发现许多民间小型铁矿坑和熔铁遗址。随着冶铁等手工业发展,商业和货币经济也得到很大发展。在女真族社会生产力新的高涨过程中,为封建个体经济的发展以及由奴隶制向封建制的转变奠定了基础。猛安谋克牛头地已不再适应新的生产力发展的要求,特别是在封建租佃制的强烈影响下,牛头地便随之而破坏了。

女真族牛头地占有关系的破坏,是社会生产力增长的结果。其破坏的原因,包括内外两种因素:一是女真族当时已具备这种变化的条件和依据;二是汉人封建租佃制对女真贵族的吸引及其所给予的巨大影响,这种影响甚至规定其变革的趋向和封建化的具体途径。

牛头地的破坏,表现在各个方面:

首先,表现在出卖耕牛、奴隶和土地上面。《金史·曹望之传》:大定中"招讨司女直人户或撷野菜以济艰食,而军中旧籍马死则一村均钱补买,往往鬻妻子、卖耕牛以备之"。女真奴隶主因规避物力或因土地已出租给汉人耕种,而出卖奴隶。致使牛头地无法由奴隶自种,乃至荒芜。《金史·张九思传》:"九思言屯田猛安人为盗征偿,家贫辄卖所种屯田。凡家贫不能征偿者,止令事主以其招佃,收其租入,估价与征偿相当,即以其地还之。临洮尹完颜让亦论屯田贫人征偿卖田,乞用九思议,诏从之。"《金史·食货志》通检推排,大定二十七年载金世宗语:"彼人卖地,此人买之,皆旧数也。"可见当时土地买卖已极普遍。张九思所采取的办法,对于招佃收租的发展是有利的,也无法制止猛安谋克人出卖所种屯田的事实发生。

其次,表现在土地经营方式的破坏与变革上面。随着计口授田向独立的一家一户的个体经营的土地转化,猛安谋克屯田户的合产聚种的经营方式破坏了,计口授田便发展为封建的个体农民,最后摆脱奴隶制对其发展的种种约束。另外也直接表现在女真奴隶主放弃牛头地的经营而改为出租土地上面。因此猛安谋克屯田和牛头地向封建的自耕或租佃制转化,与女真族家族奴隶制的解体是同时出现的。

最后,牛头地的破坏表现在牛头税征收制度的破坏上面。《遗山文集》卷17《朝散大夫同知东平府胡公神道碑》记载:"时道陵(章宗)新即大位……未几,改同知辽东路转运使事。本路税额以牛头征者积数百万石,多有名无实无所从出,而重为主典者之累。公躬自阅实,无有欺抑者。凡椿配之数悉从蠲贷,在所仓官坐伤耗而碍铨调者,率以新官贷之。"章宗即位时,牛头税只存旧税名目,就是这样,也"多有名无实"了。

牛头地土地占有关系的变化,是同土地国有向土地私人所有的转变密切地联系着的。

金初土地国有,即女真族最高统治者皇帝所有。土地国有也是土地私有制的一种表现形式,同样是在剥夺公社民众土地权利之后而形成的。在具有家族奴隶制特点的国家中,因为它保有家族公社或农村公社的残迹,私人土地所有制是伴随着公社的解体而出现和发展起来的,它带来两种后果,即私人奴隶主的土地所有制和私人地主的土地所有制同时产生和发展起来。从发展变革的总趋势看,又往往是私人地主的土地所有制战胜私人奴隶主的土地所有制。就女真族来说,也是由土地国有制转变为土地私人所有制的,特别是由于中原封建土地所

·欧·亚·历·史·文·化·文·库·

有制的影响,以及其主要采取将土地出租给汉人的办法来完成封建化的过程,因此向私人奴隶主土地所有制转变这一趋向,便遭到极大的限制,甚至被断绝了。

猛安谋克被迁入中原地区后,除从国家分得牛头地或屯田地外,随着私人土地所有关系的出现和发展,便仗势侵夺土地,据为私田。女真贵族和权要之家侵夺土地为私田的手段,有以下几种。

一是侵夺、冒占官田或民田,将其据为己有。例如,前参政纳合椿年占地 800 顷,山西田亦多为权要所占,有一家一口占田达 30 顷的。椿年子猛安参谋合、耨盌温敦思忠孙长寿等,亲属计 70 余家,所占地 3000 余顷。赵王永中等四王府"冒占官田"(《金史·食货志》田制)。至于民田,官私下手,被侵夺冒占更是习见之事。

二是采取不回纳旧地办法,趁机多占土地。《金史·食货志》田制记载:"(大定二十年四月)又诏故太保阿里先于山东路拨地百四十顷,大定初又于中都路赐田百顷,命拘山东之地入官。"又,大定二十一年:"七月,上谓宰臣曰:'前徙宗室户于河间,拨地处之,而不回纳旧地,岂有两地皆占之理,自今当以一处赐之。'"

三是"蔽匿盗耕",或"新开荒为己业"。

就女真社会本身看,通过各种手段侵占土地的过程,也就是地主私人土地所有制发生和发展的过程。与此同时,女真贵族与国家争夺土地所有权的矛盾与斗争,以及奴隶制与封建制(包括汉族地主、女真新兴地主)的矛盾与斗争也异常地尖锐起来。金世宗时的括地、限田就是在这各种矛盾的斗争中出现的。

括地,早在海陵时就已开始,但那时还没有像金世宗时这样尖锐和复杂。金世宗时,括地已发展为国家与汉族地主、女真族新兴地主之间争夺土地所有权的矛盾与斗争。在金朝统治之下,一方面是汉族的封建制;另一方面是女真族的猛安谋克制。金世宗主要括汉人土地为官地,这一方面是为扩大国家的佃户和其属下的封建自耕农民;另一方面是为维护猛安谋克的牛头地和屯田地。前者表现为封建国家与汉族地主的矛盾,后者表现为汉族的封建制与女真族奴隶制的矛盾。金世宗对女真贵族实行限田,一方面限制女真贵族各顾其私,规定官民占田无过四十具;另一方面规定"除牛头地外,仍各给十顷,余皆拘入官"(《金史·食货志》田制)。防止女真贵族无限制地扩大私人土地。而限田与限出租土地是结合的。

如上所述,在女真族社会中,牛头地的破坏、土地所有制形式的转变以及由奴隶制向封建租佃制的变革是联系着的。在金世宗以前,女真族接受汉人的影响主要还在政治、文化和习俗方面,当时改制也多从这些方面着眼,至于土地所有制方面的改变并不明显,也不曾引起女真族奴隶制的根本变革。到金世宗时,女真族才发生土地所有制形式和占有关系的深刻变化,这种变化乃是在无可遏止的趋势中发展,仍然遭到来自女真最高统治者的限制、束缚和反对。

金世宗在女真奴隶制最后解体中,是以挽救旧制、旧俗的姿态出现的。到章宗时就不同了,他从各个方面最后完成了由奴隶制向封建制的变革,主要表现在以下诸方面。

(1)废除女真族的奴隶制,放奴婢为良。《金史·章宗纪》大定二十九年二月戊辰,"诏宫籍监户旧系睿宗及大行皇帝、皇考之奴婢者,悉放为良"。明昌二年二月戊戌,"更定奴诱良人法",即禁止把良人奴诱为奴婢的法令。

(2)制定种种条律以废除猛安谋克世袭制,取消其特权。例如承安五年正月庚戌,"定猛安谋克军前怠慢罢世袭制";五月乙卯朔,"定猛安谋克斗殴杀人遇赦免死罢世袭制";泰和八年四月,"诏定猛安谋克承袭程试格"(《金史·章宗纪》)。

(3)废除猛安谋克的土地制度为封建制,《金史·章宗纪》泰和四年九月壬申,"定屯田户自耕及租佃法"。在当时行得通的只有租佃法,而自耕已是"不能自耕,必以与人,又当取租"(《金史·食货志》田制)。另外,弛禁猛安谋克的围猎地,"悉与民耕,虽禁地,听民持农器出入"(《金史·章宗纪》)。

(4)取消金世宗时防止女真人汉化政策,准许女真屯田户与汉人通婚。《金史·章宗纪》明昌二年四月戊寅朔:"尚书省言:'齐民与屯

71

田户往往不睦,若令递相婚姻,实国家长久安宁之计。'从之。"

(5)变女真披甲贵族为封建士大夫,下令猛安谋克举进士。《金史·兵志》记载:"至章宗明昌间,欲国人兼知文武,令猛安谋克举进士,以策论及射,以定科甲上下。"

上述事实表明,在女真族土地国有的牛头地或屯田地被私人土地所有制代替后,金章宗为适应女真族这种变化的要求,在许多方面从法律上承认女真封建化的合法性,标志着女真族封建化的过程已基本完成。

(原刊《历史研究》1981 年 4 期)

5 金代"驱"的身份与地位辨析

　　金代"驱"的身份与地位,我同意前人看法,认为"驱"不是奴隶,是低于良民而又高于奴隶的农奴。有的同志对我提出的依据进行质疑,持有完全不同的看法。金代"驱",是奴隶还是农奴,关系到对金、元这段历史的估计问题,因此值得深入商讨。由于"驱"的政治地位低贱,在记载中往往与奴婢相混。但相混的事物未必就是一类。问题是应当研究他们怎样相似,更重要的还是研究他们之间有怎样的实质性区别。

5.1 考察金代"驱"的思索线路与过程

　　范文澜在《中国通史简编》第三编五章四节中曾提出:"猛安谋克的奴隶得放为良,仍隶属本部(称为驱丁)称正户。"这个见解对我启发有三点:①驱是由奴婢为良的;②免为驱丁后不隶州县,止隶本部;③正户在《金史》中只出现两次,它和女真户(本户)以及同汉户、契丹户、杂户不同,是隶于猛安谋克本部的户,不能与隶州县的齐民户相混。范之见解正确与否,不应拘泥于《金史》此段原文有无"驱"的字样来决定,主要看这一论断是否符合金代"驱"的身份和地位。我就是从这里开始用金代事实来检验"驱"的身份,并以此为起点分析有关金代"驱"的问题。

　　驱在金代女真族猛安谋克中,与奴婢相比并不占主导地位。相反,后来在契丹族中却占有相当重要地位。《金史》有关"驱"的记载并不多,最多见的还是奴隶。在《金史》中有关记载共 15 处:"驱",6 处;"驱丁",3 处;"驱奴",4 处;"驱婢",1 处;"驱军",1 处。从称谓上看,除"驱军"是屯守在泰州的军事编制外,其他从各方面与奴婢有着藕断

·欧·亚·历·史·文·化·文·库·

丝连的关系,如有的地方记载为"驱",另个地方却记载为奴婢;"驱"与奴婢连称为"驱奴"、"驱婢"。如果对"驱"的研究只限在这里,当然可以结论:驱是奴隶。事实上尚有些迹象表明:"驱"与奴隶并不完全相同。我就是根据这种相类似之点,认为其地位低下似奴隶;又根据其不同之点,认为"驱"不是奴隶。

金代女真族奴隶制的最大特点,就是家族奴隶制。奴隶制在我国民族的发展中,以汉族发展的层次最为完备,经历了4个发展层次,即土地国有制下的部落奴隶制,种族奴隶制,家族奴隶制,土地私人所有制下的私人所有的奴隶制。前三个层次发生于我国古代的奴隶社会中,最后一个层次牢固地残留在封建社会中。从奴隶制解体中出现封建私人所有制与奴隶主私人所有制的并头发展,而封建制从一开始就占主导地位,并在发展中制胜了奴隶制,奴隶制只作为封建社会残余形态而存在。在北方诸民族中这个发展层次不是完备的,而是根据本民族的情况和所处的历史条件不同,在各族中出现不同的奴隶制类型,如匈奴的部落奴隶制,夫余、高句丽的种族奴隶制和金代女真的家族奴隶制。金代女真奴隶制建立后,向比它更为先进的辽和北宋地区发展,杂居于中原各地,因之不可能按照国、野之分的种族奴隶制存在和发展,而是按照家族奴隶制存在和发展,并且同样经由"百亩授田"式的途径,实行"计口授地"步入封建社会。家族奴隶制保有家长奴隶制的特点,奴隶被称为"家人";家族奴隶制的奴隶不以户计而以口计,籍属于奴隶主的户中。以口计,与当时土地接口分配的牛头地制度有关。金代官奴婢不以口计而以户计,如"凡没入官良人,隶宫籍监为监户,没入官奴婢,隶太府监为官户"[1] 这与女真法规定"籍其家为奴婢"[2]有关。

金代的驱,主要是女真猛安谋克户和契丹等人户所占有,驱又是作为奴隶主家族的私属而另立门户,这就是区别奴隶主的家族奴隶与驱的重要一点,也从这点可以看出驱与奴隶的一系列区别。从奴隶与驱

---

[1]《金史》卷 46《食货志》。
[2]《大金国志》卷 36《科条》。

的来源看,奴隶的来源复杂,驱简单。《金史》记载良民沦为奴隶的源头很多,有折身为奴的,有买为奴的,有鬻为奴的,有妄认为奴的,有过赎身期限为奴的,有抑压为奴的,有俘虏为奴的,有被陷为奴的,有隐蔽、奴诱为奴的,有被没为奴的,更有个别自愿为奴的。在《金史》没有因典雇良民直接为奴的记载,只有一处奴隶主"典质其亲属、奴婢"[1],这是奴隶主对已是自己的奴隶进行"典质",奴婢主无权对一般良民进行典质,而能典质者至少也要有亲属关系。奴隶主却可通过典质关系进而迫使其为奴,《金史》卷69《李晏传》:"故同判大睦亲府事谋衍家有民质券,积其息不能偿,因没为奴,屡诉有司不能直,至是,投匦自言。事下御史台,晏检摘案状得其情,遂奏免之。"可见不能通过典质一次变良民为奴,而因故迫使为奴者亦法所不允。驱的来源有三:一是来自战争的略掠;二是奴婢放免为驱;三是因流落、饥荒典雇为驱,或者是"典雇冒卖为驱"。第一个来源与奴婢同,第二、三来源有异于奴婢。典雇为驱见《金史》卷46《食货志》,而《熙宗纪》不称驱,称奴婢。按典雇即以身抵押为人佣作,与典贴之义相近。韩愈《应所在典贴良人男女状》:"或因水旱不熟,或因公私债负,遂相典贴。渐以成风,名目虽殊,奴婢不别,鞭笞役使,至死乃休。"[2]典质其身为人佣作,虽与奴婢不别,但终究还不是奴隶。良民典雇本身尚不能就此成为奴隶,只有再通过种种不正当手段,才能迫使为真正意义的奴隶。被略掠本身不是判断奴隶的依据,主要还是看被略掠后的身份和地位。

　　驱与奴隶不同,当有更深刻的经济原因。后来读蔡美彪先生主编的《中国通史》第六册,认为女真族的牛头税制,"显然主要是奴隶主的国家向奴隶主和部分平民征收的粮税。从事耕作的奴隶一无所有,他们还不是征收的对象"。从此又得一依据助我思索问题,是奴隶主户内的奴隶,还是独自为户的生产者?国家征收粮税,还是不征收粮税?对国家承担役事,还是不承担役事?所有这些应是金代奴隶与驱的区别所在,而且应当是最本质的区别。研究每一特定时期的各种身份的

[1]《金史》卷3《太宗纪》。
[2]《昌黎集》卷40。

被剥削和被压迫者,应当同当时社会的阶级关系联系起来考察,应当与经济、政治关系的变化而引起的生产者身份的变化联系起来考虑。特别是对那些处于奴隶与良民之间的身份的人,尤应慎重对待。在当时社会的条件下,不可能只有奴隶、良民两种身份的人,而不存在介于两者之间的被人们贱视的农奴。我认为金、元时期"驱"的身份就属于这类性质。

5.2　确定金代"驱"的身份、
地位的依据

《金史》关于"驱"的记载极为简略,既不能反映"驱"的全貌,又缺乏研究其身份本质方面的资料。尽管如此,从简略的记载中也或多或少的为我们提供一些情况供作分析。

从《金史》15 处有关"驱"的记载中,能够判断金代"驱"的身份和地位的,主要有以下一些依据。

(1)《金史》记载猛安谋克的奴婢从不称丁,也不称户。只有官奴婢称"监户"、"官户"。《金史》正文记载百十左右条有关奴婢的问题,独不言奴婢的丁、户。《金史》卷 46《食货志》序中却说:"其为户有数等,有课役户,不课役户、本户、杂户、正户、监户、官户、奴婢户、二税户。"此"奴婢户"乃是浮出。在《金史》中,驱称"驱丁",亦以户计。《金史》卷 102《完颜弼传》:"弼上书曰:'山东、河北、河东数镇仅能自守,恐长河之险有不足恃者。河南尝招战士,率皆游惰市人,不闲训练。若选签驱丁监户数千,别为一军,立功者全户为良,必将争先效命以取胜矣。'"驱丁、监户皆有户,他们是由主人占有的驱户(隶猛安谋克本部)立功后再全户免为良(即州县的齐民户)。按金章宗大定二十九年二月"戊辰,诏宫籍监户及奴隶悉放为良"[1]。则与奴婢并记的监户,此时亦未必为奴隶。《金史》卷 46《食货志》记载:"户口。金制,男女二岁以下为黄,十五以下为小,十六为中,十七为丁,六十为老,无夫为

---

〔1〕《金史纪事本末》卷 34《章宗嗣统》。

寡妻妾,诸笃废疾不为丁。户主推其长充,内有物力者为课役户,无者为不课役户。"这是国家的编户,而以丁、户计的"驱",既不同于一般齐民编户,也不同于奴隶主户中的"奴婢口",而是猛安谋克本部的正口,对主人与国家有双重的隶属关系。这种隶猛安谋克本部的正户,与一般州县齐民户有不同的特点。

(2)金制,有户籍的要向国家出纳租税、服役事。《金史》卷42《仪卫志》载:"合懒、恤品、胡里改、蒲与路并于各管猛安谋克所管上中户内轮差驱丁,依射粮军例支给钱粮,周年一易。部罗火、土鲁浑札石合亦同。其诸乣及群牧官员,若猛安谋克应差本管户民充人力者,并上中户轮当。"《金史》百十左右处有关奴隶的记载,无一处涉及奴婢"轮差"的,可见金代奴隶不仅不是征收牛头税的对象,也不是"轮差"的对象。但"驱"也不是与女真猛安谋克"本户"地位相等的,他们是奴隶主家族所有的私属,但国家却把他们列入"轮差"的对象。

(3)金制奴隶不在签军之例,金太祖完颜阿骨打起兵反辽时有奴婢参加,那和原有的家长奴隶制的奴隶有关。《金史》卷44《兵志》记载大定二十年,"诏戍边军士年五十五以上,许以其子及同居弟侄承替,以奴代者罪之"。《金史》卷6《世宗纪》大定三年五月有请签奴婢为军的事,如"尚书省请籍天德间被诛大臣诸奴隶及从窝斡乱者为军,上以四方甫定民意稍苏,而复签军,非长策,不听"。此"籍天德间被诛大臣诸奴隶及从窝斡乱者为军",似有放免奴婢及从乱者之意。世宗以此请同签民为军同等视之,就是这样金世宗也借由未能允许。"驱"在一定条件下允许签充阿里喜。《金史》卷44《兵志》:"至(大定)三年,诏河北、山东等路所签军,有父兄俱已充甲军,子弟又为阿里喜,恐其家更无丁男,有误农种,与免一丁,以驱丁充阿里喜,无驱丁者于本猛安谋克内验富强有驱丁者签充。"驱丁可签充为阿里喜,但不能为甲军。阿里喜是由猛安谋克户中的子弟签充,阿里喜是正军的副从,可代其兄摙甲为正兵,非奴隶。《金史》卷87《仆散忠义传》记载:"富强多丁者摘留,贫难者阿里喜官给,富者就用其奴。"这个奴是指"富强多丁者"以丁、户计的驱丁还是以口计的奴隶?因为金、元驱丁在记载中常与奴混,此奴字不一定就是指奴隶,也可能是以丁、户计的富强者的驱丁。"富者就用其奴",即富强者以驱丁充阿里喜。此与《金史》卷 44《兵志》记载正合。

(4)金代军制有驱军,《金史》卷 44《兵志》记载:"所谓镇防军,则诸军中取以更代戍边者也。在西北边则有分番屯戍军及永屯军驱军之别。驱军则国初所免辽人之奴婢,使屯守于泰州者也。"这里的"驱军则国初所免辽人之奴婢"应作何解释?看来要解释的只有"免"字和"驱"字。免,即放免或免放,如"奴婢、良人罪无轻重并行免放"[1]免放析而言之即"免"、"放",如"奴婢免为良",[2]"放奴为良"[3]"驱"辽时不见,出现在金朝,"免辽人之奴婢"为驱军的"免"字只能具有奴婢免放为新出现的驱的意思。日本人三上次男所著《金代女真研究》,虽然认力驱丁、驱奴是奴婢,但引用此条则云:"或者也许多少含有一些特殊的意义。"[4]这个特殊的意义无外是将辽时奴婢放免为金朝新出现的"驱",然后依"驱"的身份编为驱军,而不是按照旧有的奴婢身份编为驱军。这里意味有身份、地位的变化问题。

(5)金代奴婢放免为驱丁是奴隶身份获得解放的一个途径。辽代头下军州的二税户至金时已不复存在,但寺院二税户依然被保留下来,并多被抑为奴隶。金世宗、章宗都曾放免二税户为良。金章宗初放免二税户的途径有二,而且在这两个途径中其中之一涉及"驱"的问题,主要的依据是以下两段记载:

> 章宗大定二十九年十一月,上封事者言,乞放二税户为良。省臣欲取公牒可凭者为准,参知政事移剌履谓'凭验真伪难明,凡契丹奴婢今后所生者悉为良,见有者则不得典卖,如此则三十年后奴皆为良,而民且不病焉'。上以履言未当,令再议。省奏谓不拘括则讼终不绝,遂遣大兴府治中乌古孙仲和、侍御史范楫分括北京路及中都路二税户,凡无凭验,其主自言之者及因通检而知之者,其

〔1〕《金史》卷 133《移剌窝斡传》。

〔2〕《金史》卷 48《食货志》。

〔3〕《金史》卷 104《移剌福僧传》

〔4〕三上次男《金代女真研究》,金启孮译,黑龙江人民出版社 1984 年 2 月,第 338 页。

税半输官、半输主;而有凭验者,悉放为良。

　　明昌元年,……六月,奏北京等路所免二税户,凡一千七百余户,万三千九百余口,此后为良为驱,皆从已断为定。

这两段同是记载金章宗初解放二税户的问题。第一段记载讨论和最后采取的实际办法。第二段记载解放二税户的结果和最后对施行结果的认定。把这两段联系起来可以看出:当时放免二税户为良采取两种途径,一是"无凭验,其主自言之者及因通检而知之者",采取"其税半输官、半输主"的途径,即恢复其原有的二税户的身份,由被抑为奴隶、全部生产物归主人变为"半输官、半输主"的寺院主食封国家一半税的领主,二税户重新为寺院主的农奴;二是有凭验者悉放为良民。明昌元年六月所载放免的二税户,"此后为良为驱,皆从已断为定"。为良,即指"有凭验者悉为良";为驱,即指"凡无凭验,其主自言之者及因通检而知之者,其税半输官、半输主"。如果这样联系地看问题,进而可以看出,"其税半输官、半输主"的二税户,其身份被视为"驱","驱"包括二税户身份的民户。"其税半输官、半输主"是奴婢放免的一个途径,而其身份又视为"驱",则"驱"的地位高于奴隶,低于一般良民。这与范文澜推定猛安谋克户奴隶免为良(即驱),与金初放免辽人奴隶为驱军,正可相印证。

持相反意见的同志对上引第一段资料作了不同的标点:"……无凭验,其主自言之者,及因通检而知之者,其税半输官、半输主而有凭检者,悉放为良。"这样的标点后,认为有三种情况,而三种情况在对待上无政策的区别,"悉放为良",就是说无放免为驱的。所谓三种情况,实际在政策对待上只有两种情况,即有凭验与无凭验,只是无凭验中有两种情况。无凭验与有凭验,都记载了具体的放免办法,不然放免后认定"此后为驱为良,皆从已断为定"就无着落。区别对待,采取不同的办法,并非大费周折,而是政策实施的需要。金章宗与世宗在放免二税户有区别,不能用金世宗放免二税户不彻底来证明章宗也是这样。金章宗对移剌履意见都不能接受,怎么自己又开一条保存奴隶的决策来?

据上5个方面的分析,认为金代"驱"不是奴隶,如果和元代"驱

·欧·亚·历·史·文·化·文·库·

口"结合研究似更能说明这个问题。

5.3 从元代"驱口"看驱的身份与地位

金代前后发展情况不同,金初主要是掠良民为奴,但为"驱"的记载不甚多。金末掠良民为奴不多见,而掠良民为"驱"却有所增多。元代的"驱口"是从金继承下来的。研究元代的"驱口"有利于对金代"驱"的身份与地位的了解。

金末元初出现的大量"驱口",是在金代女真族封建制完成后社会丧乱中出现的。他们的地位几乎与奴婢相同,但"驱口"既不是奴隶社会的奴隶,也不是封建社会残存的奴婢。元代的"驱口",是社会上各种称谓的地位低下的人的总称,他还包括部曲、家僮、家奴、僮奴乃至奴婢等。但他们统被称为"驱口"的最大一个特点即以丁、户计,此与金时相同。元代多"驱口"与金初相比较这是个进步。金初由于女真族推行奴隶制使不少良民沦为奴隶,元朝出现的以"驱口"为主的生产者,说明金代女真族封建化后历史并没有倒退到奴隶制,只是农奴式的剥削和压迫在社会丧乱之中又有所强化。

金代的"驱",没有判断其生产关系性质方面的直接材料,元代在这方面却已有迹可寻。判断"驱口"的身份与地位不全在于其称呼如何与奴隶相同,而主要是从生产关系的性质中去探求。元代的"驱口"至今仍有不同的看法,有的认为是奴隶,而且据《辍耕录》卷17所载"今蒙古人、色目人之藏获,男曰奴,女曰婢,总曰驱口",谓"驱口"是奴婢的总称。其实元代的"驱口",与奴隶社会的奴隶有本质的不同。

(1)元代主要是把略掠的一般良民为"驱口",使之成为私人占有的私属,因之有"还籍为民"的记载。如《元史》卷163《张雄飞传》记载荆湖行省阿里海牙,以降民三千八百户没入为"家奴",张雄飞入奏,"诏还籍为民"。《常山贞石志》卷15,李冶《王善神道碑》:"僮奴口五百,悉纵遣为齐民。"《畿辅通志》卷168,王磐《张柔神道碑》:"释家中驱口数千,出为良民。"《元史》卷159《宋子贞传》,严实听从宋子贞建议,把部曲户"罢为州县"。上所引虽称谓不同,实皆"驱口"。"驱口"

被转化为一般编民后即是政府的"民户"。不为州县,即属于私人的"驱口",罢归州县,即成为国家的编民。这种把役属于私人的农民转化为国家的编民历朝皆有。

（2）"驱口"与主人的关系,不是"驱口"的生产物和奴隶自身一样全被占有,而是采取封建的租赋的形式。《元史》卷159《宋子贞传》:"东平将校占民为部曲户,谓之脚寨,擅其赋役,几四百所。"《元史》卷163《张雄飞传》亦载,阿里海牙"以降民三千八百户没入为家奴,自置吏治之,岁责其租赋,有司没敢言"。《遗山先生文集》卷33《顺天府营建记》,张柔移军顺天后,近而四郊,周泊千里,"树艺之事,人有定数,岁有成课,属吏实任其责"。这种出租赋、役事的不是奴隶。所谓"驱口",是金、元新出现的封建的超经济强制的近似奴隶的农奴。

（3）"驱口"一旦转化为齐民,就成为国家的"民户"。《元史》卷93《食货志》记载:"至丙申年,乃定科征之法,令诸路验民户成丁之数,每丁岁科粟一石,驱丁五升,新户丁驱各半之,老幼不与。其间有耕种者,或验其牛具之数,或验其土地之等征焉。……（至元）十七年,遂命户部大定诸例:全科户丁税,每丁粟三石,驱丁粟一石,地税每亩粟三升。""还籍为民"与不还籍为民的"驱口"的区别,前者已是国家的民户,他们有自己的家庭,有牛具、土地,向国家缴纳赋税;后者则是主人的私属,耕种主人的土地,不隶州县,向主人纳租赋。

（4）在封建时代的文人,由于他们观察问题只是从表面上看,看不到问题的实质,因此奴隶制的奴隶与封建制的农民,特别是人身役使关系很强的农民,他们就会分不开,视他们为奴隶。

金、元时的"驱",在本质上没有什么区别。正因为这样,不管是把"驱"看是奴隶还是农奴,都把金、元的"驱"联系考察和相同的对待。但是主张"驱"是奴隶与主张"驱"是农奴的,在观察问题的方法上则大不相同。主张金、元时的"驱"是奴隶的,主要是从元代法律的规定看到驱的地位低贱,对主人失去了应有的人身自由,所以得出"驱"是奴隶的结论。如史书记载,元代"驱口"婚嫁,不能聘娶良家;"驱口"的占有者（使长）,视"驱口"与财物相同,可以转卖和陪嫁;"驱口"的子女为家生的"驱口",身份不能改变;"驱口"的财产权不稳定,随时可被主人以各种名义夺去;杀死有罪的"驱口",于法不究,杀死无罪的"驱口",则官府才给予处分;"驱口"虽然可以赎身为良民,但在社会上仍被人们歧视,和主人仍保持一定的依附关系。一言以蔽之,即都属于超经济强制方面的问题,即"驱口"的人身不自由的问题,亦即人格的下贱问题。"驱口"的人格下贱,与完全失去人格的奴隶还有所区别,即他们有财产,生产物不能完全被占有,还不是可以任意被屠杀的奴隶,至于其他多可以在农奴社会的农奴身上找到。尽管"驱口"在这一方面已如同奴隶,甚至与奴隶很少差别,这仅是问题的一个方面。而另一个方面,也是最本质的方面,即"驱口"与主人的关系是租赋的关系;"驱口"与国家的关系是赋税和役事的关系。关于这方面的研究,赵华富同志的《关于元朝从事农业耕作的"驱口"之身份问题——兼论元朝奴隶的数量》一文,对"驱口"身份的分析最为全面,也足以信服。

金代的"驱"不是奴隶,其中的理由也包括对元代"驱口"的理解问题。金代的"驱"不是历来奴隶称谓的新出,他的出现更有深刻的经济原因作基础。更确切地说,"驱"出现在封建生产关系的内部,他同封建生产方式运动的历史,以及金、元这段历史发展的连续性有关。使用"驱"进行生产,使金、元的更替有机地在封建关系中衔接起来,元朝没有倒退到金初女真族推行奴隶制的情况,奴婢与"驱"之分,也正是金、元女真族和蒙古族在其进入中原之初的社会形态之分。

5.4 从历史发展的整体把握中
看"驱"的身份和地位

最后从金、元"驱"的发展过程中,看金、元历史发展的必然的逻辑性,以便对这段历史的认识更符合历史的逻辑。这对金代女真族和元代蒙古族如何把原有的生产方式转向封建制的了解是有益的。

把金、元时期的"驱"作为一个连续发展的过程来研究,大致可分为四个阶段。第一个阶段,是作为封建因素而出现的"驱";第二个阶段,是作为封建关系而存在的"驱",主要在契丹族中发展起来;第三个阶段,是金末元初在丧乱中"驱"又得以空前扩大和发展;第四个阶段,是随着元的统一,"驱"被改为编民的阶段。这四个发展的阶段,反映着历史发展的逻辑性的必然过程,而且不同的发展阶段有着不同的特点。

现在结合当时历史发展的趋势,分阶段地进行分析,看金、元时奴隶制生产方式与封建生产方式运动的关系,看封建制内部"治平"时期与"丧乱"时期封建役使关系的变化。

第一个阶段,"驱"出现在女真族的奴隶社会中,女真族的奴隶制是家族奴隶制。在奴隶制政权还未建立以前,在女真族社会中即出现了奴婢、家人、隶人、部曲。建国后,奴隶不仅是女真族的主要生产承担者,而且是作为奴隶主户内的人口存在。本族成员为正口,奴婢为奴婢口。奴婢也被称为"家人",与满族称奴婢为"包衣"相同。女真族奴隶制建立后,受辽的封建关系的影响,在猛安谋克内出现一种新的身份的人,即"驱"。"驱"以丁、户计,隶属于猛安谋克各户,向国家负兵役、轮差,实际上是在奴隶社会中出现的新的役使关系的农奴。金代女真族不同于辽代契丹,即不是通过头下军州把被征服的汉人、渤海人等变成二税户和私人的部曲,主要推行女真族的奴隶制,因此"驱"不是作为女真社会的主要生产者出现。由于女真族向封建制的转化采取用汉人佃种的方式,直接向租佃制转化,猛安谋克内的"驱"又没有在女真社会中取得封建生产关系的支配形态。相反的,在金熙宗时出现的"计口授地",却成为女真族向封建租佃制转化的重要途径。通过"计口授地",一些奴隶主放弃奴隶改用汉人佃种,成为地主;而"计口授地"自种的一般平民,转化为国家的自耕农。这个阶段"驱"的特点是作为奴隶制从属形态而存在,在女真族走租佃制的运动中,"驱"也在放免之例。

第二个阶段,是在女真族急剧向封建制转化中,"驱"成为契丹族发展农奴制的一种途径。契丹族原是封建制,由于他们接受女真族用猛安谋克编制及其奴隶制的影响,使契丹等族的发展出现某种逆转的情况,如原辽时处于农奴地位的寺院二税户多被主人抑为奴隶。随着

·欧·亚·历·史·文·化·文·库·

女真族社会的封建化,契丹族也在发生着重要变化,有的成为出租土地的地主,有的趁机役使,用"驱"生产,因而在女真族封建化完成之际,契丹族地主拥有的"驱奴"却格外多了起来。金朝选择发展封建租佃制的道路,对"驱"采取放免为良和保留的双重态度,特别是金章宗主要放免的对象是奴隶,而在放免奴婢为良中又没有取消为农奴这个途径。如放免二税户不是把已被抑为奴隶的二税户均免为良,而无凭验的恢复其旧有身份,即"为良为驱,皆从已断"。这就给后来"驱"的存在和发展成为可能,但这一途径对金朝政府来说不是通行无阻的,在法律上规定不允许把良民掠为"驱"。

第三个阶段,是金末的丧乱时期。此时战争频繁,饥荒严重,剥削加重,人民逃散,无以生存,是促使人民身份和地位下降的时期。从金朝发展已打下的基础和发展的趋向看,奴隶制的剥削没有前途,对地主也不利。但是像"治平"时代正常维系租佃制的农民身份也不可能,只有加强超经济的强制,把农民束缚在土地上,不使农民逃亡。在当时的情况下,金朝所提供的唯一的可以发展的途径,就是对"驱"的奴役与剥削,以维系封建生产关系的存在。当时金朝的军事将领、地方封建割据势力、蒙古及色目贵族,和为保护自己的私有财产的地主,皆纷纷起来争夺劳动人手,变一般良民为"驱",进行封建的租赋剥削。这种封建关系内部的变化,从过去的历史看是符合形势的变化的。

第四个阶段,随着元朝的统一,要求把私人占有的"驱口"转变为国家州县管理下的农民。放"驱口"归州县,就是在这一历史发展的趋势下出现的。《元文类》卷57《中书令耶律公神道碑》:"诸王大臣及诸将校所得驱口,往往寄留诸郡,几居天下之半,公因奏括户口,皆籍为编民。"通过"括户"把私人地主所属的户变为国家的编民,这是使民还籍,同时也是削弱地主势力的一贯措施,也是促使统一的封建国家的巩固与发展所必需。

从上述事实看,对金、元"驱"的研究,不仅要注意历史发展的逻辑的演变,而且还要根据历史的事实逻辑性地观察历史。后一王朝的统一往往不是前一王朝的简单重复,而是在新的历史条件下的发展。这种发展的不少因素孕育在前一王朝的分裂之中。分裂是从前一王朝中分裂而出,但它为后一王朝的统一准备了条件。尽管在分裂割据的状态中,在已成熟了的封建制度的基础上,虽然维系其封建的情况不同,作为封建制构成的主体部分不会改变。"驱口"是当时丧乱中地主与农民维系封建生产关系存在和发展的主要生产者与被剥削者。如果这些"驱口"都是奴隶,那么由几占天下之半的"驱"从事生产,则当时的封建社会就成了问题。像保土安民、在地方发展封建经济、广招封建文人的严实也就成了大奴隶主头子。女真族带着奴隶制进入中原尚无法改变中原封建的性质,而金、元间的严实、张柔、史秉直、贾德、王善、史天祥却作了女真人所不能做到的事,大搞奴隶制实令人费解。当然作为一个民族来说,由于社会发展不平衡,会出现与中原制度不同的奴隶制,但它也无法扭转中原封建制的存在和发展。从封建制的发展本身看,完全可能暂时的因为战乱、饥荒使封建农民的身份下降,即使其身份已被抑制到接近奴隶,但从本质上讲仍然可以从这些生产者的身上看到封建的剥削关系的性质。这是封建制度发展的连续性所必需的,也是封建制继续存在和发展的依据。因此对历史中的具体问题的分析,总是要从整体中、从社会性质的本质方面,以及历史发展的连续中把握,不然就可能把本属于封建制内部的阶级,派到另一社会形态中去。这样对不同社会形态中不同身份和地位的阶级和阶层的研究,势将张冠李戴或混为一谈。

这就是从金、元历史发展的全过程中,对"驱"的身份与地位的全部看法。金、元"驱"是农奴,非始于笔者,只是为此说补充点理由。因过去没有完整地讲这个问题,草成此文,以就教于史学前辈和同志。

(原刊《晋阳学刊》1988 年 2 期)

·欧·亚·历·史·文·化·文·库·

6　关于辽代枢密院的几个问题

枢密院制起于唐中叶,而盛于宋、辽、金、元,迄明始废。此种制度不仅在历史的发展中前后有所不同,而且在各族的统治时期也因条件不同而有不同特点。辽时枢密院的建置、职能及其地位的变化是复杂的,特别是史书记载的差异,更为对此问题的研究和识别增加种种困难。现就有关问题讲几点看法。

6.1　关于契丹枢密院与汉人枢密院的问题

日人津田左右吉在《辽代制度之二重体系》(《满鲜地理历史研究报告》第五册)中对此问题曾作过探索与研究。他说:"辽史百官志以枢密之北南二院,与宰相府、宣徽院之有北南二者,同认为北面官,另以汉人枢密院认为南面官,实属错误。事实上,北枢密院乃北面最高官衙,南枢密院乃南面最高官衙,所谓汉人枢密院,不外即南枢密院而已。"国内傅乐焕先生的《辽代四时捺钵考五篇》(《国立中央研究院历史语言研究所集刊》第十分册)也说:"至此,吾人并得以纠正辽史一大误点。辽北南两面官(即统治契丹、汉人之最高机关)即此契丹、汉人两枢密院,亦称曰北南枢密院。"此说已被视为定论,然细考之亦不无问题,兹举数点于下。

(1)先从《辽史·百官志》作者的记述看:"初太祖分迭剌夷离堇为北南二大王(大王应是夷离堇之误,至太宗时始改夷离堇为大王)谓之北南院。宰相、枢密、宣徽、林牙,下至郎君、护卫,皆分北南,其实所治皆北面之事。语辽官制者不可不辨。"说明《辽史》作者对此是有所发现的,是针对元以前旧说提出的,断非妄发议论。元修《辽史》据耶律俨《辽实录》并见其《建官制度》,所辨当有所本。

(2)《辽史·百官志》北南面与北南院有区别,"至于太宗,兼制中国,官分南北,以国制治契丹,以汉制待汉人。……辽国官制,分北南院("院"是"面"之误)。北面治宫帐、部族、属国之政,南面治汉人州县、租赋、军马之事。因俗而治,得其宜矣"。北南面的出现晚于契丹官"皆分北南",早于北南院枢密使的出现。太宗"既得燕、代十有六州,乃用唐制,复设南面",世宗时始置北南院枢密使,这至少说在太宗时还不能说北面即北枢密院总称,南面即南枢密院总称。《辽史·百官志》记载契丹南枢密院官职名数与契丹北枢密院全同,而异于汉人枢密院,契丹北南枢密院有通事,《贾师训墓志铭》"□□□□□□□语其事详熟□以南北枢密院通事一人更代"(《全辽文》卷9),与《辽史》合,而汉人枢密院则无之。《辽史》作者将这两套组织分别载入北面、南面两个系统之中,正是经过"不可不辨"后据实记入的。

(3)《辽史·百官志》记载辽代汉人枢密院的沿革:"太祖初有汉儿司,韩知古总知汉儿司事。太宗入汴,因晋置枢密院,掌汉人兵马之政,初兼尚书省。"太宗入汴是公元936年(天显十一年),公元937年后晋石敬瑭愿以十六州地奉献,公元938年来送十六州图籍,因晋置汉人枢密院。《资治通鉴》卷281《后晋纪》天福二年十二月,"是岁契丹改元会同,国号大辽,公卿庶官,皆仿中国,参用中国人,以赵延寿为枢密使,寻兼政事令"。此即因晋置汉人枢密院。《契丹国志》卷15《刘珂传》:"从(太宗)入大梁,授同知京府事,寻授汉人枢密使,封吴王。"《资治通鉴》卷286《后汉纪》天福十二年正月,"以李崧为太子太师,充枢密使",《辽史·百官志》则谓李崧为汉人枢密使。《辽史·太宗纪》大同元年二月以赵延寿为大丞相兼政事令、枢密使。这都在设南院枢密使之前,应是因晋而设的汉人枢密使,用以代替过去的汉儿司。

辽北院枢密使置于世宗大同元年八月,以耶律安搏为之,九月改元天禄,以高勋为南院枢密使,它是由契丹原来北枢密(视兵部)、南枢密(视吏部)发展而来。如果说南院枢密使即是汉人枢密使,则在北南院枢密使之外不应再有第三个枢密使同时出现。通检《辽史》在北南院枢密使的同时尚有为枢密使者。

①世宗大同元年八月以耶律安搏为北院枢密使,九月以高勋为南院枢密使,而同年二月太宗以赵延寿为枢密使,世宗即位于四月,《辽史·赵延寿传》:"世宗即位,以翊戴功,授枢密使,天禄二年薨。"则赵延寿当是汉人枢密使。

②景宗保宁元年三月到乾亨三年十二月,北院枢密使是萧思温、贤适。南院枢密使是高勋,接高勋的是郭袭。《辽史·郭袭传》:"景宗即位,召见对称旨可任以事,拜南枢密院使,寻加政事令。"郭袭拜南院枢密使当在高勋后,直至乾亨三年十一月,十二月由韩德让继为南院枢密使。此间,《辽史·室昉传》:"保宁间……迁工部尚书,寻改枢密副使、参知政事,顷之,拜枢密使,兼北府宰相,加同政事门下平章事,乾亨初,监修国史。"其任枢密使在乾亨前保宁间。又《辽史·韩匡嗣传》保宁末,韩匡嗣以南京留守摄枢密使。室昉、韩匡嗣是北南院枢密使之外的枢密使,可能即汉人枢密使。

③圣宗统和元年到十七年间,北院枢密使是耶律斜轸。韩德让在景宗时为南院枢密使,《辽史·圣宗纪》统和七年二月(南院)枢密使韩德让封楚王,十二年以隆运(德让)代室昉为北府宰相,仍领枢密使。是韩德让一直为南院枢密使。但此间,统和元年正月有枢密使兼政事令室昉,五月有枢密使韩德度,九年正月枢密使、监修国史室昉等进《实录》。韩德让与室昉同时为枢密使,其中必有一汉人枢密使即室昉。

④兴宗重熙六年十一月到十年十二月,北院枢密使是萧孝穆(六年三月任),南院枢密使是萧贯宁(管宁,六年十一月任),直至十年十二月尚载有北南院枢密使萧孝穆、萧贯宁。但九年七月记有枢密使杜防。

以上情况的出现,将使人怀疑南院枢密使即汉人枢密使这个结论。

(4)在《辽史·百官志》的记载中,面与院有区别,不可同日而语。面指契丹、汉人南北不同而言;院指契丹内部所辖部族和所掌职事不同而言。契丹官分南北与契丹固有制度和习惯有关,契丹在很早就有两

88

府制,《辽史·百官志》记载:"辽俗东向而尚左。"皇帝宫帐设在西方,所以官职均分南北,这同汉族官职分左右很相似。阿保机依契丹旧俗分两府、两院,所以《辽史·百官志》云:"凡辽朝官北枢密视兵部,南枢密视吏部,北南二王视户部,夷离毕视刑部,宣徽视工部,敌烈麻都视礼部。北南府宰相总之。"又云:"宰相、枢密、宣徽、林牙,下至郎君、护卫,皆分北、南,其实所治皆北面之事。"契丹官制分北、南,应从契丹本身的原因加以说明,由北枢密、南枢密发展为北南枢密院正是北面官制的发展和制度化的必然结果。

6.2　北南面枢密院的特点

辽代官制分北面、南面,是与契丹、汉人的经济、习俗之不同相适应的,是在两种不同的经济基础上形成的两种不同的政治体系,但整个的统治大权则集中到北面,这是辽代统治的一个重要特点。

北面官制中的契丹枢密院,主要选用契丹人,而且又主要从萧、耶律两姓(国舅、皇族)中选用。北院枢密使往往兼北府宰相。契丹南枢密院的选用不同,是汉人、契丹人互用,特别是初期以汉人居多,中间也曾世选,后期主要是任用契丹人,特别是圣宗后更是如此。并有的时入南院,时入北院。契丹南枢密院其初多用汉人,这和管北面部族"丁赋之政"有关,因多用熟悉政事的汉人担任。北枢密院主要掌兵权,因而极少用汉人,其中只有一个入契丹籍的汉人——韩德让。南面官制中的汉人枢密院是由汉儿司、晋之枢密院而来,主管汉人兵马之事,与契丹南枢密院初期职掌不同。

至圣宗时,特别是圣宗以后,随着契丹枢密院权力的扩大与提高,其实际的职掌已不限于初期的分工,而是军民事宜都干预了。

《辽史·兴宗纪》重熙十年十二月乙未:"上闻宋设关河治壕堑,恐为边患,与北南枢密吴国王萧孝穆、赵国王萧贯宁,谋取宋旧割关南十县地。"

《辽史·道宗纪》大康九年九月:"召北南枢密院官议政事。"

《辽史·萧韩家奴传》:"卿可与庶成酌古今,制为礼典,事或有疑,与北南院同议。"

历史事实证明,在圣宗后契丹北枢密院已管民政,契丹南枢密院已参预军事,这是契丹枢密院在职掌方面的一个重大变化。随着这种变化契丹北南枢密院权势益重,无所不管,例如荐引官吏、掌户口及民、戍边徭役之政、理财治水及完堤防、修治律令、覆问断决狱颂、监修国史等。所以《辽史·杨遵勖传》:"天下之事,丛于枢府。"

汉人枢密院的变化大致也是如此。初"掌汉人兵马之政",但《三朝北盟会编》卷21引史愿《亡辽录》"尚书省并入枢密院有副都承旨,吏房、兵房、刑房承旨,户房、厅房——即工部也,主事各一员",也反映了这种变化。

从辽代枢密院所处的地位看,契丹北南枢密院高于汉人枢密院,南面官实际上是契丹统治下的一个从属的政治组织,是契丹贵族统治的一个部分。它既不同于金朝统治下的刘豫傀儡组织,即在形式上还保留着帝位,也不同于金之行台尚书省,因在辽时尚未在全国范围内建立一个统一的中央集权组织,而是以北面、南面为特点存在着。契丹统治下的汉人枢密院很像是金初沿辽南北面时在元帅府管下的燕京枢密院,在这点上应是金承辽制的结果。

在辽北面官中的契丹枢密院,仍以北枢密院权最重,《金史·左企弓传》:"辽故事,军政皆关决北枢密院,然后奏御。"北枢密院权重,从以下两段记载亦可看出:

《辽史·萧革传》:"清宁元年复为南院枢密使,更王楚,复迁北院与国舅阿剌同掌朝政。革多私挠,阿剌每裁正之,由是有隙,出阿剌为东京留守。"

《辽史·刘伸传》:"道宗尝谓大臣曰:今之忠直耶律玦、刘伸而已。宰相杨绩贺其得人,拜参知政事。上谕之曰:卿勿惮宰相。时北枢密使乙辛势焰方炽,伸奏曰:臣于乙辛尚不畏,何宰相之畏。乙辛衔之,相与排诋,出为保静军节度使。"

辽在北南面官中以北面官权大,而在北面之中又以北枢密院权重,这样全国的统治权便集中到契丹大贵族手中,而萧、耶律两大姓便成为全国最大的统治集团。

6.3 由宰相总揽全国大权到枢密院
总揽全国大权的过程

辽时枢密院成为全国最高的统治机构,有个发展、变化的过程。开始时总揽全国大权的是宰相府,不是枢密院。

辽初宰相府是全国最高统治机构,在这点上基本沿袭了唐、五代以来的旧制。

辽北府宰相主要由国舅族萧氏,世预其选;南府宰相主要由皇族耶律氏,世预其选。这样北南宰相府便成为契丹最高的统治机构。

汉官在辽太祖时已设,太宗占领燕云十六州后,为统治汉人始置南面朝官,形成以中书省为中心的三省制,但实际权力仍掌在北面契丹贵族手中。《辽史·百官志》记载:"北宰相府,掌佐理军国之大政,皇族四帐(应为国舅五帐)世预其选。""南宰相府,掌佐理军国之大政,国舅五帐(应为皇族四帐)世预其选。"北南宰相府各置左宰相、右宰相。总知军国事、知国事,全国军政大权由"北南府宰相总之"。

契丹北枢密和南枢密,最初还在宰相之下,还是契丹内部的分职,即北枢密视兵部,南枢密视吏部。后来契丹北南枢密院在职掌分工上发生变化,即北枢密院管北面契丹,南枢密院管南面汉人。这个变化发生在什么时间,史无明文记载,可能在辽圣宗统和十七年北院枢密使耶律斜轸死以韩德让为南院枢密使总二枢府事后。此后兼总北南枢密院便成为定制,如重熙七年以皇弟耶律重光判北南枢密院事,十二年燕国王洪基加尚书令知北南院枢密使事,十九年以洪基领北南院枢密院。大安七年命燕国王耶律延禧总北南院枢密使事,等等。

这是一次非常重要的改革,随着这种改革原来北南面分管的性质也发生新的改变,实际上是把过去北南面统一在契丹北南枢密院之下了,进而也就把北南面与北南枢密院统一起来。与此同时,在职掌上枢密院已变成军国事全管了。关于此点,《辽史》有极为清楚的记载:

《辽史·刑法志》:"故事,枢密使非国家重务,未尝亲决,凡狱讼惟夷离毕主之。及萧合卓、萧朴相继为枢密使,专尚吏才,始自听诉。"

《辽史·萧孝穆传》:重熙间为北枢密院使,"尝语人曰:枢密选贤而用,何事不济,若自亲烦碎,则大事凝滞矣。自萧合卓以吏才进,其后转效,不知大体。叹曰:不能移风易俗,偷安爵位,臣子之道若是乎?"

萧合卓、萧朴为北枢密院使,在圣宗开泰年间,可知此前主要是管"图家重务",现在狱诉之事也亲决了。此种转变与由"选贤而用"为"专尚吏才"有关,这是辽代在用人上的一大变化。

辽时北南枢密院使,在道宗时也曾一度出现过世选制,《辽史·道宗纪》太康三年二月甲申:"诏北院枢密使魏王耶律乙辛,同母兄大奴,同母弟阿思,世预北南院枢密之选,其异母弟世预夷离堇之选。"

为什么圣宗后出现"天下之事,皆丛于枢府"呢? 究其原因不外有以下几点:

首先,由于契丹统治下的各族的发展,统一的封建趋势的加强,社会矛盾重重,阶级斗争尖锐,为了加强契丹对北南面的统治,便出现契丹北南枢密院在职掌与分工上的再确定,因此南枢密院专管南面,军国大事全管,而且汉人是不能过问契丹军事的,所以在圣宗后契丹南枢密院多用契丹人,很少用汉人。由于这一变化促使北南枢密院军事、政事无所不管。

其次,辽中叶后,北院枢密使特以宠得进,席宠擅权之事不少,他们成为皇帝左右的要臣,排斥其他贵族,一切皆出于己,这样势必促使枢密院权势的提高。

最后,随着北南枢密院地位提高,职权扩大,因而多用有吏才和治国之才的人担当。在皇帝看来经由世选上来的人,多非其才,对己无用,这也是北南枢密院能全揽大权的一个原因。

6.4 契丹北南枢密院的再分工
与历史之谜

契丹北南枢密院由最初的"武铨"、"文铨"发展为分治北南面,是契丹为加强统一的统治的需要。史书有些记载似乎与这个推论是不相同的,也与《辽史》的记载不相同。

余靖《武溪集》卷17《契丹官仪》:"胡人之官领蕃中职事者,皆胡服,谓之契丹官,枢密宰臣则曰北枢密、北宰相。领燕中职者,虽胡人亦汉服,谓之汉官,执政者则曰南宰相、南枢密。"

《契丹国志》卷23《建官制度》:"其官有契丹枢密院及行宫都总管司谓之北面,以其在牙帐之北以主蕃事。又有汉人枢密院、中书省、行营都总管司谓之南面,以其在牙帐之南以主汉事。"(《续资治通鉴长编》卷110记契丹制度同)

这两段记载与《辽史·百官志》不同,《辽史·百官志》的记载是:

> 契丹北枢密院,掌兵机、武铨、群牧之政,凡契丹军马皆属焉。以其牙帐居大内帐殿之北,故名北院。元好问所谓北衙不理民是也。契丹南枢密院,掌文铨、部族、丁赋之政,凡契丹人民皆属焉。以其牙帐居大内之南,故名南院。元好问所谓南衙不主兵是也。

这两种全然不同的记载,其区别点主要在北南枢密院的职掌分工的不同,《辽史》记载是以元好问所云为证,看来断非辽史编者的头脑杜撰。实际上这两种记载都从不同方面反映了历史的真实,反映了辽朝枢密院的职掌分工前后有变化,《辽史》记载是其初契丹北南枢密院的情况,《武溪集》与《契丹国志》的记载是辽圣宗后发生的情况。

兹据史书记载辨析如下:

(1)《辽史·百官志》记载契丹枢密院分北南,与契丹官分南北的习俗是吻合的。其初产生于契丹社会内部,其职掌亦据契丹而分职,后来发展为北枢密院掌北面契丹,南枢密院掌南面汉人的再分工。这种变化大约发生在辽圣宗时期。《辽史·刑法志》有一段极为重要的记载:

> 故事,枢密使非国家重务,未尝亲决,凡狱讼惟夷离毕主之。及萧合卓、萧朴相继为枢密使,专尚吏才,始自听讼。时人转相效习,以狡智相高,风俗自此衰矣。故太平六年下诏曰:朕以国家有契丹、汉人,故以南北二院分治之,盖欲去贪枉,除烦扰也;若贵贱异法,则怨必生。夫小民犯罪,必不能动有司以达于朝,惟内族、外

戚多恃恩行贿,以图苟免,如是则法废矣。自今贵戚以事被告,不以事之大小,并令所在官司按问,具申北南院覆问得实以闻;其不按则申,及受请托为奏言者,以本犯人罪罪之。

圣宗以国家有契丹、汉人,始将法律分治以二院,亦即用全国统一法令,北院治契丹,南院治汉人,对此前"以国制治契丹,以汉制待汉人"是次重大的改革。由此可见,由以国制、汉制分治契丹、汉人,到分治以二院的变化,是在圣宗时期。正因为如此,"国制"的含义至圣宗后也发生了变化,《辽史·萧孝穆传》:"国制以契丹、汉人分北南院枢密治之。"这里的"国制"亦非特指契丹,而是泛指包括契丹、汉人在内的国家之制。为什么圣宗以国有契丹、汉人分治以二院?这与圣宗及其以后辽朝经济的发展变化,燕云封建关系的影响,特别是辽中叶后南部汉人民的反抗的加强有关系。契丹统治者为了加强契丹对南北的直接统治,为了统一南北的制度,圣宗便做出如此变革,如是契丹北枢密院便成为北面最高统治机关,契丹南枢密院便成为南面最高统治机关。但此后是否汉人枢密院已被废除?或是成为契丹南枢密院的附庸?这从史书记载中虽不能作肯定答案,然而有一点是可肯定的,即汉人枢密院的职官名称直至辽末尚见记载。

(2)余靖《契丹官仪》谓领蕃中职事的宰臣则曰北宰相,领燕中职事的曰南宰相。按《辽史·百官志》北宰相府、南宰相府皆北面契丹官。辽朝二府制实因雅里时的二府而设。《辽史·兵卫志》:"有耶律雅里者,分五部为八,立二府以总之。"二府即北府、南府,各置有宰相。《辽史·萧塔列葛传》:其八世祖只鲁"唐安禄山来攻,只鲁战于黑山之阴,败之,以功为北府宰相,世预其选"。南府宰相并非南面的汉人宰相(辽时南面初为政事省,后改中书省,长官为中书令,下有丞相,不称宰相),辽圣宗时改编有三十四部,其中有的隶北府,有的隶南府,可见南府是管契丹部族的,与余靖记载不合。

余靖复以"胡服"、"汉服"作为区分契丹官与汉官的依据,其实辽朝服制前后是有变化的。《辽史·仪卫志》:"盖辽制会同中,太后北面臣僚国服,皇帝南面臣僚汉服。乾亨以后大礼虽北面三品以上亦用汉服。重熙以后,大礼并用汉服矣,常朝仍遵会同之制。"国服、汉服的区别,基于北面、南面之不同,其制早于契丹北南枢密院的出现。不能据此证明南枢密和南宰相就是南面官制中的汉人枢密和南面官制中以中书为中心的三省制。

(3)《契丹国志》的记载错误最多,看来叶隆礼对辽代官制不像《辽史》作者曾作过辨别工作。例如:"其官有契丹枢密院……谓之北面,以其在牙帐之北,以主蕃事。又有汉人枢密院……谓之南面,以其在牙帐之南,以主汉事。"契丹枢密院属北面,汉人枢密院属南面是对的,但以在牙帐之南北区别南北面是不合实际的,清时永瑢等奉敕修纂的《历代职官表》曾指出:"辽以北面官治宫帐部族,南面官治汉人州县,盖以所掌事宜为分别,并非指省署建置之地而言。叶隆礼所云,乃臆测之词不足据也。"

综上所述,认为契丹南北枢密院皆北面官,其由文铨、武铨之分职发展为管南面与北面,在圣宗时期。余靖、叶隆礼所记乃是圣宗后事,由于其不了解此变化之情况,在记载中亦多讹误。辽时南北枢密院之再分工与总领南北枢密的出现,则表明契丹对南北面统治的统一性的加强,然而整个辽朝并未进而发展为一个统一的中央集权组织,仍保有南北面的特点。这个特点后来被金初所承袭。《金史》卷78《赞》:"太祖入燕,始用辽南北面官僚制度。"南面官制即因辽时南面中书省、枢密院之制,而金之北面实是女真制度,当时女真统管南面的最高官府是元帅府,其地位与作用盖如原辽之契丹南枢密院,这样汉人中书省及枢密院便完全控制在女真统治之下。

(原刊《黑龙江文物丛刊》1984 年 1 期)

7 辽金"二税户"研究

"二税户"是关系到契丹族社会性质及其演变的一个重要问题,并且一直延续和影响到金朝,因而引起辽金史研究者的普遍重视。关于"二税户",《辽史》记载极不明晰,在《中州集》、《大金国志》、《金史》中才有较为清楚的记载。但由于记载有分歧,再加上目前对"二税户"的含义理解不同,所以还不能说这个问题已得到解决。究其原因,并非史料搜集不广,主要是对这种制度本身分析不够透彻,而且很少作历史的比较研究。本文对与"二税户"有关的几个问题提出看法,希望能对促进这方面的讨论有所裨益。

7.1 辽代"二税户"形成的历史特点及其演变的趋势

辽代"二税户",有人认为是指头下军州的头下户(俘户)和寺院所属民户而言;有人则认为系指寺院所属民户而言,头下军州所属的头下户(俘户)不是"二税户"。在"二税户"出现的时间上,有人认为辽初(圣宗前)即已存在,有人则认为出现在辽圣宗时期。关于"二税户"的阶级属性,有人认为是奴隶,有人则认为是农奴。

辽代"二税户"与头下军州的头下户(俘户)有无关系?为说明这个问题,有必要先谈谈辽代头下军州形成的特点。

《辽史》卷37《地理志》一:"头下军州,皆诸王、外戚、大臣及诸部从征俘掠,或置生口,各团集建州县以居之。横帐诸王、国舅、公主许创立州城,自余不得建城郭。朝廷赐州县额。其节度使朝廷命之,刺史以下皆以本主部曲充焉。官位九品之下及井邑商贾之家,征税各归头下;

惟酒税课纳上京盐铁司。"

头下军州制度是契丹族的头目制在中原州县制的影响下,以俘户为主而建立起来的。《阴山杂录》记载:"梁灭,阿保机帅兵直抵涿州,时幽州安次、潞、三河、渔阳、怀柔、密云等县,皆为所陷,俘其民而归,置州县以居之,不改中国州县之名。"这些被俘的汉民迁来后,"使各有配偶,垦艺荒田","各安生业"[1]。与渤海人等杂处,"分地耕种"[2]。"分地",即授给生产者以小块土地,由一家一户分散经营。[3] 如果把这种"分地耕种"制度同上引《辽史·地理志》所载头下军州内容结合起来考察,不难看出头下军州的形成具有这样几个特点:

(1)头下军州制是由契丹的头目制与中原的州县制相结合而成的一种特殊制度,这是头下军州名称形成的历史基础。

(2)头下军州制是由国家的领地制与契丹头下主的食税制相结合而成的一种特殊制度,这是头下军州"二税户"形成的剥削基础。头下军州"二税户"向国家输的是租而不是税。

(3)头下军州制是由中央委派的节度使与契丹头下主的行政管理相结合而成的一种特殊制度,这是头下军州组织两重性的政治基础,即所谓"其节度使朝廷命之,刺史以下皆以本主部曲充焉"。

(4)头下军州制是由"朝廷赐州县额"与契丹头下主所建私城相结合而成的一种特殊制度,这是国家得以收租和头下主得以将私城管下的户为私属的根源。

这种头下军州制和慕容前燕所施行的制度相比,有不同的特点,主要表现在:

(1)前燕主要靠招徕汉人,侨置郡县,也不改"中国州县之名",但没有把它同本族的固有制度相结合,而头下军州则是中原的州县制与契丹固有头目制互相结合而形成的制度。

[1]《契丹国志》卷16,《韩延徽传》。
[2]《辽史》卷37,《地理志》一。
[3]陈述《契丹社会经济史稿》谓头下军州的属户是"小生产分散经营","仍过自己的家庭生活"。

（2）慕容前燕主要照搬魏、晋屯田制的办法[1]，而头下军州则采取国家领地和契丹头下主食税制相结合的办法。

（3）慕容前燕采用中原一般郡县办法，头下军州则采用国家与头下主共管的办法，因而更具有自己的特点。

辽代的头下军州制度出现在契丹部族制与中原封建制的中间地带，是这两种制度互相作用的结果。"分地耕种"的个体经营，使它摆脱部族制游牧经济，并超越了奴隶制，汉人、渤海人原有的封建生产方式对这种制度的形成具有决定性的影响，但它也无法克服契丹的头目制而使它直接转向封建租佃制。

在了解契丹头下军州形成的历史特点之后，就需要对以下两个问题加以区别和说明：

（1）根据史书记载，辽代头下军州的"二税户"与寺院所属的"二税户"在名称上相同，但内容却不完全相同。

《中州集》卷2《李承旨晏》："初，辽人掠中原人，及得奚、渤海诸国生口，分赐贵近或有功者，大至一二州，少亦数百，皆为奴婢，输租为官，且纳课给其主，谓之二税户。"

《金史》卷46《食货志》一："初，辽人佞佛尤甚，多以良民赐诸寺，分其税一半输官，一半输寺，故谓之二税户。"

这两段记载，说的都是辽代"二税户"，但两者各有所属，前者是指属于头下军州的"二税户"，后者是指属于寺院的"二税户"。就其内容而言，两者又有不同，这是研究"二税户"所最容易忽略的。前者是"输租为官，且纳课给其主"。租与课是有区别的：租即田租，课即税。《广韵》："课，税也。"《辽史》卷37《地理志》一记载，"官位九品之下及井邑商贾之家，征税各归头下"，指的是税不是租。"官位九品之下及井邑商贾之家"，不仅指工商，也包括官位九品之下的户在内。这种制度的出现，是受唐制的影响。《新唐书》卷51《食货志》一："凡主户内有课口者为课户，若老及男废疾、笃疾、寡妻妾、部曲、客女、奴婢及视九品以上官不课。"辽代"官位九品之下"的课盖仿此。"输租为官"表明，头下

---

[1]《晋书》卷109，《慕容皝载记》。

军州的土地实际上是国家的领地,需要向官府缴纳官租,头下军州"二税户"的田租不归头下主。在这点上头下主颇类似食封的贵族,即在国有土地上食税,但许其建立私城,有私人属户。寺院"二税户"与此不同,是分其税"一半输官,一半输寺",而租国家无所得。寺院主是其土地的实际领有者,国家把赋税的一半给寺院主,这是对寺院主的优遇。头下军州的"二税户"是租、税分输,寺院主的"二税户"是将税一分为二,二者不能等同。

(2)《辽史》卷59《食货志》上记载:"各部大臣从上征伐,俘掠人户,自置郛郭,为头下军州。凡市井之赋,各归头下,惟酒税赴纳上京,此分头下军州赋为二等也。"

关于此段记载,目前研究者往往把"赋为二等"与"二税户"等同起来,并由此而引申说:"圣宗时,辽朝普遍实行赋税制。俘掠奴隶设置的投下州城,分赋税为二等,工商税中,市井之赋归投下,酒税缴纳给朝廷(据《辽史·食货志》当始于圣宗时)。投下俘奴由此演变为输租于官、纳课于主的'二税户'。"[1]

我认为"赋为二等"与"二税户"两者不能混同:

(1)《中州集》记载的是辽初头下军州的"二税户";《辽史·食货志》记载的是圣宗时新规定的工商税的缴纳办法。二者时间不同。

(2)《中州集》记载的是"输租为官,且纳课给其主"的租与税分别输纳的"二税户";《辽史·食货志》记载的是"凡市井之赋,各归头下,惟酒税赴纳上京"的"分头下军州赋为二等"。也就是说就工商税中的赋税而说的,"赋为二等"并不包括租的部分,这是因为圣宗时酒税始征之于头下军州,而出现的"赋为二等",并不等于《中州集》记载的"输租为官,且纳课给其主"的"二税",更不能说头下军州"二税户"亦出现于此时。

(3)《中州集》记载的"二税户"应包括"官位九品之下"的户;而《辽史·食货志》则只就"市井之赋"而言。

由以上几点,我认为将工商税中的"赋为二等"与"输租为官,且纳

〔1〕《中国通史》第6册,人民出版社1979年版,第64页。

课给其主"的"二税户"等同起来是不合适的,并据此说头下军州"二税户"始出现于辽圣宗时,亦值得商讨。

头下军州"二税户"的性质,与头下军州的性质和组织特点分不开。在头下军州的组织中有州县,有头下主的私城。州县由朝廷赐额数,由朝廷派节度使掌握,节度使以下官署由头下主委官自理,但仍须由朝廷任命。这就决定了头下军州州县最高掌管和决定权属于国家,其管理权属头下主。头下主拥有自己的私城,由头下主的私奴所组成。如《辽史》卷37《地理志》一:"又以征伐俘户建州襟要之地,多因旧居名之;加以私奴置投下州。"加以私奴置投下州,即指头下主的私城。私奴,包括家奴、家兵、部曲在内,是头下主私人所有,这是由私城、私奴所组成的头下主的私庄。头下主的私庄不属国家,其部曲皆隶私籍,不向国家出租税,也不隶州县。因为头下主的私城与国家节度使所掌管的头下军州的州县矛盾,其发展的趋势是把头下主的私城变为州。例如,会同三年八月戊申"以安端私城为白川州",乙卯"置白川州官属"[1]。圣宗统和九年"五月己未,以秦王韩匡嗣私城为全州"[2]。统和十三年六月"甲申,以宣徽使阿没里私城为丰州",十四年正月"庚午,以宣徽使阿没里家奴阎贵为丰州刺史"[3]。太平元年三月"庚子,驸马都尉萧绍业建私城,赐名睦州,军曰长庆"[4]。以头下主私城为州,即改头下主私城为州县。从这种转变的趋势看,大致可分几种情况:有的是变契丹贵族的私城为头下军州节度使管下的州,变私奴为"二税户";有的是"官收"其私城为州,由白川州、乌州、贵德州、遂州、双州等皆是,即变头下主私城为"斡鲁朵"的州,变私奴为宫户;最后随着头下军州为一般州县,头下主即成为一般州县的地主。头下主的私奴、部曲属本主,不隶州县,而头下军州的"二税户"隶属于头下军州的州县,人身依附是双重的,因而"输租为官,且纳课给其主"。这是头下军州"二税户"与头下主私奴、部曲分别的根本点,与国家收租、头下主

〔1〕《辽史》卷4,《太宗纪》下。
〔2〕《辽史》卷13,《圣宗纪》四。
〔3〕《辽史》卷13,《圣宗纪》四。
〔4〕《辽史》卷16,《圣宗纪》七。

食税的制度相一致的。

7.2　金代"二税户"及其变化

随着辽朝封建地主经济的发展,以及辽朝的衰落和金对辽的战争,头下军州制度最后被摧毁。由国家领属的"二税户"已不再存在,头下主也多失去其权贵的政治地位而变成地主。这时只有寺院"二税户"的名称还被保留下来。辽代私人的庄田与私属户,入金后也发生了重大变化。金代契丹族的驱奴,可能即由辽时的部曲和一部分私奴婢放免而来,统被称为"驱"。这在《金史》中虽无明文记载,但从有关史料中却可寻其发展变化的线索。

《金史》卷44《兵志》:"在西北边则有分番屯戍军及永屯军、驱军之别。驱军则国初所免辽人之奴婢,使屯守于泰州者也。"

据此,驱的地位高于奴隶,奴隶被放免后为驱,他们是由原辽人的奴婢放免而来。另外,契丹户有不少在金时都拥有数量众多的驱奴,这些众多的驱奴当即原契丹人私家所有的属民。

《金史》卷133《移剌窝斡传》:"(大定二年)二月壬戌诏曰:应诸人若能于契丹贼中自拔归者……奴婢、良人罪无轻重并行免放。……百姓人家驱奴、宫籍监人等,并放为良。"

《金史》卷94《内族襄传》:"时议以契丹户之驱奴尚众,乞尽鬻以散其党,襄以为非便,奏请量存口数,余悉官赎为良,上纳之。"

据上所载,知金时契丹户所占有奴婢、驱奴数尚众。奴婢即私家占有的奴隶,驱即辽时契丹私家所有的部曲,至金后被称为驱奴。金朝在对外掠夺战争中,除把被俘的人大批转变为奴隶外,由于受契丹这种制度的影响,也有一部分被略为驱奴。《金史》卷3《太宗纪》:天会七年三月"诏军兴以来,良人被略为驱者,听其父母夫妻子赎之"。这一诏令,同辽圣宗统和十三年四月"诏诸道民户应历以来胁从为部曲者,仍籍州县"[1]很相似。辽时部曲与金代的驱都是良民被略或胁从而来,

────────────

〔1〕《辽史》卷13,《圣宗纪》四。

他们都私属于本主。

驱的身份,低于良民,高于奴隶。驱与奴隶的不同点是以丁计,因亦被称为"驱丁"。猛安谋克户奴婢被放免为良民后,止隶本部为正户,即成为区别于女真本户的驱户。驱与奴隶不同处还在于可以签充为兵,《金史》卷44《兵志》:"至(大定)三年,诏河北、山东等路所签军,有父兄俱已充甲军,子弟又为阿里喜,恐其家更无丁男,有误农种,与免一丁,以驱丁充阿里喜,无驱丁者于本猛安谋克内验富强有驱丁者签充。"由此可见,猛安谋克富强户内多有驱丁,驱丁被签为军不能充正军,但可充正军之副从阿里喜。阿里喜不是奴隶,正军由家族中壮者(父兄)充当,阿里喜由矮弱者(子弟)充当[1]。驱丁是私人占有的农奴,他们在赋税承担上具有双重被剥削的特点,即成为与寺院主"二税户"相类似的农奴私属于本主。《金史》卷46《食货志》一中有两段记载揭示了这个问题的真相:

> 章宗大定二十九年十一月,上封事者言,乞放二税户为良。省臣欲取公牒可凭者为准,参知政事移剌履谓:'凭验真伪难明,凡契丹奴婢今后所生者悉为良,见有者则不得典卖,如此则三十年后奴皆为良,而民且不病焉。'上以履言未当,令再议。省奏谓不拘括则讼终不绝,遂遣大兴府治中乌古孙仲和、侍御史范楫分括北京路及中都路二税户,凡无凭验,其主自言之者及因通检而知之者,其税半输官,半输主,而有凭验者悉放为良。

> 明昌元年……六月,奏北京等路所免二税户,凡一千七百余户,万三千九百余口,此后为良为驱,皆从已断为定。

这两段记载,能说明许多重大历史事实。这里只举与本文研究内

---

[1]赵翼《廿二史劄记》:"正军之奴仆曰阿里喜。"按诸书记载阿里喜无奴仆之意。《金史》卷44《兵志》:"谋克之副曰蒲里衍,士卒之副曰阿里喜。"《正隆事迹记》:"修者为正军,矮弱者为阿里喜。"《金虏图经》:"又有一贴军曰阿里喜。"贴亦即副。《金国语解》:"阿里喜,围猎也。"这个解释颇合道理,即其初源于围猎。围猎时全氏族人都要出动,并按年令及其技能分为壮者少者。壮者父兄为正,矮弱者子弟为副(阿里喜)。后编军队便为正军(甲军)与副从之分。《金史》卷82《颜盏门都传》:"天会间,从其兄羊艾在军中。方取汴京,其战殁,遂擐甲代其兄充军。"颜盏门都从其兄在军中,即为阿里喜,后代其兄擐甲为甲军(正军),此与《金史》卷44《兵志》记载,"有父兄俱已充甲军,子弟又为阿里喜"正合。

容有关的三点:

(1)金朝"二税户"的地位已下降到驱丁之下,"二税户"的彻底解放是在金章宗之初。

(2)金朝对寺院"二税户"解放的依据有两条:其一有凭验的悉放为良;其二虽无凭验,其本主自言之和因通检而知之者,也可放免,放免后"其税半输官,半输主"。实际上是恢复辽时寺院"二税户"的地位。

(3)明昌元年六月记载的"此后为良为驱,皆从已断为定"的良,即是因有凭验而被放免的,驱即指"其主自言之及因通检而知之者,其税半输官,半输主"的无凭验而被放免的"二税户"。

金代契丹户的驱,主要是原来的部曲和一部分奴婢入金后被放免而转化来的。在辽时是私属,不向国家缴纳赋税,现在金朝为增加税源,仿辽寺院"二税户"办法,使"其税半输官,半输主"。金朝女真贵族借战争或天灾造成的人民流亡之机,把一部分良民略为驱,他们被编入猛安谋克为正户,隶本主,自然也要向国家出赋税。虽然金朝使其税"半输官,半输主",但不称其为"二税户",而被称为驱、驱奴、驱丁。在金朝,驱成为奴隶解放的一个途径,他们取得驱的身份后即可立户,他们实际是辽时私人属民及受辽寺院"二税户"征税影响而形成的。

金代的"二税户"是专指寺院所属的民户。它是辽代寺院"二税户"旧名在金代的保留。但是这些"二税户"入金后,其身份已发生重大变化,即由原来寺院主的农奴沦为奴隶。

《金史》卷46《食货志》一:"世宗大定二年,诏免二税户为良。初,辽人佞佛尤甚,多以良民赐诸寺,分其税一半输官、一半输寺,故谓之二税户。辽亡,僧多匿其实,抑为贱,有援左证以告者,有司各执以闻,上素知其事,故特免之。"

《金史》卷96《李晏传》:"初,锦州龙宫寺,辽主拨赐户民俾输税于寺。岁久皆以为奴,有欲诉者害之岛中。晏乃具奏:'在律,僧不杀生,况人命乎。辽以良民为二税户,此不道之甚也,今幸遇圣朝,乞尽释为良。'世宗纳其言,于是获免者六百余人。"

金时寺院"二税户"实际已被抑为奴隶,地位下降到辽代"二税户"

及金时驱的地位之下。由于地位的下降,剥削性质亦随之发生变化。《金史·李晏传》"辽主拨赐户民俾输税于寺"的税应是租字之误,《中州集》卷2《李承旨晏》:"闾山寺僧赐户三百,与僧共居,供役而不输租,故不在免例,诉者积年,台寺不为理。"寺院"二税户"原是向寺院主输租的,他们是分散经营的个体农民,其税是"半输官,半输寺"。金时变成"与僧共居,供役而不输租"的奴隶,奴隶不向国家负担赋税,因而"不在免例"。寺院主把分散经营的农民变成"共居"奴隶,把输租的农民变成只"供役而不输租"的奴隶,这在封建官僚看来,既不合人道,也不符合出家人的通常道理。

以上是讲金代驱与寺院"二税户",下面再讲金代驱、寺院"二税户"与辽时相比有什么不同的特点。

辽代头下军州的"二税户"随着头下军州制的不存在,变成隶属于州县的农民,而头下主的私属也在金灭辽后成为契丹户所属的驱。《中州集·李承旨晏》记载辽初以来"输租为官,且纳课给其主"的头下军州"二税户","大定初,一切免为民"。这个记载是有问题的。辽代的头下军州制已随辽之灭亡而不复存在,大定初无免"输租为官,且纳课给其主"的头下军州"二税户"问题。如果说辽头下军州被摧毁后尚有契丹旧贵族保留的私家属民——驱被放免是事实,但大定初也未"一切免为民"。金代的驱与辽头下军州"二税户"相比,其不同点是:

(1)辽头下军州的"二税户",既是国家领地上的领户,又是头下主的食税户;金代的驱则不同,他们是本主的私属,但在赋税剥削上似尚保有寺院"二税户"的双重特点。

(2)辽头下军州的"二税户",向国家输租,向头下主纳税;金代的驱则向本主输租,金代的驱是辽头下军州被摧毁后,由契丹的私家属民留存下来的。

(3)辽头下军州"二税户",土地为国家所有;金代的驱,土地为本主所有。

尽管如此,辽代头下军州"二税户"和金代驱的地位都很低下,人身自由受到限制,各有所属,封建的依附和役属关系很强,是同奴隶很少区别的农奴。

7.3　从历史的比较上看辽金"二税户"

"二税户"出现于辽代不是偶然的,有其发展和变化的根源。辽"二税户"的出现,同样受中原封建经济发展的趋势所规定和制约,只是在契丹旧有制度与中原制度的强烈影响中,表现出不同的特点。

在中国封建社会发展中,在赋税的征收问题上,国家与地主之间经常发生矛盾与冲突。晋自中原丧乱之后,"客皆注家籍"[1],不向国家纳税和出徭役,唐朝实行两税法后的客户和宋朝的某些客户,政府向他们征收地税和力役。寺院的僧祇户和佛图户,也规避国家的税赋和力役,国家为增加税收,只好收寺院僧尼还俗或收奴婢为二税户。

辽代头下军州"二税户",同客户对国家和庄主负有双重租税剥削的情况,尚有不同:

(1)客户是把原逃归豪族地主的不负税役的属户,变成向国家负税役的户,他们向官输税,向主人输租,而辽头下军州的"二税户"与客户恰好相反,向官输租,向头下主纳税。

(2)客户是在一般州县下的私人属户,而辽头下军州的"二税户"是在国家设官管理下的一种与一般州县不同的头下军州的领户。

(3)客户依附于豪族地主,辽头下军州"二税户"既依附于国家,又是头下主的食税户,具有国家领户与封建主食封的双重特点。

(4)客户一般地可转换主人,而辽头下军州"二税户"的转换与免除,权在国家。

(5)客户主要是逃亡农民依附于地主,而辽头下军州"二税户"的来源主要是俘户。

(6)客户是与庄主、一般州县同时存在,而辽头下军州"二税户"是与头下军州的州县和头下主私庄同时存在,是这种特定制度下的产物。

辽代头下军州的州县,是仿唐制而建立的,其区别在于唐时州县是

---

〔1〕《隋书》卷24,《食货志》。

作为地方行政系统而存在,而头下军州的州县是别于一般州县的,它既是国家领下的州县,又是国家剥削"二税户"田租的领地。唐代庄主与头下主都是田庄或私城(私庄)的所有者,这点是相同的,其不同点又表现在:

(1)庄主转让接纳和辞退客户是自由的,头下主对其私奴、部曲的放免则要受国家的限制。

(2)庄主没有在节度使下选举官吏权,头下主则"刺史以下皆以本主部曲充焉"。

(3)庄主无食州县户税赋权,头下主则有食税赋权。

(4)庄主不具有国家封赐性质,而头下主则具有食封性质,头下军州的州县额也由国家赐定。

(5)庄主不得建私城,头下主则许在头下军州内建私城。

庄主与头下主都是自己私庄的私有主,国家为保护劳动力和增加税收,往往采取措施,限制他们恣意侵夺土地和民户。特别是辽时随着封建关系的深化,头下军州制转为一般的州县制,头下主也就成为一般私人庄主了。

辽代寺院"二税户"与此前寺院属户也不相同。唐代寺院属户往往不向国家出赋税和力役,辽代寺院"二税户"则由国家和寺院主分享其税,这在中国封建社会中是寺院属户由不出赋税到半输税的一个发展。在辽以前,寺院成为逃避国家赋役的场所,《旧唐书》卷18上《武宗纪》记载,会昌五年八月颁发废寺勒令僧尼还俗的命令:"其天下所拆寺四千六百余所,还俗僧尼二十六万五百人,收充两税户。拆招提兰若四万余所。收膏腴上田数千万顷,收奴婢为两税户十五万人。"从把寺院僧尼、奴婢转为两税户,到辽时向寺院"二税户"征收半税,这是个重大的变化。寺院"二税户"实际上已成为唐、宋客户向国家及本主出税及租的同等地位,所不同者,不是税皆纳官,而是"半输"。

辽、金、元三朝都有头下,金代称之为头假,其详细情况史无记载,但它在金代不是作为一种特定制度而存在。元朝的投下与驱口是继辽、金后发展起来的。试将元朝投下与驱口制度同辽、金之制比较如下：

（1）元朝的投下官有达鲁花赤、总管府总管、州县长官。可见元制是继金朝的总管府、州县制与原有的蒙古族的头目制相结合而成的。正为如此，元朝投下的地方编制也是继金为里正主首制度。《元典章》卷25《户部》记载："有力富强之家，往往投充诸王位下，……等诸项户计，影占不当杂泛差役，止令贫难下户承充里正主首，钱粮不办，偏负生受。各处行省俱有似此户计。"此异于辽者，即没有以特殊的头下军州的组织形式进行编制，而是"诸王大臣及诸将校所得驱口，往往寄留诸郡"[1]。

（2）蒙古初入金地以后所建立的头下组织，赋税不入于朝廷，刑杀大权亦均操在投下手中，这种投下制实是蒙古分封诸王制的继续。及至灭金，始议籍中原户口，太宗八年民籍定后，又定二户丝、五户丝制，而给投下以五户丝。地方官均由朝廷署置，各投下止置诸王贵族所自举的达鲁花赤。各投下由地方官吏代收租赋转交投下，使投下主与五户丝仅有间接的经济关系，并且只纳丝不纳粟。这种投下制度与辽代头下军州有某些相似处，如地方官由朝廷署置，与辽头下军州节度使由朝廷派遣相似，达鲁花赤由诸王贵族自举，与辽头下军州刺史以下由头下选职相似。但这只是局部的相似，不是全同。

（3）《元史》卷146《耶律楚材传》记载："遂定天下赋税，每二户出丝一斤，给国用；五户出丝一斤，以给诸王功臣汤沐之资。"又，卷93《食货志》一："丝料之法，太宗丙申年始行之。每二户出丝一斤，并随路丝钱、颜色输于官；五户出丝一斤，并随路丝钱、颜色输于本位。"元将丝料的征课分为二户丝与五户丝，分别输官与本位，与辽头下军州的"二税户"不相同，辽制是输租于官，赋税皆归头下，而元所输皆丝，并分二户丝与五户丝。此点与辽寺院"二税户"及金之驱所输皆税相同，但辽金依"二税户"、驱而定，所输又非是丝。元输于本位的部分，"以给诸王功臣汤沐之资"，与辽头下主食税性质亦有所别，然皆远承古制精神，即同受中原的影响，是相同的。

---

〔1〕宋文贞：《元故领中书令耶律公神道碑》，见《元文类》卷57。

107

（4）元朝的投下户以驱口为主，这是直接继承金朝的驱制而形成的，此与辽制亦远。辽头下主许建私城，元则否。

（5）元代丁税、地税之法规定："初，太宗每户科粟二石，后又以兵食不足，增为四石。至丙申年，乃定科征之法，令诸路验民成丁之数，每丁岁科粟一石，驱丁五升，新户丁驱各半之，老幼不与。"[1]可知元代驱口是按丁出税，每丁岁粟别于一般民户。此既不同于辽头下军州的"二税户"，亦与金代的驱有别。这是金代半输税于官的驱发展为输粟于官的驱口了。

寺院的私属，到元朝已由辽"其税一半输官，一半输寺"的"二税户"，发展为向官输赋税和出力役的户。《元史》卷92《食货志》记载："若行经理之法，俾有田之家，及各位下、寺观、学校、财赋等田，一切以实自首，庶几税入无隐，差徭亦均。"

以上是对与辽金两朝"二税户"有关问题的分析，从中可以了解辽金"二税户"的内容和特点，同时亦可看出辽金两朝是继唐后在北方的继续和发展，这种继续和发展是伴随着契丹、女真的发展和变化的特点而进行的。仅就头下制度和"二税户"的发展演变，可以看出辽、金、元三朝是如何相承的前进和发展，在唐、明之间，它终于构成一个时代的历史。

（原刊《历史研究》1983年2期）

---

〔1〕《元史》卷93，《食货志》一。

8　金宋和战史论

　　金宋是我国历史上同时并存和对峙的两个王朝。在这两个王朝间,有时和,有时战,战时有和,和时有战,因而和战史便成为研究金宋关系中的一个突出问题。在封建时代,由于受"扬宋抑金"、"尊汉贱夷"的思想的影响,不能正确地解决金宋和战史中的重大是非问题。后来,由于外国帝国主义入侵,国难深重,大敌当前,为激发全国各族人民的爱祖国、反对外来侵略的斗志,曾把国内少数民族在历史上入据中原比作外来入侵,称中原王朝为"祖国",少数民族所建立的王朝为"外国"。就当时讲,其用意不可过多非议,但用这种观点对待金宋和战关系,就难免从性质上混淆两种不同情况的战争(国内战争与外国入侵的战争),无益于消除封建史学的影响,相反,同帝国主义分裂中国的谬论难以从本质上加以区别。全国解放后,在同帝国主义分裂中国的谬论和封建史学的影响斗争中已经取得巨大成绩,但这种陈旧的传统观念的影响,如不彻底肃清,也难以把对问题的研究都统一到马列主义的思想原则上来。本文拟就与金宋和战史有关的几个问题,讲点看法。

8.1　两种相互歧异的观点

　　在金宋和战史研究中存在着两种不相同的观点,两种观点的分歧在于是否承认我国自古以来就是个统一的多民族国家。史书记载,至少在战国以后就已出现和逐渐形成统一的多民族的区域观念。当时称全国为"天下",《荀子·王霸》:"县天下,一四海。"又《议兵》:"四海之内若一家,通达之属,无不从服。"《礼·曲礼》:"君天下曰天子。"注:"天下,谓外及四海也。"《尔雅·释地》:"九夷、八狄、七戎、六蛮,谓之四海。"意即"天下"包括"中国"与"四海"两部分。汉时把"中国"与"四海"的关系比作腹心与四肢,《盐铁论·诛秦》:"中国与边境,犹支体之与腹心也。"中国,指中原汉人居住地区;边境,指中原四周少数民族居住的边疆地区。中国(腹心)与边境(四肢)同属一体,所以《荀子·君道》云:"故天子不视而见,不听而聪,不虑而知,不动而功,块然独坐而天下从之如一体,如四肢(肢)之从心,夫是之谓大形。"当时并不把"中国"之外的"边境"视为天子管辖之外的。胡耀邦同志说:"中华各民族从建立统一国家的几千年来,一贯具有反对分裂,维护统一的光荣爱国传统,历史上的国家分裂,从来只是暂时的,从来是不得人心的,因而总是复归于统一。"[1]这是科学地总结了中国几千年来是个统一的多民族国家的正确结论,是史学研究所必须遵守的一条马列主义原则。

在统一这个大前提下,从来就存在着两种不同思想的激烈斗争。在反动的民族分裂的思想支配下,他们举着"贵中华(中原汉族),贱夷狄(边疆少数民族)"的旗帜,主张民族分裂,反对统一;在统一的进步思想的支配下,他们举着"蕃(少数民族)、汉(汉族)平等,华夷一体"的旗帜,反对"贵中华,贱夷狄",主张统一,反对分裂。唐太宗的封建统一的民族平等思想,为后来树立了典范,他说:"自古皆贵中华,贱夷狄,朕独爱之如一,故其种落皆依朕如父母。"[2]这种思想从积极方面影响着后来的各王朝。在封建社会中,一般地讲,还是在"天下"这个总概念下所引起的分歧,并未导致"边境"不属当时"天下"的结论,就是南北对峙的两个王朝,也都把"边境"的少数民族地区包括在自己的"天下"之内。他们分歧在于:是用中原郡县统一边境地区,还是保存其固有制度,实行国内的宗主与藩附的封建臣属关系。当时所谓"中外"、"内外",不过是中原与四夷的别称,亦即腹心与四肢的区别,区别的标志是中原的冠带之域还是边境民族的习俗之地。此即"同天号于

---

〔1〕《在首都各界纪念辛亥革命七十周年大会上的讲话》
〔2〕《资治通鉴》卷 198《唐纪》十四。

帝皇,掩四海而为家"[1]的王业一统思想。金朝诗人雷琯《商歌》十章之一"扶桑西距若华东,尽在天王职贡中",即是这种"天下一体"思想的描述。"天下一体",不等于说不管在什么时候都是处于统一之中,有时会出现分裂或南北对峙。汉孝文帝使使遗匈奴书曰:"先帝制,长城以北引弓之国,受命单于;长城以内冠带之室,朕亦制之。"[2]及至匈奴呼韩邪单于附汉,则相约"自今以来,汉与匈奴合为一家"[3]。辽之与宋,互称南朝、北朝,不过是"境分两国,克保于欢和,而义若一家,共思于悠永"[4]。当时的"爱国"与后来的"爱祖国"有区别,列宁说:"爱国主义就是千百年来巩固起来的对自己的祖国的一种最深厚的感情。"[5]爱祖国,是在我国各族人民共同缔造自己的统一国家过程中逐渐发展和巩固起来的最深厚感情。当时尚处于国内民族、政权间的争夺(有时是在一个族内进行的,有时是在各族间进行的)时期,还不曾出现我国以外的民族或国家的严重入侵,所以当时的爱国还是从爱自己的政权表现出来的,因此不能把当时的爱国同后来各族人民共同反对外来侵略的"爱祖国"混同起来。

在历史上很早以来就出现中华民族的共同的心理要素。汉族在历史发展中不断吸收其他族祖先为自己的祖先,少数民族也在发展中常把汉人祖先尊为自己的祖先。现在研究中国民族史者,不从中华民族共同心理状态中找原因,一概斥为胡说是没有道理的。现在称中国人为"炎黄子孙",炎黄不过是各族人民共同祖先的称谓,并非独指汉族。华夏——汉族把本来是少数民族的传说祖先纳入炎黄一系,少数民族亦在追溯其远祖时与炎黄有关,这正是中华民族(中国各民族统一的族称)共同心理要素增强的结果,也是中华民族存在和发展的思想基础。中华民族的发展不是孤立进行的,由于种种原因中华民族成员的一些部分可能加入到国外民族中去,与此同时,中华民族也在发展中融

---

[1]《文选》,张衡:《西京赋》。

[2]《史记·匈奴列传》。

[3]《汉书·匈奴列传》。

[4]《全辽文》卷2《致宋帝商地界书》。

[5]《列宁全集》卷28,168—169页。

合或吸收国外民族的一些部分,在共同缔造和捍卫祖国的命运中结成中华民族中的兄弟民族。

历史发展到宋、辽、金时,情况又发生深刻变化。"契丹、汉人久为一家"[1],"猛安谋克人(主要是女真人)与汉户,今皆一家,彼耕此种,皆是国人"[2]。金熙宗前制分南北,皇统七年刘筈说:"今天下一家,孰为南北。"[3]"皇朝奄有天下,混一四海,天德间,建议令兹,尽以辽宋故地合为一家。"[4]从辽朝开始,已由过去以汉族为主统治中原的历史,发展为以少数民族为主统治中原的历史。随着这种变化而来的便是正统之争。元修宋、辽、金史各为正统,元亡后又有人出来反对,但所争论的也只是正统与非正统的问题,并未因此把少数民族建立的王朝看成是外部的。他们只是想削去辽、金、元为正统,"中国"的概念也在发生变化,即不只汉人在中原建立的王朝是中国,少数民族地区也看成是中国了。"辽、金崛起,遂为内地。"[5]元时"盖岭北、辽阳与甘肃、四川、云南、湖广之边,唐所谓羁縻之州,往往在是,今皆赋役之,比于内地"[6]。到近代,由于外国帝国主义入侵,两种观点在新的形势下又有变化。持金宋为国内两个王朝观点的,认为金宋政权的分立,都属国内性质;持宋为"祖国"、金为"外国"者,即将金宋比拟为中国与外国入侵的关系。这两种观点都有历史发展上的联系,同时也有不同的特点。

两种观点,会导致两种不同的结论与后果:持我国自古以来是个统一的多民族观点的,把金宋同看成是国内之事,因而不管哪个王朝得胜或失败,不管哪个民族成为中原的统治民族,这里都不存在中华民族危亡和中国的灭亡问题。这样的观点,从实践上看,起到民族团结、共同反对外来侵略者、捍卫祖国统一的积极作用。相反,持宋为"祖国"、金为"外国"观点的,就会因袭封建正统看法,以宋为中国,以汉族为中华

[1]《金史·卢彦伦传》。
[2]《金史·耶律安礼传》
[3]《金史·刘筈传》。
[4]《金文最》卷69,刘晞颜:《创建宝坻县碑》。
[5]许有壬:《至正集·先施堂记》。
[6]《元史·地理志》。

民族,否定了统一的多民族国家这个事实。司马光早就对这种传统的"正闰观"给予批评,主张"华夷"一统,反对把北朝"运历年纪,皆弃而不数"(见《资治通鉴》卷69)的做法。历史上的辽金统治者无不以中国自居,因此在实践上把金排斥在外,会给金宋和战史的研究带来不良的后果。

国内的各民族是历史上形成的,他们都有自己的起源和发展的历史,他们同中原发生政治、经济的臣属关系以及纳入统一的郡县管辖之下,有先有后,但是要把边疆的所有民族纳入统一的制度之下,不是中原一个政权或一个汉族所能做到的,必须有其他民族的发展,金政权在东北扩大府州组织所管辖的区域超过辽代,金继唐在东北设羁縻州之后对东北行政设置史的发展作出了巨大贡献。就女真族与中原的关系看,其先世远自周朝就被纳入周之"北土"之内。汉时与夫余同属玄菟郡,隋时"愿得长为奴仆"[1],辽时是契丹统治下的一个族,金灭辽后,与宋为南北朝,"自古有南即有北,不可相无也"[2]。金在北方代替辽及北宋的统治,是国内王朝的更替,是合乎我国多民族历史发展的规律的。辽、金与宋的对峙,是从五代分裂到蒙古统一全中国的一个过渡,是整个中国历史发展的一个重要阶段。

8.2 金宋和战的发展与阶段

金宋和战史,是和与战互相更替发展的历史,在不同时期和战的性质、特点亦有所不同。金宋两个国家发生关系后,从总的看,和的时间远远超过战的时间。有人认为从太宗天会三年(1125年)发动对宋战争到哀宗天兴三年(1134年)蔡州最后一战,110年间,宋一直处于金的侵略、屠杀、掠夺的威胁下,这是不合乎实际的。这样看问题的方法,不利于对金宋和战的发展及其阶段性的认识。

金宋和战史,同其他事物的发展一样,有其发展过程的阶段性。从

[1]《隋书·靺鞨传》。
[2]《续资治通鉴》卷97。

太祖天辅三年(1119年)金宋"海上之盟"起,到太宗天会八年(1130年)前后相持阶段的到来止,是金宋联盟破坏后金朝向北宋的战略进攻阶段。从天会八年前后相持阶段到来,到章宗泰和间,是金宋两个封建王朝的相持阶段。从章宗泰和后到金亡,是金宋相持的持续阶段。这三个阶段,有其发展的连续性及其在不同阶段所发生的变化的特点,同金朝势力的壮大、改革乃至衰落的历史密切联系在一起。

第一个阶段,是从金宋联合开始。当时金之灭辽大局已定,很快即将反辽战争发展为灭辽的统一战争。辽人马植向宋献计"联金灭辽",收回辽所占去的燕云地区,这个计策对宋趁机捞取旧地有利,但从金朝看,与宋联合对加快实现灭辽的方针也是有利的。金灭辽后,已代替辽在北方的统治,宋允许将向辽朝贡的银绢转而予金,金朝地位从此发生变化,与宋为南北朝,并已成为受贡国。当时无论是女真贵族,还是原辽的部分汉人,都要求金朝把统一辽的战争扩大为南下灭宋的战争。太祖既定燕,从约以与宋人,左企弓即献诗:"君王莫听捐燕议,一寸山河一寸金。"[1]刘彦宗"谓宗翰、宗望曰:'萧何入关,秋毫无犯,惟收图籍。辽太宗入汴,载路车、法服、石经以归,皆令则也'"[2]。时立爱上表:"乞下明诏,遣官分行都邑,宜谕德义。他日兵临于宋,顺则抚之,逆则讨之,兵不劳而天下定矣。"[3]这表明在辽地的汉官僚是按中原天子"定天下"的要求,策划和鼓动金朝南下灭宋。

金宋战争一开始就具有两重性:从主要方面看是女真奴隶主贵族的掠夺战争,从次要方面看也有统一战争的因素。前者是女真族奴隶制及其向外掠夺性质决定的,后者是由于金已代替辽取得北朝的地位和原辽汉人官僚集团"定天下"大一统要求决定的。金太宗更改太祖时的盟约,把南下灭宋作为国策,在战争中执行一条明确的"以和议佐攻战"的战略进攻方针,即以战为主、以和为辅,最后达到灭宋的目的。

当时的形势是金强宋弱,金朝的有利因素多于宋,战争暂时对金有

---

〔1〕《金史·左企弓传》。

〔2〕《金史·刘彦宗传》。

〔3〕《金史·时立爱传》。

利,对宋不利。金朝虽然有较多的有利条件,但不能持久,相反,不利因素对金来说是无法克服的。主要是:金初进行的主要是非正义的掠夺战争,激起北方汉人民普遍英勇的抵抗,使金朝的进军受到极大的挫折与牵制。金朝落后的奴隶制,对宋的高度发展的先进制度有不可克服的弱点,其征服的能力是有限度的。金朝在统治上继承辽南北面制度,同时也无法从根本上改变北宋旧制,这就出现多种制度的并存。所以他的发展和扩大只能完成比辽时更大的南北对峙局面,其人力、物力还不具备统一全国的条件,原辽时期的发展也没有为他在这方面提供更广泛的基础。从宋朝看,政治腐败,内部不统一,反动派当权,北方人民以及忠义军的反金斗争,由于在当时不能形成一支独立自主的有统一领导的战斗部队,由于宋朝统治者执行"内守虚外"、"斥地与敌"的反动方针,得不到宋朝的实意支持,他们的斗争最多使金不能完全占有宋地,并在客观上为南宋王朝再建创造了条件,起了挽救南宋王朝的作用。金宋战争发展的结果,将以两个政权的相持而告终。

第二个阶段,从金宋相持形势的到来开始。在这个阶段的开始,金宋力量对比发生变化,即由金强宋弱转化为宋强金弱,但由于宋朝没有把优势发展为战略反攻,并进而取得战局的全胜。因此,最后是以力量均衡,而进入两个王朝相持的和平发展阶段。

天会八年(1130 年),宗弼(兀术)渡江蹙宋主于海上,是金对宋战争发展的顶点,也是由战向和转变的开始。从金朝方面看,这种转变表现在:(1)宗弼回江北后,以自己实践经历与教训,认为一时难以灭亡南宋,需要等待时间,宋朝衰弱,再大举灭宋,主张暂与南宋和好。(2)在这一年里立刘豫,把刘豫政权作为金宋间的一道屏障,并利用他作为侵宋工具和挡箭牌,避免和减少金与南宋的直接接触。(3)在军事上,由过去的全面进攻,改为对东南采取守势,对西北采取攻势,把主力放在秦陇地区,以便夺取陕西五路,然后再由陕入四川,顺流而下,造成对南宋迂回包围的形势。结果"金人尽攻击之术,宋人极抗御之能"[1]。(4)从南宋内部进行破坏与瓦解的工作,派秦桧归宋,扶植主和势力,

---

〔1〕张宗泰:《鲁严所学集》卷 5。

·欧·亚·历·史·文·化·文·库·

打击抗金将领,以促使议和的实现。(5)金朝为巩固在北方的统治地位,采取积极措施,改革内部,打击和削弱主战的宗翰一派,废除女真旧俗,实行汉官制改革,开科举士,组成新的汉人官僚集团。说明金朝根据金宋形势的变化,已采取积极的对策,意味着金宋战略相持阶段的到来。

随着相持阶段的到来以及金宋两个封建王朝的对峙,金朝便着手进行全面的汉官制的改革,变金初的奴隶制政权为与南宋相等的封建政权,改过去敌视汉文化为尊汉文化,变过去的战时掠夺、奴役为"太平之世"的"当尚文物"的"致治"[1]。在这种重大的社会变革中,金朝内部便出现和与战以及主和内部之争,改革与守旧之争,对中原汉人的统治是依靠原辽汉人官僚集团,还是依靠新附宋人官僚集团之争,是多种制度并存,还是实行统一的封建中央集权制之争,等等,这是女真族继太祖阿骨打进行的奴隶制革命之后又一次重大的社会革命的开端。金朝为保护从宋手中取得的权益和巩固在北方的统治,便适应情况的变化采取"以攻战佐和议"的方针,即以和为主,以战为辅,以促议和的达成,并在和中求恢复发展。由战略的进攻转为战略的防御,是女真族的新势力在战胜旧势力的斗争过程中取得的。金宋和成,标志着金宋两个封建王朝并峙局面的最后形成。

金朝把战略进攻转为战略防御,亦即由战转为和,其初并未放弃统一南宋的打算。宗弼临终遗行府四帅书云:"今契丹、汉儿侍吾岁久,心服于吾。大虑者,南宋近年军势雄锐,有心争战,闻韩、张、岳、杨列有不协,国朝之幸。吾今危急,虽有其志,命不可保,遗言于汝等,吾没后,宋若败盟,推贤用众,大举北来,乘势感中原人心,复故土如反掌,不为难矣。"[2]因此,宗弼示以和、战的两手准备,如和不变,则待将来宋衰时再举而灭之。这是为金朝规定的一项积极而又全面的战略措施。从后来的发展看,海陵、世宗都没有把和以及统一南宋的战争结合起来,而是片面地搞战与和,因而没有使这一战略思想得以实现。在海陵南

[1]《金史·熙宗纪》。
[2]《金文最》卷53。

伐宋失败后,世宗从消极方面转而为对宋的长期防御。从宋朝方面看,符离战后也基本上把战略的部署放在和上。这就是金之所以与南宋在相持阶段能较长时间得以维持下去的原因。金宋两个封建王朝的相持构成金宋和战史中的一个阶段。

第三个阶段,是章宗后的相持的持续阶段。金宋相持的持续,是金宋在和的时期消极防御发展的结果,而相持持续的历史原因,是双方各自在和的对策中沿着封建的腐朽而衰落,在谁也统一不了谁的条件下,继续维持其相持末日的到来。从金朝方面看,其"盛极衰始"起自章宗明昌、承安之际,"至于卫绍,纪纲大坏,亡征已见。宣宗南度,弃厥根本,外狃余威,连兵宋、夏,内致困惫,自速土崩。哀宗之世无足为者……区区生聚,图存于亡,力尽乃毙"[1]。宋人亦云:"况今虏酋庸懦,政令日弛,舍戎狄鞍马之长,而从事中州浮靡之习,君臣之间,时趋怠惰。"[2]从南宋方面看,"南渡以来,大抵遵祖宗之旧,虽微有因革增损,不足为轻重有无"[3]。"宋至理宗,疆宇日蹙,贾似道执国命。度宗继续,虽无大失德,而拱手奸权,衰敝寝甚。"[4]"外之境土日荒,内之生齿日繁,权势之家日盛,兼并之习日滋,百姓日贫,经制日坏,上下煎迫,若有不可为之势。"[5]金与宋相比,金之困境尤甚于宋,"况彼有江南蓄积之余,我止河南一路征敛之弊,金北有蒙古,宋可乘时而击之"。但由于"宋人孱弱,畏我素深,且知北兵方强,将恃我屏蔽,虽时跳梁,计必不敢深入"[6]。

金宋双方持敌视态度,而金宋在战略防御的问题上,又都发生着偏差,金对宋一直采取轻视态度,就是在金朝已临灭亡时的哀宗犹说:"宋人轻犯边界,我以轻骑袭之,冀其惩创通好,以息吾民耳。"[7]而宋则孱弱,畏金素深,这种轻敌、惧敌,使双方都丢掉在防御中求统一,而

[1]《金史·哀宗纪》赞。
[2]《陈亮集》卷2《中兴论》。
[3]《陈亮集》卷1《上孝宗皇帝第一书》。
[4]《宋史·度宗纪》赞。
[5]《宋史·食货志》农田。
[6]《金史·许古传》。
[7]《金史·哀宗纪》。

使相持得以在衰弱中持续。最后终于先后被蒙古统一,金宋相持的持续,以蒙宋联合灭金而结束。

8.3　对金宋和战的辨析

和与战是辩证的统一。在战时有和,和时有战,在和与战的交替中,"和"孕育在战中,"战"又孕育在和中,和战在一定条件具备着同一,又在一定条件可以互相转化。因此,对金宋和战应作具体分析,不能一概而论。

和战史有它发展的规律性,研究它不能凭人们的主观愿望和个人的好恶来随意进行解释。金宋战争同国外帝国主义入侵的战争是两种情况不同的战争,这里不存在中国民族遭到外来侵略和反侵略的问题,只存在着国内民族间与政权间的兼并与反兼并,而且兼并是互相的。在历史上,不管是中原汉人建立的王朝对少数民族用兵,还是少数民族对中原汉人建立的王朝用兵,都是国内的战争,他同汉族内部分裂成几个政权的不同处,前者是民族政权间的战争,后者是一个族内政权间的战争。如果说这样的战争也可称为侵略和被侵略的话,那也只能是国内的。

当金初大规模向宋用兵进行奴隶掠夺时,对宋来说战与不战,投降和反投降,是革命人民、进步势力同反动派的根本区别。但当金宋议和后,金宋已成为南北对峙的两个封建王朝,这时在和平相持中发生的战,从主要方面看已不是初期的掠夺与反掠夺的战争,而是究竟由谁消除分裂实现南北统一的问题。统一对于金宋是平等的,主要看谁具有这种统一的条件与基础。

和有不同情况的和,和在不同时期与不同情况下所起的作用也不相同。在阶级社会中,和与战一样,战是当时统治阶级的政策,和也是统治阶级的政策。在金宋和战中,有这样几种不同时期的不同情况的和。

在金宋战争时期,一方是主动进攻,另一方则是被动的抵抗。从主动进攻的金方看,可能出现这样的和,即以和作为整个战争的辅助手段,这种和并不放弃主动的进攻,以和作为战与战之间喘息和休整时机,是以和佐助战的成功,这种和是一种积极进攻的战略措施。此外,在一个大的连续战程之后,为涣散对方,迫使宋朝投降,减少战争的消耗,议和后暂时北撤,目的是为割地划界,交纳贡赋,以巩固战争的成果,这种和是再次发动战争前的准备。从宋朝看,在敌强我弱的情况下,缺乏一贯的长久对策,过低估计自己,过高估计对方,不是在抗击中消灭对方的有生力量,发展和壮大自己。相反,涣散自己,矛头对内,惧人民甚于惧敌,在金军的压力下,丧魂破胆,屈膝求和,这就是以徽宗、钦宗为代表的反动的和。总之,金是以和求进攻,宋是以和谋退让,最后招致灭亡。

在金宋处于相持阶段时,双方的和也因情况不同而有不同。

从金朝看,由于战局的变化,已有利于宋,不利于金,金为巩固既得的战果,自动地由战转为和,其前后出现三种不同情况的和。一是以挞懒为首的退让的和,这一派从其保守的立场出发,主张在保持宋的臣属地位下,把河南、陕西地还宋,并与南宋交通贿赂,求得南北议和。二是以宗干、宗弼为代表的和,他们是以和作为今后进取的进机,反对将河南、陕西地还宋,是在保持河南、陕西地的情况下与宋议和,这是金朝改革派所主张的积极的和。这种和的主张,并不放弃将来对南宋进行统一的长远打算。三是世宗从守成出发所主张的和。世宗的和已放弃长远统一的打算,他从守成出发对南宋的防御还是注意的,如向宰臣们说:"朕闻宋军自来教习不辍,今我军专务游惰,卿等勿谓天下既安而无豫防之心,一旦有警,军不可用,顾不败事耶。其令以时训练。"〔1〕这种和在与民休息、发展北方生产上有积极的意义,即所谓"大定讲和,南北称治"〔2〕。世宗的和由于不能同社会改革、开创统一大业结合起来,因而其和所能发挥的积极作用是有限的。

从南宋看,主和的情况也不相同。一是以宋高宗为代表的和,是徽、钦二宗的和在新的情况下的延续,这种和是投降的,把宋强金弱的

----

〔1〕《金史·世宗纪》。

〔2〕《金史》卷109赞。

反攻战机断送了,既无整顿改革的措施,又无图强之意,幸图苟安。二是以秦桧、史弥远等为代表的所主张的和。这一派是在金宋相持阶段到来或金宋对峙中出现的,他们同皇帝的屈膝求和或苟安图和密切联结在一起,他们早已把统一抛到九霄云外,进行黑暗统治和打击进步势力,是当时最反动的和。三是以宋孝宗为代表的和。孝宗"即位之初,锐志恢复",但符离战败,满足于金世宗的让步,"改臣称侄,减去岁币","天厌南北之兵,欲休民生","以定邻安"[1],与金和平共处。至于宁宗战和两端,更不足可取。四是积极的有远略的和。高宗时韩世忠数上疏,论不当议和,高宗赐以手劄说:"十余年间,民兵不得休息,早夜念之,何以为心!所以屈己和戎,以图所欲,赖卿同心,其克有济。"[2]韩世忠在复奏中对如此讲的图强进取的和是赞许的,然而语出高宗乃是一种蒙骗。在当时宋朝如果能利用自己的优势,即使不能一时收复中原,则与民休息,以和图强,改革内政,发展进步势力,打击反动势力,声援北方人民的抗金斗争,待时机成熟统一北方,也是有可能做得到的。这样的和就不能看是消极的、反动的,而是一种求发展、求进取的积极的和。像这样有见识的人大有人在,而在当时"恢复之志不可忘,恢复之事未易举,宜甄拔实才,责以内治,遵养十年,乃可议北向"[3]的人,却被那些"不量国力,浪为进取"[4]的人所不允。

在金宋相持的持续阶段,无论是金还是宋,用战统一对方都比过去更加困难,都有自己不可克服的矛盾。金宣宗时,术虎高琪以"广疆土"为由鼓动南伐宋。当时胥鼎上书,共讲六条理由以为不可。从金方面看,"军马气势视旧才十一",器械已多损弊,军无素练,人民困惫,被迫而起,妨误农时。从宋方面看,泰和和好之后,"练兵峙粮,缮修营垒,十年于兹",宋与金为世仇,倘收复旧疆,洗雪前耻之志,并可利用金内部人民反抗,"阴为招募,诱以厚利,使为乡导,伺虞而入"。从蒙

---

〔1〕《宋史·孝宗纪》赞。
〔2〕《续资治通鉴》卷121。
〔3〕《宋史·丘密传》。
〔4〕《宋史·宇文绍节传》。

古方面看,必将乘隙南下,则金三面受敌,首尾莫救[1]。

南宋北伐统一,也是不可能的。乔行简讲南宋当时规恢进取,亦有不少困难,他说:"臣恐北方未可图,而南方已先骚动矣。"[2]乔行简在南宋不是消极的主和者,他认为"规恢进取,必须选将练兵,丰财足食,然后举事",要对社会进行一番"更新",为"混一区宇"而出师一定要事力可继。这一"识量弘远"而又主张中原可恢复的人[3],言宋不具备"混一区宇"的条件与基础,不能视为无进取、无可为的反动主和之徒。

金宋双方由于都走向衰落,不具备统一的条件与基础,因而由金与南宋来统一全国已成为不可能。在蒙古进入中原后,直接威胁着金,也间接威胁着南宋,但在当时金宋继续采取敌对的政策,不可能联合起来,并各自作出极大的让步,所以金宋和战不过是在苟延残喘中求生存。这主要是由于双方的统治者的极端腐败所造成的。宋蒙联合灭金,标志着蒙古代替金与南宋南北对峙的开始。此后,蒙古与南宋之争,如同金代替辽与宋之争一样,是国内两个政权之争。蒙古战胜南宋,标志着南北对峙的形势已失去存在的条件,蒙古是继辽、金之后在历史上结束南北朝而建立统一的全中国,在功业上超了金和南宋。同时蒙古的统一,也将北方少数民族统一北方的历史,推进到统一全中国的阶段。这样的历史的发展,正是多民族的历史发展变化的结果,从统一的多民族的整体上看,不是倒退,而是空前的大发展。

8.4 和战与社会生产的关系

在金宋和战史的研究中,有这样一种倾向性的看法,即认为女真族对宋战争以及与宋和好的整个过程中,北方生产一直处于破坏之中,中间无恢复发展时期。女真族占有中原北半部,人口与政治经济的重心只有南移而无北移,这些看法都应提出讨论。

把当时北方生产的破坏,一股脑儿地归之于女真对宋战争的摧残

---

[1]《金史·胥鼎传》。
[2]《宋史·乔行简传》。
[3]《宋史·乔行简传》。

·欧·亚·历·史·文·化·文·库·

是不全面的,也不符合当时历史的实际。当时北方生产的破坏是连续加剧的,至少有这样的几个过程是不容否认的。早在金对北宋战争之前,在北宋王朝统治下的北方生产业已残破。北宋中叶,虽然生产有很大的恢复发展,但唐末、五代以来的荒芜现象依然可见。至道二年太常博士直史馆陈靖上言:"今京畿周环二十三州,幅员数千里,地之垦者十才二三,税之入者,又十无五六。"[1]嘉祐五年欧阳修讲:"今河东、岚石间,山荒甚多,及汾、河之侧,草地亦广。""臣往年因奉使河东,尝行威胜以东,及辽州平定军,见其不耕之地甚多","及京西唐、汝间,久荒之地,其数甚广"[2]。至于"河北之地,四方不及千里,而缘边广信、安肃、顺安、雄、霸之间,尽为塘水,民不得耕者十八九。澶、卫、德、博、滨、沧、通州、大名之界,东及南,岁岁次河灾,民不得耕者十五六。……沧、瀛、深、冀、邢、洺、大名界,西及北,咸卤大小盐池,民不得耕者十三四,又有泊淀不毛,监马棚牧,与夫贫乏之逃而荒弃者,不可胜数"[3]。哲宗时,河南一带"居民杂荆榛,耕地少多旷"[4]。陕西自元昊犯宋边以来,"骨肉流离,田园荡尽,陕西之民,比屋凋残,今二十余年不复旧"[5]。"徽宗即立,蔡京为丰亨豫大之言,苛征暴敛,以济多欲,自速祸败"[6]。当时人民普遍破产、逃亡,致使辽、夏"益轻中国,岁岁侵扰不已"。正当北宋末年北方生产面临残破时,金军南下,又惨遭战火的焚毁与掠夺,其残破之甚,史不绝书。被金朝占领后,接着是宗翰、挞懒在北方的压榨、掠夺与奴役,于是北方生产的破坏达到不可复加的程度。

在战时,给北宋带来的破坏也有两种:它既破坏了不应破坏的东西,同时也破坏了应当破坏的东西。在金初对北宋战争中,金朝统治者为长久统治新占领区,曾有限度地实行安抚与恢复之策,这是战时所孕

〔1〕《宋史·食货志》农田。
〔2〕《欧阳文忠公集·奏议集》卷16《论监牧札子》。
〔3〕《欧阳文忠公集·河北奉使奏章》卷下《论河北财产上时相书》。
〔4〕张耒《宛血诗钞·西华道中诗》,《宋诗钞初集》。
〔5〕《宋史纪事本末》卷7。
〔6〕《宋史·食货志》农田。

育着的微弱的积极因素,尽管他当时不占主要地位,但毕竟是存在着的。天会元年,"敕有司轻徭赋,劝稼穑"[1]。二年,诏刘彦宗"卿等选官与使者往谕之,使劝于稼穑"[2]。三年十月伐宋,翌年十二月宋主赵桓降,太宗下诏:"朕惟国家,四境虽远而兵革未息,田野虽广而畎亩未辟,百工略备而禄秩未均,方贡仅修而宾馆未赡。是皆出乎民力,苟不务本业而抑游手,欲上下皆足,其可得乎。其令所在长吏,敦劝农功。"[3]此后连续发布诏令,"若诸军敢利于俘掠辄肆荡毁者,底于罪"[4]。"诏军兴以来,良人被略为驱者,听其父母夫妻子赎之。"[5]"避役之民,以微直粥身权贵之家者,悉还本贯。"[6]"河北、河东签军,其家属流寓河南被俘掠为奴婢者,官为赎之,俾复其业。"[7]。"分遣使者诸路劝农"[8]这种在对宋战争前后的恢复之策,到天会十二年便形成致治的思想,主要表现在当时科举的试题上,即"天下不可马上治赋"。

由于太宗注意到安抚、恢复之策,选拔人才,任用能吏,地方的恢复工作已初见效果。耶律怀义"天会初,帅府以新降诸部大小远近不一,令怀义易置之,承制以为西南路招讨使,乃择诸部冲要之地建城市,通商贾。诸部兵革之余,人多匮乏,自是衣食岁滋,番牧蕃息矣"[9]。马讽在金克汴归金,登进士第,迁雄州归信令,"境有河曰八尺口,每秋潦涨溢害民田,讽视地高下,疏决之,其患遂息"[10]。范承吉,在天会六年为河南转运使,"时承宋季之弊,民赋繁重失当,承吉乃为经画,立法简便,所增十数万斛,官既足而民有余"[11]。李瞻,天会七年知宁州,累迁

〔1〕《金史·食货志》租赋。
〔2〕《金史·刘彦宗传》。
〔3〕《金史·太宗纪》。
〔4〕《金史·太宗纪》。
〔5〕《金史·太宗纪》。
〔6〕《金史·太宗纪》。
〔7〕《金史·太宗纪》
〔8〕《金史·食货志》田制。
〔9〕《金史·耶律怀义传》
〔10〕《金史·马讽传》。
〔11〕《金史·范承吉传》。

德州防御使,"为政宽平,民怀其德"[1]。刘敏行为肥乡令时,保卫县民耕作,"耕稼滋殖"[2]。贾霆,先守深州,"恩威已著,政无不理"。后为冀州节度使,"劳来安辑,兴利除害",至天会八年"政绩已成,民俗已阜","易荆棘为亩","发仓廪减价给贫者,兴庐舍给居","修舆梁以通往来,蕃牛畜以广播殖","饥民转徙脱身奴婢者以千计,士夫乱离复籍缙绅者殆万数"[3]。十一年,贾葵过乾河登清原,看原下临董泽而居的数十家,"大兵之后,虽未尽复业,安居亦可乐也"[4]。王竞入金后,在熙宗天眷元年前曾为河内令,"夏秋之交,沁水泛溢,岁发民筑堤,豪民猾吏因缘为奸,竞覆实之,减费几半,县民为之谚曰:'西山至河岸,县官两人半。'盖以前政韩希甫与竞相继治县,皆有干能,绛州正平令张元亦有治绩,而盖不及,故云然"[5]。天会八年北方已是"百姓既恢其业"[6]。北方大地主有不少是从天会年间恢复起来的,而后来更加发展,如京兆韦仪家,其父韦德时期"后经兵乱,基业残毁,逖居辟土,稍复本业",韦仪于天会六年后,"用自己积贮之赀,置膏田一千余顷"[7]。

历史是充满着矛盾的,对矛盾着的事物乃至矛盾着的各方面都要作具体分析。在金宋战争中,女真族对北方生产造成的破坏只能是最主要的方面,而不是所有方面。女真族是我国历史上新兴起的一个民族,他沿着自己的历史在前进和发展着,他的发展及其对中原的掠夺、破坏,给北方人民带来严重的灾难,但不能因此得出女真族不该发展、不该进步的结论。我国历史上的少数民族和汉族一样,都在谋求本民族的发展,他们的发展和进步是我国多民族国家发展的一部分,是合乎规律的。在封建社会中,由于统治阶级掌权,不管是汉族还是其他少数民族,当他们大发展超过本族生存的区域时,当统治者需要扩大他们的

〔1〕《金史·李瞻传》。
〔2〕《金史·刘敏行传》。
〔3〕《金文最》卷65,张亿:《创建文庙学校碑》。
〔4〕《金文最》卷65,贾葵:《创修董池神庙碑》。
〔5〕《金史·王竞传》。
〔6〕《金文最》卷86,房仲亨:《保义校尉房公墓碑》
〔7〕《金文最》卷91,焦郁:《武德将军武公碣》。

统治时,都可能用战争的形式给其他民族带来战争的灾难,从整体上看经过大冲突、灾难,最后达到民族大融合、大促进的事实。他们都在这种矛盾斗争中寻取有益于统治的方法与设置。女真族摧毁了辽、北宋王朝,在战时有限地改变辽及北宋的弊政,这些措施在当时虽然是微弱的,但不能把这些也看是破坏。女真人在当时比汉人落后,女真人在我国历史上不仅不甘于永远落后,而是在靠自己的进步向先进转化,并最后跨入先进的行列。这就极大地丰富了中华民族史的整个内容,同时也缩小他们同中原汉人的距离,加强了女真人与中华民族发展的不可分割的联系。

在金宋相持阶段出现的和,对于社会生产来说并非消极的。在当时还不能完成全国统一的情况下,这种和给南北经济的发展与来往所带来的有利条件,是战时无法比拟的。从金朝方面看,至少起到这几方面的作用:(1)由于双方停战,避免了在战争中的破坏与死亡,"与民休息",利用和的良好时机进行生产的恢复与发展。"熙宗、海陵之世,风气日开,兼务远略,君臣讲求财用之制,切切然以是为先务。虽以世宗之贤,储积之志曷尝一日而忘之。章宗弥文煴兴,边费亦广,食货之议不容不急。"[1]从熙宗到章宗终于赢得"宇内小康"的经济繁荣的局面。(2)由于社会矛盾的相对缓和,政治渐趋稳定,北方人口繁殖很快。大定初年是三百余万户,二十七年增至 6789449 户,44705086 口。泰和七年 7684438 户,45816079 口。原注:"户增于大定二十七年一百六十二万三千七百一十五,口增八百八十二万七千五十六。"实际应是 8112324 户,48673944 口,比北宋这些地区增 2280184 户,33616152口[2]。(3)和与社会改革结合起来,便会出现一个时代的治规。金在与南宋"南北讲好"的时期,从各方面进行了改革与整顿,完成了汉制改革与女真族封建化的全过程。大定、明昌间,金朝各种制度的发展已经完备,这与当时"承平日久"的和平环境是分不开的。(4)在金与南宋和平对峙的时期,加强了北方各族人民的和平相处与发展,促进了各

---

〔1〕《金史·食货志》序。

〔2〕参看《金代经济史略》,辽宁人民出版社 1981 年 6 月,40 页。

族间的经济文化的交流与融合,与此同时,也加强了与南宋的经济文化的来往与交流。(5)在北方的生产发展中,为后来更高的发展与统一创造了有利的条件,提供了新发展的内容与基础。如果辽没有为金提供统一的条件与基础,则金在北方的发展却为蒙古提供了这方面的条件与基础。

金宋和战直接影响着当时全国人口的大迁徙、大调动。过去多强调北方民族进入中原北部,所引起的中原政权南迁以及人口、政治、经济重心的南移问题,这点是不应否认的,还应加强研究。但不能以此为由否定和忽视历史上中原人口以及政治、经济重心也有北移的问题。由于情况不相同,当时人口和政治、经济重心的南北移也是不相同的,而且也不可能相等。在金以前,中原汉人"亡走北去,则不可制"[1],"华人入北,其类实多"[2],"中原罹乱,燕人多入于虏"[3]。在这个时期,由于中原汉人以及政治、经济的北移,有的汉人在北方建立封建的地方割据政权,有的是当地少数民族的统治者依靠汉人建立封建的政权,有的政权虽然不改变本族的特点,但由于汉人大批迁入,也使封建的生产技术和文化在那里发生着不同的积极作用。

金朝兴起于我国东北的北部,在其向南发展的战争中,曾实行"实内地"的政策,有计划地将大批中原汉人向东北迁徙。太祖天辅六年,"既定山西诸州,以上京为内地则移其民实之"[4]。七年,取燕京路,"二月,尽徙六州氏族富强工技之民于内地"[5]。同年四月,"又命习古乃、婆卢火监护长胜军及燕京豪族工匠,由松亭关徙之内地"[6]。太宗天会六年,迁洛阳、襄阳、颍昌、汝、郑、均、房、唐、邓、陈、蔡之民于河北"[7]。金在攻取汴京时是"南去人稀北去多"[8],有大批汉人被北

---

〔1〕《汉书·匈奴列传》。

〔2〕《旧唐书·张公瑾传》。

〔3〕《契丹国志》卷1《太祖纪》。

〔4〕《金史·食货志》户口。

〔5〕《金史·太祖纪》。

〔6〕《金史·食货志》户口。

〔7〕《金史·太祖纪》及《宗翰传》。

〔8〕刘子翚《汴京纪事》,见李纯甫《屏山集》(引自《金史纪事本末》卷6)。

徒。金时,中原汉人向北迁的特点:北部人口向女真内地及东北迁徙,南部人口则向河北迁徙。当时原辽地区及北宋时的河北东西路、河东路户数上升最多,当与人口北徙的政策有关,这也是金时政治、经济重心向北移的重要原因之一。早在辽时,"(东京)汉民更居者众,中京汉民杂居者半"[1]。从金朝起,今北京城始为都城,此后一直是全国的政治中心。在经济上,由于大批具有先进生产技术和先进文化的中原汉人北迁,对促进和改变北方经济面貌起了巨大的作用。在草原树海中出现大块农田,建置城塞,新兴起一些城市。大定二十年,世宗曾提倡"猛安谋克人户,兄弟亲属若各随所分地,与汉人错居,……农作时令相助济"[2]。这正是当时人口南北大调动的结果。在金上京会宁府已有相当数量的汉人从事手工业和商业,南方商人已远来东北黄龙府一带从事贸易活动[3],而汉语成为各族互相交往时的通用语言[4]。

金宋时期,人口与政治、经济重心的南北移,有着不同的历史特点:(1)宋政权与北方汉人南迁,是失去在北方的政治中心后出现的,是前一王朝的灭亡与再建,它与晋南迁颇相似,而与东汉之再建不同。金将汉人北迁及政治重心北移,是东北民族进入中原后出现的,是灭亡原北宋政权,而将政治统治中心转向自己的都城方面。(2)南宋政权再建有原来三国时吴及东晋的基础,这里自秦汉以来即郡县地区。金朝在北方的情况不同,是中原制度与北方民族制度并存,其统治重心在本族兴起地区或接近北方民族的地区。(3)随着南宋政权而南迁的人口主要是北方汉人,由南方过到北方来的也主要是汉人。金朝则不同,除将大批汉人向北迁外,又有女真、契丹、奚、渤海人等迁入中原,造成民族间的大迁徙、大调动和大融合。(4)宋政权南迁是迁到南方手工业和商业更加发展的地区,而金时北方汉人是迁到女真人统治的经济落后地区,随着女真猛安谋克南迁,也将女真的习俗传入中原。(5)宋南

〔1〕《全辽文》卷9,《贾师训墓志》。
〔2〕《金史·食货志》户口。
〔3〕《宋史·王伦传》。
〔4〕许亢宗《奉使行程录》:"故此地杂诸国俗,凡聚会处,诸国人言语不通,则各为汉语以证,方能辩之。"

迁,依然是以汉人为统治民族的政权,女真族占有中原北部后,是变以汉人为统治民族为以女真族为统治民族的历史。

北方民族的发展,是经过建立地方民族政权、南北朝,而最后取得统治全国的历史过程的。有的族只经过地方民族政权阶段,其族与政权就在历史消灭,如东北的夫余、高句丽即是。有的族发展到南北朝阶段,如鲜卑和与鲜卑有关的契丹。在我国历史上能够经过完整过程而最后统一全国的是女真和蒙古。他们之所以能统一全国,最关键的是变本族旧制为中原的制度,能成为全国统治民族的,必须是具有当时中国最高制度的民族。

中原汉人在中国各民族的发展中所起的作用是主导的。中原汉人北迁以及把统治中原汉人的政治中心北移,是北方大发展的重要前提。金朝继辽之后普遍地在其统治区内建立路府州县,就是在这一历史发展趋势中出现的。中原的先进制度,要为其他民族所掌握并在其统治地区推行,其作用和效果要更显著得多。中原汉人的北徙,为全国统一制度的建立起了重大作用,没有汉人来东北,不会有后来的东北三省制的建立。在研究中原人口与政治、经济重心南移的同时,也应当研究中原人口与政治、经济重心的北移问题。

8.5　关于金宋和战史的人物评价问题

研究金宋和战史,不可避免地要涉及对人物的评价问题。人物评价和其他问题一样,首先应当肯定建立金宋两个王朝的民族都是国内民族,他们都有自己民族的有贡献的杰出人物,都有自己民族的英雄。对此,不仅不能用封建的尊汉贱夷的传统观念看问题,就是片面用马克思主义的某一观点并在运用这种观点时就带有民族偏见,同样不能处理好金宋和战史中的人物。比如以正义与非正义作为评价人物的标准,而且又认为宋方永远是正义的,金方永远是非正义的,就会导致英雄人物全在宋方,金方则无英雄人物可言。女真族在当时正是处于发展、改革与进步的民族,有他们顺应历史发展并作出贡献的杰出人物,况且随着金宋形势的变化,两个封建王朝南北对峙后,已不能再用初期的掠夺与被掠夺的正义与非正义战争来看问题。这时金宋战争已转化为由谁来统一的问题。再如以金宋所处生产方式之不同作为人物评价的标准,认为宋生产方式是进步的,女真族生产方式是落后的。应当承认落后民族对先进民族的征服会造成生产的破坏,甚至会出现历史上的暂时逆转。但如果把女真族看是没有变化的,北方生产在整个金代都处于女真族的掠夺破坏之中,以此评价金宋人物,就不能没有问题。女真族同其他民族一样也是由落后转化为先进的,看不到女真族这种变革中的人物所起的进步作用,是不实际的。在我国历史上民族间的先进与落后之分,是社会发展不平衡在民族间的表现,先进带动与影响后进,后进则学习与接受先进影响,这是我国多民族国家发展的一个重要特点,也是中华民族的各族发展所不可少的,这已成为一种带规律性的运动。当然,在阶级社会中,这种发展和进步是要付出牺牲与代价的。不用说各族间,就是在一个族内的每一发展与进步,何曾不付出牺牲和代价。不应当因为女真族生产方式曾落后过,就把他们民族中的杰出人物与英雄人物一笔勾销,他们在人们的心目中永远是被丑化了的魔鬼。也有的用后来"爱祖国"和反对中华民族以外的民族入侵,作为评价人物是非的标准。把宋看是"祖国",把金看是外来侵略,爱宋卫宋就是爱"祖国"和保卫"祖国"。这种评价人物的标准,不符合我国是个多民族国家的特点。现在出版的《中国历史地图集》把金宋作为当时我国境内的两个政权,这和胡耀邦同志论断的"中华各民族从建立统一国家的几千年来,一贯具有反对分裂、维护统一的光荣爱国传统"是一致的。中华各民族建立统一国家是几千年来的事,决非是今天才有的,也不是因为现在这些族属国内而硬往古代套,谈不上教条公式。金宋南北对峙是统一的分裂,但统一全国,中华民族的汉族有份,其他民族也有份,当然今天研究历史不会把蒙古、满族的统一看是外来民族灭亡全中国。因为否定汉族以外的国内民族及其所建立的政权是国内的,在事实上不符合我国实际,在实践上也是有害的,在评价金宋和战中的人物时,应当防止给人们以民族划线的错觉,好像只要是宋朝中的人物,不管在什么情况下的战都好,主战者都是英雄,只要是主和

·欧·亚·历·史·文·化·文·库·

或者汉人在金朝内做事,不管对历史曾起过什么样的作用,都是"卖国"和"汉奸"。只要是女真族,不管在什么时间和什么情况下用兵,都是"侵略",不管是什么样的和也都是坏的。这样看问题的方法,运用起来固然省事,但不能说明金宋和战史中的许多问题。在评价人物上以民族划线,不是历史唯物主义,不利于民族间的团结与发展。

对金宋和战史中的各政治集团及其主要代表人物的评价,主要看他们对社会生产力起什么作用,他们所采取的各项措施是对当时社会发展起促进作用还是起阻碍作用。不管他出生于中华民族的哪一个族,也不管他对本族还是其他族,都应按这一原则来评价人物的是非。这不等于说国内民族间无民族界限可分,更不是说国内民族不会分裂两个或两个以上的政权,就是汉族自身还会分裂,何况各族间。问题是不能以此为由把本来是国内民族视为外来的民族与政权。

在金宋和战中,都涌现出各自不同的代表人物,其中议论比较多的有以下几种不同情况的人物。

宗弼(兀术)与岳飞是金宋两个王朝相持阶段到来突出出来的两个人物。这两个人在当时两个王朝的斗争中都表现出他们的才干,都是中华民族史上值得称赞的人物。宗弼的才华远不及岳飞,但他的才能在金朝能得以全面施展与发挥,却胜过岳飞。宗弼是在女真族的军事以及军事作战中成长起来的将领,他曾在南北相持阶段到来的新形势下,对扭转当时金朝的局势起过重要作用。宗弼是女真族新兴的改革派中的重要人物之一。他为在斗争中与南宋取得议和,作出极大的努力:(1)他主张变过去以战为主、以和为辅的对宋方针为以和为主、以战为辅的新方针,这是他认识到由金强宋弱已转变为宋强金弱作出的决策。(2)他以积极的行动参与汉制改革,注重起用宋人,并积极打击与铲除旧势力,消除来自各方面的反对势力,为改革顺利进行扫清道路,他是改革家宗干的积极支持者和助手。(3)他在废刘豫后,"诸军悉令归农"[1],除去刘豫弊政,减轻赋税徭役,"民始苏息"[2],"人情大悦"[3]。(4)在宗弼掌权时,"皆取当时治有声迹者"[4]为郡县守令,所以"吏清政简,百姓乐业"[5]。(5)宗弼把与南宋议和同恢复和发展北方生产结合起来,宗弼在上宋高宗书中说:"本朝偃兵息民,永图安义"[6],"既盟之后,固当使民各安其业"[7]。从北方经济恢复的实际情况看也正是如此。(6)在宗弼掌权时,对女真猛安谋克实行"计口授地"的屯田制度,这是女真族由牛头地向封建个体经营转变的重要一步。(7)他善于发现和利用南宋的内部矛盾,利用南宋反动派急于求和的心里,并加强政治、军事的攻势。宗弼上宋高宗书:"今兹荐将天威,问罪江表,已会诸道大军,水陆并进,师行之期,近在朝夕,义当先事以告,因遣莫将等回,惟阁下熟虑而善图之。"[8]又与秦桧书云:"汝朝夕以和请,而岳飞方为河北图,且杀吾婿,不可以不报,必杀岳飞而后和可成也。"[9](8)宗弼的议和的基点是放在收回河南、陕西地的基础之上。金宋疆域的最后奠定,是宗弼的主要功绩。岳飞确是抗金的将领和中华民族英雄人物,他在宋强金弱的形势下,掌握战机,接连取胜,并提出许多好的主张,但在南宋没有改革,没有铲除反动势力,内部不团结,反动派当权,打击残杀进步势力的情况下,岳飞的才能不仅不能全面发挥,反遭残害,使南宋失去主动反攻而最后取胜的战机。两个人物由于所处的情况不同,结局是不相同的。岳飞是在封建规范中成长起来的正面人物,在他身上表现出许多值得中华各族珍视的精神财富。岳飞除当时南宋最高统治者反动使他不能成功外,本身也有弱点。他的"精忠报国"和《满江红》词,其中就有着非积极的因素,使他不能越

---

[1]《宋史纪事本末》卷47。

[2]《金史·范拱传》。

[3]《金史·刘豫传》。

[4]王寂:《拙轩集》卷6《先君行状》。

[5]《金史·熙宗悼平皇后传》。

[6]《金文最》卷53,宗弼:《上宋高宗第一书》。

[7]《金文最》卷53,宗弼:《上宋高宗第四书》。

[8]《金文最》卷53,宗弼:《上宋高宗第一书》。

[9]见《大金国志》卷11,《熙宗纪》、《金佗粹编》卷8,《金佗续编》卷21,章颖《鄂王传》之五,《宋史·岳飞传》。

过封建规范的束缚作出更大事业来。

在金宋相持阶段到来后,也都有自己的主和的反面人物,这就是挞懒与秦桧。挞懒与秦桧是金宋相持阶段的产物。秦桧开始主张抗金,后随迁到金作挞懒的"任用"[1],又随军南下为参议军事、随军转运使。《大金国志·宣宗纪》记载孙大鼎奏言:"天会八年冬,诸大臣会于黑龙江之柳株(一作林),陈王兀室,忧宋氏之再隆,其臣如赵鼎、张浚,则志在于复仇;韩世忠、吴玠则习于兵事,既不可以威取,复结怨之已深,势难先屈,阴有以从,遂纵秦桧以归。"此云出自陈王兀室(希尹)之计。《大金国志》卷6:"归秦桧于宋,用粘罕计也。"罗大经《鹤野玉器》谓:桧"北迁,情志遂变,谄事挞懒。及兀术用事,阴与桧约,纵之南归,主和议"[2]。此又云纵桧南归者为兀术,皆不可信。《宋史·秦桧传》:"盖桧在金廷首倡和议,故挞懒使之归也。"天会八年,是金宋战争变化的关键一年。宗弼回江北后,主张不再对南宋用兵,宗翰反对,而挞懒时为左监军,也"诮其无功,欲再侵江南,兀术辞之"[3]。挞懒公开表示"再侵江南"是假的,其目的是在乘机诋谤宗弼,以掩盖其背着金朝"密主和议"[4]的活动。在此前,秦桧、王伦就在金"唱为和议",而挞懒与他们暗中策划,天会八年纵秦桧南归,十年又遣王伦归宋。由此可见,在金廷内部首先搞和议的秘密活动的组织者是挞懒,而秦桧、王伦的放归都是挞懒一手策划的。这个密谋和议集团的理论是"欲天下无事,南自南,北自北"[5]。挞懒在汉制改革中属于守旧势力之一,他所主张的和是金朝改革势力所不容的。挞懒主张废刘豫是把河南、陕西地交还给南宋,挞懒为实现他的议和主张便联合当时的守旧势力宗磐等,以与改革派对抗,挞懒的和,是苟且偷安,不求进取的退让的和,他继续在北方实行虐政。秦桧是挞懒纵归后在南宋内部搞议和的,秦桧的和是屈膝投降的,是当时金宋最反动势力的代表,中华民族的败类。

---

〔1〕《大金国志》卷6《太宗纪》。
〔2〕引自《金史纪事本末》。
〔3〕《大金国志》卷27《兀术传》。
〔4〕《宋史·王伦传》。
〔5〕《宋史·秦桧传》。

在金宋相持局面业已形成后,在金宋都曾出现想统一南北的人物。在金朝的代表人物是海陵,在南宋则是韩侂胄。二人想统一是一样的,二人的结局也是相似的。海陵是女真族的改革家,他继熙宗之后继续坚持改革,他接受了中原皇帝的民族平等和混一天下的大一统思想,但他发动的统一南宋的战争是不合时宜的,当时金朝虽已改革但还不具备统一的条件与基础。特别是他一意孤行,把统一变成暴政,这是他自取灭亡的重要原因。韩侂胄不是改革家,他在南宋没有进行大的改革,更没有铲除阻碍统一的反动势力,北上统一也是难以成功的。在历上不是什么样的统一战争都是好的,都能成功的。海陵功不补过,而朝侂胄在战和的问题上首尾两端,无足称赞。

　　在金宋相持阶段形成后,打破南北对峙的局面造成全国的大统一,是历史发展的趋势和所需要的。为此,首先不是以战与不战判断是非,而是富强还是不富强,改革还是不改革,铲除阻碍统一的反动势力还是容忍其继续掌权,必须在力量对比上超过对方,并具有足够的有利于己而不利于彼的条件,要有足够的财力、物力,不能在过分损伤民力并靠对人民竭泽而渔的办法进行统一,如此无不失败者。

　　我国是个统一的多民族国家,中华各族在历史上都有自己的光荣历史,都曾为统一的多民族国家作出不同的贡献。应当对各族的历史与人物进行研究,要使他们知道自己的民族都有杰出的人物,都是值得骄傲的。特别是少数民族,史学的研究有责任肃清历史上给他们留下的自卑感,给他们加上的种种污词。汉族中的历史人物,为冲破封建正统观念的束缚,可以把曹操等人物提出讨论,为冲破民族间的正统观念的束缚,为何不可把少数民族中的人物提出讨论? 这样做将不是有害的,将有利于中华各族人民,不仅从自己族的人物中,也可从其他族的人物中,吸取营养,激发民气,鼓舞斗志,奋发图强,为发展捍卫祖国统一,振兴中华作出重大的贡献。

(原刊《史学集刊》1984 年 2 期)

东北地方史研究

9 关于殷人的起源地问题

关于殷人的起源地,是研究殷人起源中的一个重要问题。金景芳同志在《殷文化起源于北方说》一文中认为:殷文化起源于内蒙古昭乌达盟,燕亳、砥石是殷人重要的文化发源地。商汤在灭亡夏的北方屏障韦、雇、昆吾以后,才平步中原。在今河南中部,不可能有"商代先公时的文化",或"商代早期以前的文化"(《中华文史论丛》第七辑,复刊号)。我基本上同意这一见解。现将主要理由申述如下:

9.1 殷人始祖契起源东北

《史记·五帝本纪》《索隐》引皇甫谧云:"帝喾名夋。"《礼记·祭法》:"商人禘喾而祖契。"《国语·鲁语》则作:"商人禘舜而祖契。"舜即夋之转。孟子谓:"舜,东夷之人也。"故云殷人原出自东夷,不无原因。

夷与北方族人关系极为亲近,北方诸族尚黑,《尸子》:"舜墨。"《诗·商颂·长发》笺云:"承黑帝而立子,故谓契为玄王。"黑帝是北方神,玄意为北方。夷"承黑帝而立子"。故亦称玄王,其地为玄土。

简狄为有娀氏之女,顾颉刚认为有娀氏在东北。《淮南子·地形训》:"有娀在不周之北。"同书又谓:不周"在海隅"。海隅即海岸。度其地当在今河北东北、东北西南古燕、幽境内。

《广韵》引北魏崔鸿《十六国春秋·前燕录》:"高辛氏游于海滨,留少子厌越以居北夷,邑于紫蒙之野,号曰东胡。"高辛氏即帝喾,厌越当即契。《读史方舆纪要》:紫蒙,在今朝阳西北老哈河赤峰一带。东胡之先为山戎,传说殷人先世与戎人关系至密,因周人称殷人为"戎殷"、

欧·亚·历·史·文·化·文·库

"殷戎"、"戎商"。殷人祖先曾居于戎人之地,结成互为婚姻部落,亦非俱出虚构。

9.2 殷人先世活动在东北

《诗·商颂·玄鸟》:"天命玄鸟,降而生商(指契),宅殷土芒芒。"《淮南子·地形训》:"东北薄州曰隐土。"隐与殷音义同,隐土即殷土。"东北薄州曰隐土",是证殷土或隐土俱在东北。

燕,古文作匽,《汉书·礼乐》注:"匽,古偃字。"徐隐王,颜师古云:"即偃王也。"殷、燕均读声如烟,是隐土(殷土)即燕。《尔雅·释地》:"燕曰幽州。"郭璞注:"自易水至北狄。"燕为幽州是字之声转。其地在今辽河以西,包括今河北之易水以北地区。

《帝王世纪》"颛顼都亳","喾都亳"。《水经注·渭水篇》引《世本》:"契居蕃。"蕃(番)与亳、薄通。金毓黻、童书业俱谓:亳即"东北薄州曰隐土"的薄州(金毓黻:《中国民族与东北》,童书业:《中国古代地理考证论文集》),在东北。

《荀子·成相篇》:"昭明居于砥石、迁于商。"《左传》襄公九年杜预注:"其砥石,先儒无言,不知所在。"金景芳同志以砥石为西拉木伦河发源之白岔山,其证是《淮南子·地形训》及《水经注·大辽水篇》。《世本》:"相徙商邱,本颛顼之墟。"《帝王世纪》:"商契始封于商。"商乃颛顼、契所居,颛顼、契皆都亳或殷土,在东北,此商亦当在东北。丁山在《商周史料考证》中曾列举出事实:

(1)《诗·商颂·长发》:"相土烈烈,海外有截。"有截在渤海北岸。

(2)相土之子名昌若(即海若,北海神),其孙名粮圉(王吴,《山海经》称天吴,即东海神禺疆),均与大海神话有关,可知相土所居商邱,决在海滨。

(3)《左传》昭公元年"阏伯既为大火",或大辰之星,当然即是昭明的别名……若按星辰分野寻迹阏伯所居商邱,又当求诸渤海之东朝鲜了。

据丁山所论,相土所徙居之商邱在东北。其中有截、朝鲜尚需说明。

"相土烈烈,海外有截",翦伯赞以为有截是氏族名,又是地名,在海外(《殷族与史前渤海系诸氏族的关系》,《中国史论集》第一辑)。今铁字古文作銕。《集韵》:古铁作鐵。截当是鐵之省,有截即有铁。嵎夷一作嵎銕,又作郁夷,古地名从邑与不以邑字同,有截即郁夷(嵎銕)。《史记·夏本纪》《索隐》:《今文尚书》及《帝命验》并云在辽西。《说文》土部:"嵎夷在冀州阳谷。"又山部:"崵山在辽西,一曰嵎銕崵谷也。"尹世积《禹贡集解》谓:冀州包括今辽宁西境、河北东北境。可见《说文》二说并不矛盾。

丁山说:"阏伯所居商邱,又当求诸渤海之东朝鲜。"按朝鲜初本地域名,箕氏初以箕名国,称朝鲜侯是后来事。朝鲜,即《易·明夷》"箕子之明夷"的明夷。明、萌二字古通用,甲骨文中之萌字与朝字形俱同。朱骏声《说文通训定声》:"夷借为尸。"夷尸与鲜字读音同。"箕子之明夷"与《三国志·魏志·东夷传》"昔箕子既适朝鲜"为同一历史记事。之即适。箕子初至之朝鲜(明夷),即古目夷氏之地,为孤竹所居。《隋书·裴矩传》:殷之孤竹国,"周代以之封箕子"。在今辽宁喀左发现的箕侯铜器,与孤竹器同时出土,可知箕、竹迩近。

如是,丁山所推定的商邱,亦当在今河北东北、东北西南地区。

9.3　殷先世南下之迹

史载殷先世自北而南,步入中原,其迹可寻。

《说文》邑部:"郪,周封黄帝之后于郪。从邑契声,上谷有郪县。"郪,《礼记·乐记》作蓟。丁山谓:"北京初名郪县,郪显然得名于契。"其地亦名燕。郭璞云,燕地"自易水至北狄",今北京曾在殷土境内无疑。

《竹书纪年》"(帝少康)十一年,使商侯冥治河";"(帝杼)十三年,商侯冥死于河"。河即河水,在今天津入海。是冥已至河水下游。

易水流域的有易,属夏,殷先世南下,便与有易经常发生冲突。

《山海经·大荒东经》："有困民之国，句姓而食。有人曰王亥，两手操鸟，方食其头。王亥托于有易，河伯仆牛。有易杀王亥，取仆牛。"

《竹书纪年》："殷王子亥，宾于有易而淫焉。有易之君绵臣，杀而放之。是故殷王甲微，假师于河伯，以伐有易，灭之，遂杀其君绵臣也。"（《山海经》郭璞注引）

《楚辞·天问》："该秉季德，厥父是臧，胡终弊于有扈，牧夫牛羊？……恒秉季德，焉得夫仆牛？……昏微遵迹，有狄不宁。"

有易、有狄即有扈。《吕氏春秋·召类览》："（禹）功有扈，以行其教。"《世本》："有扈与夏同姓。"该即王亥，季是王亥父冥。恒即王恒，是王亥弟。微即上甲微，王亥子。殷人先世南下至河水下游，受到易水流域的有易阻挡，因殷人三世与有易相为仇敌。

《竹书纪年》记载，夏帝泄十六年，殷上甲微灭有易。《路史·国名纪》："邺乃上甲微所居。"邺在漳水流域，《水经注·漯水篇》："商、漳声相近。""汤自商徙于亳"的商，殆即上甲微灭有易南下后所居。夏桀二十一年，殷人曾征服有洛、荆等。有洛当即落，荆即刑，其地均在河北。可知殷于夏末进入黄河以北地区。

《吕氏春秋·审分览》："汤其无郼，武其无岐，贤虽十全，不能成功。"这个历史对比很重要。周先世公刘居于戎狄之地（豳），到古公亶父时始迁于岐，武王据此以兴灭殷。殷先世初亦居戎夷之地（殷土），后迁于郼，成汤据郼以兴灭夏。《吕氏春秋·赂览》："汤常约于郼亳矣。"高诱注："郼读如衣，今兖州谓殷民如衣。"《有始览》："河济之间为兖州，卫也。"卫即郼。尹世积《禹贡集解》：兖东据济，与青分界；南据齐，与豫为界；西北据河，与冀分界。今山东西北、河北东南、河南内黄、延津以东，均古兖州地。郼亳在卫，即《史记·六国表》"汤起于亳"的亳，是商汤肇兴之地。

9.4　夏家店下层文化的族属

夏家店下层文化的族属，尚有不同看法。有人认为属于东胡文化，有人认为殷先世文化，我认为这两种说法有一定道理。殷人实是由殷

（夷）、戎融合而成，其初殷与戎尚有区别，其文化具有这两种特点是可能的，因之只能称为殷戎或夷戎文化，但与殷人先世不无关系。

夏家店下层文化与殷人先世历史相符之处不少。

从时间上看，殷先世相当于舜及整个夏代。夏家店下层文化，仅略后于河南龙山文化，与夏代相当（徐中舒：《夏史初曙》，《中国史研究》1979 年第 3 期）。因此，在时间上也与殷先世历史略相当。

从地域上看，其文物分布，东不过辽河，北逾西拉木伦河，南过拒马河，西至承德、张家口一带。这个区域正当郭璞所说的"自易水至北狄"的范围，也即"东北薄州曰隐土"的地区。

从文化的特征看，它是还没有把当地戎夷文化融合为殷文化的殷戎文化或夷戎文化。同进入中原后的早商文化相比有不同特点，但绳纹却是它们共同的特征。

从文化发展的连续性看，夏家店下层文化与比它更早的文化有某些联系，其文化在辽西者时间为早，属早、中期，在河北者略晚，属中、晚期。

目前考古界提出的先商文化的漳河型，其分布的区域在河北唐河以南，淇水以北，卫河以西，山西省沿太行山西麓一线，这里正是上甲微征服有易后活动的地区。其特点是已消失原有殷戎文化或夷戎文化特点，并接受夏文化的影响，在时间上相当于夏末。这种文化，很有可能是夏家店下层文化的殷戎文化或夷戎文化与进入中原后的早商文化发展的中间环节。漳河一带是上甲微灭有易后进住的，如果说漳河型的先商文化就是殷人的起源地，那与殷人初与戎人相处不符，由原来殷戎文化或夷戎文化融合为具有殷文化明显特点的文化也要有个过程，况且这种文化属夏末时期，正表明在这种文化之前，还应有殷人先世更早的文化发展阶段。

结合殷人的历史，其文化发展及其演变应分为几个时期。

一是殷戎文化或夷戎文化时期，其特点是尚未把夷、戎的文化融合为殷文化。这与殷人先世最初与戎人相处的历史相适应的。

二是南下后的先商文化时期，这时已距戎人的地区较远，与夏人经

·欧·亚·历·史·文·化·文·库·

常接触,其文化的特点已逐渐摆脱原有文化的残迹,并渗有夏文化。

三是早商文化时期,此时殷人刚刚灭夏,还没有来得及吸收原有夏文化发展为更高的商文化,是殷文化与夏文化暂时并存的时期。在今河南发现的明显可以判别为夏文化与早商文化的事实,正反映殷人平步河南后的文化发展的情况。

四是殷人已吸收了较高的夏文化发展为更高的商文化时期,商文化终于代替了夏文化。

中国自古以来,幅员辽阔,部族众多,这些众多的部族分布在不同地区,由于有着相近似的历史发展进程,可能在不同地区创造自己的原始文化。据研究二里头一期文化与河南晚期龙山文化有继承性,说明夏人早在河南晚期龙山文化以前就已居住在那里。殷人起源于东北,后进入中原,因此,它的文化发展就要随着迁徙而异,有其不同的发展阶段。随着殷人先世的南迁,他最后兴起的根据地,已距离其祖先原住地很远了。一个族的迁徙,往往是把原有的地名、山名、水名以及其祖先的传说,一起带入新住地的,因此,不能将后来的地名作为其祖先原住地考察。

殷人在中国古代历史的发展中,作出了卓越的贡献,是后来华夏族的重要来源之一和组成部分。殷人文化在东北古代各族中也曾产生过极为深远的影响。殷人之所以在历史上能作出卓越的贡献,就在于他没有停止在原住地文化发展的水平上,而是进入中原后在中原故有的文化基础上又更高地创造和发展了。

(原刊《史学集刊》1981 年复刊号)

10 略论与白狼水有关的几个问题

白狼水是古代东北仅次于辽水的一条重要水道,流经汉代的辽西、右北平二郡的若干古城。直至目前为止,对白狼水及其有关问题的研究,还不能说俱有定论。现就与此有关问题,略论于下。

10.1 何谓"渝水首受白狼[水]"?

"首受"一词,见于《汉书·地理志》注约 27 处。从这个词被广泛应用看,它已成为古代治水道学者习用的并有一定含义的词。

《汉书·地理志》辽西郡临渝县注"渝水首受白狼[水],东入塞外",意即"渝水首受白狼水,白狼水东北入塞外"。吕吴调阳《汉书地理志详释》"塞外当作白狼",就是从这个意义讲的。渝水既"南入海",不应再东北入塞外。又交黎县注"渝水首受塞外,南入海",意即"渝水首受东北出塞外的白狼水,南入海"。这样解释,毫不牵强,与《水经注》全合。

《(钦定)热河志》卷 71,对此二水的考释,既符合《水经注》原文,也符合《汉书·地理志》注的本义:

> 又按大凌河之为白狼水,固无可疑矣。惟白狼水之下游尚有
> 与古未合者,亦有说焉。汉书地理志临渝县下注:渝水首受白狼,
> 东入塞外,有侯水,北入渝。交黎县下注:渝水首受塞外,南入海。
> 是即以渝水为白狼水之下流也。水经注:白狼水东北出东流为二
> 水,右水疑即渝水也,其水东南入海;一水东北出塞为白狼水,东南
> 至房县注于辽,亦以白狼水一支为渝水,一支入于辽水也。
> 据此,白狼水分为二支:一支东南入海为渝水(右水);一支东北出

·欧·亚·历·史·文·化·文·库·

塞又东南入于辽水为白狼水（左水）。

众所周知，水道流经之右、左，与水道流经的方向有关，水向东流南为右，北为左，水向南流西为右，东为左。左水（白狼水）是白狼水流经的继续，右水（渝水）是白狼水的别出，此即所谓白狼水"为二水"。因此，不应在白狼水之外另有渝水的发源处。定右水（渝水）、左水（白狼水）不应离开白狼水为二水这个重要前提，而另到白狼水之外求渝水源头，视渝水为白狼水的干流。

水道流经有两种：一是干流与支流，一是干流与汊流，两者互有区别，不可混同。依我看，渝水与白狼水的关系不是干流与支流的关系，而是汊流（别出之水）与干流的关系。渝水是白狼水的别出，也就是说渝水是从白狼水中别出后而流向他处的一条水，像这样别出的水，古时称为"别水"，也称为"首受某水"。王先谦《汉书补注》："志言首受者，皆必有首受之水。"吴卓信《汉书地理志补注》："渝水源出白狼[水]。"这些论断在原则上都是对的。

《汉书·地理志》注"某水首受某水"者，无一不是前水从后水别出，下流入于某。概括起来，大致有这样几个固定含义：

（1）"某水首受某水"，前水俱是后水的"别出"，亦即前水从后水中分出，这是一个通则，无一例外。

（2）"某水首受某水"，均以后水为干流，前水是后水的汊流，不得以前水为后水的干流。

（3）"某水首受某水"，不是同一水的上下段的关系，前水是以"T"形首受后水。首受不是首先纳或会某水。

对"某水首受某水"作如此概括，有什么事实上的根据呢？兹举《汉书·地理志》注中几条为证：

涿郡涿县下："桃水首受涞水，分至安次入河。"涞水，今拒马河。桃水，今北拒马河。"入河"的河，即滱水，今唐河[1]。"桃水首受涞水"，即桃水从涞水别出，然后东流至安次入河（滱水）。

南郡华容县下："夏水首受江，东入沔，行五百里。"江即江水，今长

---

[1]谭其骧：《〈山经〉河水下游及其支流考》，《中华文史论丛》第七辑（复刊号）。

江。沔水,今汉江。此谓夏水从江水别出,向东流入沔水(汉江)。其首受之水为江水(长江)。

齐郡巨定县下:"马车犊水,首受巨定,东北至琅槐入海。"巨定,泽。海,渤海。马车犊水从巨定泽出,东北流至琅槐,然后入海[1]。

上引三水以及《汉书·地理志》注中其他"某水首受某水",无一不与此相合,而"渝水首受白狼[水]"也不应例外。当然,在《汉书·地理志》注中也有"首受"某谷、某山、徼外等,但均指其水所自出处。在东北古地理的研究中,至今对"渝水首受白狼[水]"的理解不得其义。陈澧《汉书地理志水道图说》临渝县下云:"今蒙古喀喇左翼西南境大凌河之源曰傲木伦,北流与西境阿剌善河诸水合。今辽河以西之水,今无北入大凌河之水,惟大凌河源,故知为侯水。大凌河源既为侯水,则渝水首受之白狼为阿剌善河诸水矣。"此以今大凌河南源傲木伦河为侯水,阿剌善河为白狼水,阿剌善河与傲木伦河会合以下为渝水,与《水经注》白狼水经黄龙城(今朝阳市)不合。此外,将今大凌河分为白狼水、渝水两段,亦与"某水首受某水"的原意不符。《中国历史地图集》第二册,对《汉书·地理志》注中"某水首受某水"均有所指,并符合原义,独"渝水首受白狼[水]"例外,这不能不说是一种疏误。该图以今傲木伦河为白狼水,今大凌河为渝水,则白狼水为渝水支流,与他处所示"某水首受某水"义不同,也与《水经注》白狼水分为二水的地点在白狼水流经黄龙城(今朝阳市)后东北出东流的地方不合。依我看应把"渝水首受白狼[水]",按照《中国历史地图集》第二册其他有关"某水首受某水"的条例据实订正过来。

10.2　以白狼水为干流,割断了渝水全称

在历史上水道有它的全称,但有时因为以其他水道作为干流,而被割断了它的全称。治水道学者,如果不根据这种实际情况加以识别,就可能造成研究中的矛盾与混乱。渝水有它的全流,自然也有它的全

---

〔1〕《中国历史地图集》第二册。

称,但由于以白狼水为干流,渝水中间的一段,便被白狼水这个名称所代替,而只存其上、下段的旧称,下段的渝水也就成为白狼水的别出之水。因此,这就涉及究竟应到什么地方求渝水的上源问题。

有人认为今牤牛河为渝水上源,牤牛河流入大凌河后直至海,通称渝水。白狼水指今傲木伦河及其流入大凌河至下府一段,并进而认为在唐以前诸史视渝水为干流,白狼水为渝水支流。其实不然,《水经注》引《魏氏地理志》:"白狼水下入辽也。"《水经注》亦云"辽水又右会白狼水","白狼水又东北出东流为二水,右水疑即渝水也"。这都是唐以前作品,均说明渝水从白狼水分出,白狼水继续流入辽水。

渝水在古时确有它的全称,它上源不是今牤牛河,而是《汉书·地理志》右北平郡字县下注"榆水出东"的榆水。榆,亦作渝,如临渝县亦作临榆县,榆水即渝水。《逸周书·王会篇》有俞人,晋孔晁注;俞,东北夷。吴承志《山海经地理今释》卷3:"俞人所居,必渝水左右之地。"《逸周书》成书于战国,可见在此前就把今大凌河称为渝水,正因为如此,后来今大凌河西源一直保有榆水这个称呼。

汉右北平郡字县的榆水,即今凌源镇西南大河,辽置榆州,旧城在今凌源镇西十八里堡。今南大河,古称榆河,亦称榆林河,为今大凌河的一支,古时榆水即以此水为源。白霅李察撰文、张洪礼书丹《利州长寿山玉京观地产碑》云:"利州之西,凭榆河之渡,吁嘻高哉,仡然而魁秀者,长寿山也。山之东仅四百步,壮哉,峙然而金碧辉空者,玉京观也。"[1]《元一统志》:玉京观在利州西十里。利州故城在今喀左大城子镇东门外,可见至辽时尚以今南大河及大凌河为榆河。

《汉书·地理志》注"榆水出东",榆水今大凌河上游的一支流南大河,那么此段榆水应包括南大河及其流入大凌河后到大凌河与傲木伦河合流处。因当时以白狼水为干流记述,乃将今大凌河与傲木伦河合流处以下到下府一段,称为白狼水,而下府以下今大凌河为渝水。虽然古时以白狼水为干流,代替了从大凌河与傲木伦河合流处到下府一段渝水的称呼,而在此段以上和以下仍保留榆水和渝水的旧称。

---

〔1〕罗福颐:《满洲金石志》。

这里涉及两个县的位置,应着重加以说明:

(1)《汉书·地理志》交黎县与《水经注》白狼水所经昌黎,是否都在一个地址,或者说都是指西汉交黎县故址?我看不是的。《水经注》中昌黎非西汉时交黎,乃指东汉迁于柳城县境内的昌辽,亦即昌黎。理由是:①《后汉书·郡国志》刘昭注:"故邯乡西部都尉,安帝时以为属国都尉,别领六城。"按西汉辽西郡西部都尉在柳城,安帝时属国都尉在昌黎,昌黎为西部都尉,即指西汉时柳城旧地。②《读史方舆纪要》卷18:"括地志,后汉省柳城入昌黎,慕容皝都龙城本昌黎县地,相去数十里而近也。"这也说后汉时已将柳城省入昌黎,则后汉昌黎不在渝水下游近海外,而迁至原柳城,故后汉时柳城废而昌黎存。③《后汉书·赵苞传》章怀注:"柳城县属辽西郡,故城在今营州(朝阳市)南。"《永平府旧志》谓:"柳城在昌黎西南六十里,汉末为乌桓所据,曹操灭之。"此昌黎指今朝阳市,西汉旧柳城在西南六十里。柳城在今朝阳南或西南数十里或六十里处,当今大凌河东,适与《水经注》白狼水所经之昌黎位置相当,此昌黎故城当即后汉昌黎,亦即西汉柳城旧地。

(2)临渝县是由于临近渝水而得名。但因对渝水流经理解不同,所以对此县治址也就有着不同看法。杨守敬《前汉地理志图》位临渝县于义州,今辽宁义县。日人以今大凌河下游为渝水,位临渝县于今义县东南。[1]《中国历史地图集》第二册,以今大凌河为榆水,傲木伦河为白狼水,牤牛河为侯水,因位临渝县于今朝阳市东,大凌河南岸。

《水经注》中的白狼水,是在经今朝阳后东北出东流地方分为二水,度其地在今大凌河与牤牛河合流处,然后转向东南入海。杨守敬《前汉地理志图》虽位临渝县于渝水范围内,但地理位置不当。《中国历史地图集》第二册所置临渝县位置仍属白狼水流经范围,因谓为临渝县似尚可商讨。

因为《汉书·地理志》注、《水经注》均以白狼水为诸水干流,渝水在此也就成为白狼水的别出之水。我认为,只有作这样解释,方能弄清《水经注》所引"白狼水下入辽"及"渝水首受白狼[水]"两句真义,弄

---

[1]《满洲历史地理》第1卷有关部分。

147

清渝水上源在什么地方,而又因为什么在《汉书·地理志》注中只存被白狼水割断的榆水和渝水两段名称。

10.3 白狼水流经与旧城址

白狼水在《水经注》中是作为大辽水支流处理的,在解释《水经》"又东南过房县西"(据《大清一统志》"西"为"东"字之误)一句时说"房,故辽东之属县,辽水又右会白狼水,水出右北平白狼县东南广成县",接着将白狼水之经由及其入辽的地点,均有较为详细的叙述。

《水经注》记载的白狼水流经,在其未分为二水之前,流转的形势基本与今傲木伦河及大凌河相近似。当时白狼水的概念,不是指今大凌河全流,同时还包括从今大凌河东北出塞又东南流至房县入辽的一段漫长的水道。白狼水及其与白狼水有关诸水所经之古城,对于了解汉魏时期辽西郡、右北平郡的某些古城治址都有重要意义。兹以《水经注》为据,酌取诸家之说,杂以管见,逐项诠释于下:

《水经注》云:"(白狼)水出右北平白狼县东南广成县,北流西北屈迳广成县故城南。"

按白狼水上流为今傲木伦河,发源于今建昌县南的土心塔,经咸厂、喇嘛洞,北流至建昌东,绕建昌西北屈。广成县在白狼水西北屈后之北,约在今南公营子附近。

《水经注》云:白狼水"又西北石城川水注之,水出西南石城山,东流迳石城县故城南。地理志曰:右北平有石城县,北屈迳白鹿山,即白狼山也。……其水又东北入广成县东注白狼水"。

按石城川即生机河,[1]石城山即生机河发源之山。其水东流经石嘴子到平房子南,入傲木伦河。石城县在生机河上游北。白鹿山,即白狼山,今喀左西南之窟窿山。其水入今傲木伦河处属广成县,故云:"又东北入广成县东注白狼水。"

《水经注》云:"白狼水北迳白狼县城东……白狼水又东方城川水

---

〔1〕杨守敬:《水经注图》,稻叶岩吉:《汉代的满洲》(《满洲历史地理》第1卷)。

注之,水发川西南山,下流北屈迳一故城西,世谓之雀目城,东屈迳方城北,东入白狼水。"

按白狼县属右北平郡,在今喀左县(大城子)附近。白狼水从白狼县城东流过有方城川水来注。方城川当在今喀左县城北,即今叶柏寿河。其水经今建平、公营子南,到水泉附近入大凌河。西南山即叶柏寿河发源之山。下流北屈所迳之雀目城,约在今建平对岸。方城在今喀左县(大城子)东北、叶柏寿河南、大凌河之西。

《水经注》云:"白狼水又东北迳昌黎县故城西,地理志曰:交黎也,东部都尉治。……应劭曰:今昌黎也。高平川水注之,水出西北平川,东流迳倭城北……又东南迳乳罗城北……又东南注白狼水。"

按昌黎,西汉为交黎县,辽西郡东部都尉治。东汉为昌黎,治址在原辽西郡西部都尉柳城,故应劭曰:今昌黎也。故城在今朝阳西南,方城川与高平川二河口间的白狼水东。高平川,今老虎山河,自西北来,经今喀喇沁到太平房附近入大凌河。倭城,即今建平东北沙拉营子汉代古城,为文成县旧址。乳罗城在今波罗尺(卜罗尺),位于高平川水南。

《水经注》云:"白狼水又东北自鲁水注之,导西北远山,东南注白狼水。"

按自鲁水在今老虎山河与朝阳间。杨守敬《水经注图》位自鲁水于今朝阳市西南,未标注今水名。

《水经注》云:"白狼水又东北迳龙山西……魏土地记曰:黄龙城西南有白狼河,东北流附城东北下是也。又东北滥真水出西北塞外,东南历重山,东南入白狼水。"

按龙山今凤凰山,在朝阳市东二十里。黄龙城,今朝阳市。滥真水,杨守敬《水经注图》位于今朝阳东北,水自朝阳西北经朝阳北,至朝阳东北注入今大凌河,不注水名。

《水经注》云:"白狼水又东北出东流为二水,右水疑即渝水也。"

按白狼水经黄龙城(今朝阳市)及纳滥真水后,又"东北出东流为二水",就今大凌河水势看,正当今牤牛河入大凌河处,大凌河至此后即基本向东南流,再无东北出东流之水势,故定二水分流地方在今牤牛

149

河入大凌河处。

《水经注》云:"地理志曰:渝水首受白狼水,西南巡山迳一故城西,以为河连城,疑即临渝县之故城。……渝水南流东屈,与一水会,世名之曰榼伦水,盖戎方之变名耳,疑即地理志所谓侯水,北入渝者也。十三州志曰:侯水南入渝,地理志言盖自北而南也。又西南流注于渝。渝水又东南迳一故城东,俗曰女罗城,又南迳营丘城西……其水东南入海。"

按右水(渝水)自白狼水别出后西南所迳之临渝县故城,约在今万佛堂西北,大凌河之东。"渝水南流东屈"与侯水会,侯水即今细河,此正当大凌河南流东屈之处,亦与侯水自北而南入渝合。渝水与侯水会后东南流经女罗城,城在今义县东南、大凌河西。渝水又东南经营丘,营丘在今大凌河下游东近海处。

《水经注》云:"一水东北出塞为白狼水,又东南流至房县注于辽,魏氏地理记:白狼下入辽也。"

按此水即左水,亦即渝水从白狼水别出后的白狼水,是白狼水干流的继续。查今大凌河无东北出塞又东南流注于辽之水,我认为《水经注》之左水(白狼水)系误以今牤牛河为白狼水干流,并误与今柳河上源相连,当做左水(白狼水)的全流。所以作这样推论,在后来记载中是有迹可寻的。《文献通考》卷24《高句丽传》记载:(贞观)二十一年,李勣大破高句丽于南苏,班师至颇利城,渡白狼、黄嵓二水,皆由膝以下,勣怪二水狭浅,问契丹辽源所在,云:"二水更行数里,合而南流即称辽水,更无辽源可得也。"

颇利城,在今新民县之辽滨塔。[1] 白狼水,今柳河。黄嵓水,即黄水。《资治通鉴》卷95《晋纪》咸和八年:"遣使按验,仁兵已至黄水。"胡三省注云:"黄水即潢水,在棘城东北,距唐营州四百里。据载记,黄水当在汉辽东郡险渎县。"险渎故城在台安县东南二十五里孙台子村东城子岗上,东距辽河八里,西距柳河二里。黄水即今辽河,其水系因上源有潢水而称之。白狼水今柳河,柳河上源与牤牛河迩近,所以有理由推定今牤牛河是《水经注》误指的白狼水。

〔1〕松井等:《隋唐两朝远征高句丽之地理》(《满洲历史地理》第1卷)。

《(钦定)热河志》未指出左水(白狼水)之流经,杨守敬《水经注图》从九关台门到清河门之边墙外东北向划一条水为白狼水,并从清河门南又东南流经今北镇西与今西沙河水道相连接,然后到西沙河口往东流经东沙河口、南沙河口后,东入今辽河,视为白狼水道之全部经流。考今清河门在旧长城址南,而此下也无关于白狼水史迹的记述,故杨守敬比拟的白狼水尚可研究,不敢强信。

10.4 唐就水(彭卢水)、徒河水与白狼水

《汉书·地理志》辽西郡狐苏县注:"唐就水至徒河入海。"《水经注》无唐就水。陈澧《汉书地理志水道图说》以唐就水为今小凌河,徒河故城在锦县。唐就水为后来之何水,它与徒河水、白狼水有何关系?唯一可以凭据的就是《太平寰宇记》。《太平寰宇记》卷71柳城县条:"彭卢水,一名卢河水,即唐就水也。后魏舆地图风土记云,水至徒河入海,与地平,故曰平卢,今语讹为彭卢水。"据此,彭卢水或卢河水即唐就水,彭卢水(卢河水)、唐就水亦即今牤牛河。

那么,为什么同是一条水有彭卢水(卢河水)和唐就水不同呢?这是由于古代记述中的正、误所造成的。日人松井等曾作过这样的论断:《太平寰宇记》中的"彭卢",是"白狼"之讹,省略之为"卢河"。[1] 隋、唐时有泸河镇、泸河县,泸河即卢河,亦即唐就水。《汉书·地理志》注非出一家之言,《水经注》误将今大凌河支流牤牛河认为白狼水干流,当是承《汉书·地理志》注。《汉书·地理志》注兼容二说,当以唐就水南流为正,白狼水东北出塞又东南注于辽为误,但所指同是一条水,即今牤牛河。

彭卢水(卢河水)即泸河,亦即唐就水,这可从隋、唐泸河镇和泸河县的位置来推定彭卢水或唐就水为今何水。《新唐书·地理志》幽州范阳郡幽都县下:"隋于营州之境汝罗故城置辽西郡,以处粟末靺鞨降人,武德元年曰燕州,领县三:辽西、泸河、怀远。"汝罗故城,即《水经

---

〔1〕松井等:《隋唐两朝远征高句丽之地理》(《满洲历史地理》第1卷)。

注》渝水所经的女罗城,在今义县东南。怀远镇,在今北镇附近,[1]日人松井等以为泸河县在今义县附近。[2] 泸河镇、泸河县俱因泸河而得名,应在泸河口附近,也即今牤牛河口附近。[3] 我认为据史书记载的卢河水(彭卢水)、泸河求唐就水,仍不失为解决问题的一个直接途径,此外难以找出与唐就水为同水而异名的水和地名来。

《汉书·地理志》辽西郡狐苏县注:"唐就水至徒河入海。"这是从唐就水与徒河的关系讲的。徒河,是水名,也是县名。为什么说是水名?这可从宾徒县这个命名得知。水道是由诸水会合或别出而构成,一条水道可能有多种名称,甚至每一段的名称都不相同。因此,在研究中想以一水名称将复杂的水道关系解释清楚是不可能的。《汉书·地理志》注兼容二说,其一,"唐就水至徒河入海"。徒河在此可作两种解释:一是县名,即唐就水流至徒河县后入海。一是水名,即唐就水流入徒河后入海。如以二水的流经关系论,此以徒河为干流,唐就水为支流。其二,误以唐就水为白狼水干流,渝水从白狼水别出,因谓"渝水首受白狼[水]"。白狼后复讹为彭卢,因此《太平寰宇记》说;"彭卢水,一名卢河水,即唐就水也。"这总算是把此二水名称原为一水讲得清楚了。

徒河作为县名,我同意在今义县附近。徒河作为水名,其上源应在今大凌河与牤牛河合流处以上。丁谦《新五代史四裔附录地理考证》以为《水经注》滥真水,即托护真河,亦即徒河。他又说:"今蒙古人又称图尔根河为那拉特河。"滥真水,杨守敬《水经注图》位于今朝阳市东北,自朝阳西北向东南流入今大凌河(古之白狼水)。那拉特河,《满洲历史地理》第一卷附图据清代舆图均位于今教来河与牤牛河之间,此水东北流,非今牤牛河。

有的同志认为:今绕阳河为徒河水,它的支流东沙河为唐就水,徒河县城应在大凌河以东,约当绕阳河下游一带,因置于今盘山东北,狐苏县城在东沙河上游一带,即今黑山县北、阜新市以东地方。此说尚不

[1]金毓黻:《东北通史》。
[2]松井等:《隋唐两朝远征高句丽之地理》(《满洲历史地理》第1卷)。
[3]《汉代辽西郡狐苏县城址初探》,《吉林大学学报》1979年第2期。

能表示同意。

（1）《通典》记载，汉徒河城"在营州东百九十里"。营州，今朝阳市。《读史方舆纪要》谓义州卫（今义县）"西至边外废兴中府（今朝阳市）百六十里"。相差只三十里。从义县到北镇为一百二十里，从北镇到绕阳河下游所指的徒河县城地点也至少有几十里，合在一起总在三百里以上，这与汉徒河县城在今朝阳市东百九十里不合。

（2）《汉书·地理志》狐苏、徒河二县属辽西郡；无虑、险渎、房三县属辽东郡。无虑县，有医无虑山。唐颜师古说：无虑"即所谓医巫闾"。《周礼·夏官·职方氏》郑玄注："医无闾在辽东。"医巫闾山属松岭山脉，在今北镇西。汉无虑县在今北镇东南大亮甲村古城址。险渎县，在今台安县东南二十五里孙台子村古城址。房县约在今大洼东，古代的大辽水西。医无虑山属辽东郡，辽东郡西界当在今医巫闾山西。无虑、险渎、房三县俱在今医巫闾山东、辽河西，那么属于辽西郡的徒河水、唐就水和徒河县、狐苏县为何反而会在辽东郡属境之内？

（3）以西汉柳城县旧址为基点确定阳乐、徒河乃至狐苏县的位置不失为研究问题的一种方法。《辽宁日报》1979 年 5 月 21 日第一版报导在今朝阳镇南二十里十二台营子公社袁台子大队已找到汉柳城旧址，这里是否真有古城遗址还是像有的同志根据那里发现汉代遗址、遗物"断定"为柳城旧址，姑且不论。[1] 据文献记载东汉昌黎在旧柳城，《水经注》昌黎故城在方城川（今叶柏寿河）与高平川（今老虎山河）之间的白狼水（今大凌河）东。如果这里属西汉时柳城县，阳乐在柳城东百里、徒河西南百里，则阳乐当在今义县西南、小凌河北。无需再远至今绕阳河下游求徒河县。

总而言之，唐就水、徒河水和狐苏县、徒河县应求之于当时辽西郡境内，这是研究辽西郡水道和古城所应确守的一个观察问题的范畴。

（原刊《社会科学战线》1981 年 2 期）

---

〔1〕《辽宁日报》报导之柳城城址，王钟翰、陈连开在《战国秦汉辽东辽西郡县考》一文中只据有汉代遗址、遗物"断定"为柳城址，未言及有古城被发现。后向知此遗址情况同志了解，也说无古城址，至于发现在烧窑址中带"柳"字戳记印瓦，作为柳城确证亦不无问题。因存疑不肯妄论。即使这里是柳城旧址，阳乐在柳城东百里、徒河西南百里，因以今义县为徒河县亦不舛讹过甚。

11　汉辽西郡狐苏县城址初探

　　汉在东北辽河以西继燕、秦之后设辽西郡,领十四县,狐苏县是其中之一。由于史料缺乏,对汉代古城过去发现的又不多,所以,关于狐苏县治址所在,长期搞不清楚。但随着东北考古的发展,有不少汉代古城相继被发现,这对我们探讨汉代在东北所设郡县治址,增添了更多的实证。

　　关于狐苏县位置,《汉书·地理志》辽西郡狐苏县条下注:"唐就水至徒河入海。"陈澧《汉书地理志水道图说》据此谓:"今蒙古土默特右翼小凌河,东南流至盛京锦县入海,疑即唐就水。"中外不少研究者也多依此在小凌河或小凌河支流女儿河的上游寻求狐苏县城址的所在。日人稻叶岩吉《汉代的满洲》(《满洲历史地理》第1卷)、傅斯年等编《东北史纲》第1卷均从此说。至今尚为一些人信而不疑。

　　我认为此说是缺乏实际上的依据和旁证的。1973年吉林省奈曼旗南湾子公社三一大队善宝营子屯东半里发现汉代古城址后,我曾提出一些理由进行过初步探索和论证,认为善宝营子古城即汉代辽西郡的狐苏城。事隔五年,《社会科学战线》第三期发表了李殿福同志的《吉林省西部的燕秦汉文化》一文,对这座古城所处的位置、时间、规模形制和出土文物都作了概括的介绍,并认为是西汉辽西郡某县的治址所在。兹将我曾认为这座古城是西汉狐苏县城的若干理由申论如下:

　　《汉书·地理志》注云:"唐就水至徒河入海。"唐就水是指的今天哪一条水,是否指的今小凌河或小凌河的支流女儿河? 我认为都不是。《太平寰宇记》卷71柳城县条下记载:"彭卢水,一名卢河水,即唐就水也。后魏舆地图风土记云,水至徒河入海,与地平,故曰平卢,今语讹为彭卢水。"据此,唐就水就是卢河水。卢河也就是隋、唐时的泸河。《新唐书·地理志》幽州范阳郡幽都县下:"隋于营州之境汝罗故城置辽西郡,以处粟末靺鞨降人。武德元年曰燕州,领县三:辽西、泸河、怀远。"《太平寰宇记》系唐就水(卢河水)于柳城县下,隋、唐时泸河亦在柳城境内,可以证明唐就水(卢河水)、泸河实为一水。泸河在隋时是通往辽东交通线上的一个镇,隋炀帝大业八年四月乙丑(十六日)大赦诏云:"其所役丁夫匠,至涿州郡者,给复二年;至临渝关以西者,复三年;至柳城郡以西者,复四年;至泸河、怀远以西者,复五年;至通定镇以西者,复七年;至渡辽西镇复十年。"(《文馆词林》699)。在这里给复年份的多少,是依征夫所至远近来规定的。据此可以肯定泸河在柳城与怀远之间。

隋、唐时柳城在今辽宁省朝阳市(见《大唐故孙君墓志铭》及《唐韩贞墓志铭》),怀远镇在今辽宁省北镇附近(见金毓黻《东北通史》211页),泸河镇当在今朝阳与北镇之间。泸河作为一个地名当由于泸河水而得名。隋、唐时经由柳城(今朝阳市)、泸河而通往辽东的交通线,是沿着大凌河至今义县附近再过今北镇附近(怀远镇),到今新民县境辽河西岸的辽滨塔(通定镇)后东渡辽水。由此可见,泸河水应是今朝阳与北镇间大凌河的一个支流。如果这样的考察不误的话,那么唐就水(卢河水或泸河水)为今小凌河或女儿河之说不可信,因为此二水从方位上看并不在今朝阳与北镇之间。

"唐就水至徒河入海"的徒河,在史书中也是有迹可寻的。徒河在古代既是县名也是水名,名称之所起是因地傍徒河水。《水经注》卷14记载:

> 魏土地记曰:黄龙城西南有白狼河,东北流,附城东北下,即是也。又东北,滥真水出西北塞外,东南历重山,东南入白狼水。

黄龙城即龙城,今辽宁省朝阳市,白狼河即今大凌河,滥真水从西北塞外向东南流经黄龙城东北入白狼水。丁谦《新五代史四裔附录地理考证》谓:"徒河之名始见于汉书地理志,辽西郡中有徒河县,魏书作徒河又称讬护真水。……以余考之,即水经注中之滥真水,今大凌河北源图尔根河也。"据载今朝阳北有图尔根河,汉名北土河,亦流入大凌河。根据丁谦所收集的资料,"今蒙古人又称图尔根河为那拉特河","张穆游牧记虽于奈曼旗南五十五里载有图尔根河,亦名土河,出塔本陀罗海山('塔本','五'也,'陀罗海','头'也)南流经土默特旗(旗东北注亦载有图尔根河)又南入大凌河"。根据丁谦的参证图尔根河也即徒河在土默特右翼旗(今朝阳东北波罗温都尔山之西,俱见《新五代史四裔附录地理考证》)。如是,那拉特河为图尔根河,今朝阳东北之水亦称图尔根河,此二水本隔山为二水,盖古均称为徒河,而《水经注》视为一水,因谓濡真水出西北塞外东南流历重山而入白狼水(今大凌河)。今大凌河北源图尔根河为徒河,则此水流入今大凌河后仍被称为徒河,这即所谓"以源概流"。所谓"唐就水至徒河入海",意即唐就水注入徒河(今大凌河)后而流入海中。在今朝阳与北镇间注入大凌河之水,从善宝营子古城所处的位置来判断,当即今牤牛河。

唐时燕州所领的辽西县为州治所在,据贾耽《道里记》燕郡城在营州东百八十里。《辽东志》卷 1 记载,义州(今辽宁省义县)东四十里有辽西镇,当即辽西县旧址或其附近,度其地当在今义县附近。怀远县在今北镇附近,则燕州所领的怀远、泸河二县不可能均设在辽西县(州治)的东面,泸河县应在燕郡城西,在今牤牛河与大凌河合流处附近,因县设在泸河口附近,故以之名县。我认为这样解释是合乎古代设置的实际情况的。

探讨一个古城的位置,除应把古书记载的河流、位置搞清楚之外,同时还必须把这个古城和其附近有关的城的位置、方向、里程等联系起来考察,才能证实所判断的古城方位是否合乎实际,是否能在全局中解释得通。这点对于考证古城的方位是很重要的。

汉之柳城与隋、唐柳城并非一地。《太平寰宇记》引《十六国春秋·慕容皝传》:"柳城之北,龙山之西,所谓福德之地也。可营制规模,筑龙城,构宫庙,改柳城为龙城。九年,遂迁都龙城县入新宫。"龙城据考订在今辽宁省朝阳市,龙城在柳城之北,证明柳城、龙城原非一地。所谓"改柳城为龙城",并非改原柳城旧城为龙城,如若是则不必由柳城再"迁都"到"龙城县入新宫"。"改柳城为龙城"乃是指改迁都城而言,即由柳城改都于龙城。《魏书·地形志》昌黎郡龙城县注云:

"真君八年,并柳城、昌黎、棘城属焉。"可知龙城、柳城尚非指一地,如是一地又何必并柳城来属。隋、唐营州、柳城均在今辽宁省朝阳市,即原龙城旧地。汉之柳城在龙城南,《后汉书·赵苞传》章怀注谓:"柳城,县,属辽西郡,故城在今营州(今朝阳市)南。"《读史方舆纪要》载:"旧志云:柳城东百里即至阳乐县是也。""徒河西南百里即阳乐县。"可见阳乐县的位置在徒河县西南、柳城县东,因此得徒河、柳城之方位便可推定阳乐的位置。此三县既定,则与徒河有关的狐苏县的位置也就容易看出了。

《通典》卷178《州郡典》八柳城郡条云:"汉徒河县之青山,在郡城东百九十里。棘城即颛顼之墟,在郡城东南百七十里。"《读史方舆纪要》卷18亦云:"徒河城,在营州(今朝阳市)东百九十里,汉县,属辽西郡,后汉属辽东属国。"《奉天通志》卷52谓:"棘城在南,徒河在北。"近世学者据此断定汉之徒河县在今辽宁省义县附近,而棘城在今锦州市附近。《大清一统志》、《盛京通志》等书均以为徒河县在今锦州,棘城在今义县,此与上引《通典》等书记载不合。汉时盖视今大凌河(白狼水)为徒河,今义县在大凌河附近,故县以河为名。因唐就水(卢河水或泸河水)流入徒河(今大凌河),故云:"至徒河入海。"汉徒河县之方位当以《通典》、《太平寰宇记》、《读史方舆纪要》为据,《大清一统志》等书不足为凭。欧阳忞《舆地广记》亦谓:"徒河县,属辽西,故城在东北青山,慕容廆所据,在东百九十里。"与《通典》合,慕容之徒河即在今义县附近,当是承汉以来旧名。

《汉书·地理志》辽西郡柳城县下注云:"马首山在西南,参柳水北入海,西部都尉治。"《后汉书》章怀注,汉柳城在唐营州(今朝阳市)南,那么柳城县附近的马首山和参柳水也必在今朝阳市之南求之。陈澧《汉书地理志水道图说》、汪士铎《汉志志疑》、日人稻叶岩吉《汉代的满洲》等均以参柳水为那拉特河。吴卓信《汉书地理志补注》引口效祖《辽镇志》及《皇朝通考》并谓参柳水为大凌河。那拉特河在今朝阳北,大凌河经由唐营州(今朝阳市),亦不北入海(无论解释为北流入海或自北而南流入海)均不相符合。钱坫《新斠注地理志》谓:"参柳水北入海,自北而南入海也。今有凉水河,源出松岭山脉,南流经平山营东前屯卫城东入海,或即是也。"此谓参柳水自北而南入海,不是向北流入海,因为汉柳城在今朝阳市南,无北流入海之理,钱坫算是把这问题说明白了。但钱坫对自己所推定的水道并不以为是,因曰"或即是也"。我认为参柳水是指今六股河,马首山在柳城西南,钱坫谓松岭山脉,从大的方面说也不错,很可能指的是今巴什罕西南的黑山。在今六股河上游、建昌东巴什罕有古代汉城,从方位来看当即汉之柳城县治址。

阳乐县后汉为辽西郡治。据《后汉书·赵苞传》及《读史方舆纪要》均谓阳乐县在柳城东。马与龙谓汉阳乐县,"在柳城之东,辽水之西"。柳城县在今建昌东巴什罕古城,则此东之阳乐县约在今小凌河支流女儿河上游(这里亦发现汉代古城址,因未见发表材料,暂不多论)。

综观汉代徒河、柳城、阳乐三县城址之位置,大体上与史书记载的阳乐县在柳城东、徒河西南相合,狐苏县旧址在流入徒河(今大凌河)的唐就水(卢河水或泸河,今牤牛河)上游也是吻合的。

同时也可以证明《通典》等书记载汉徒河县在唐时柳城(今朝阳市)东百九十里是有根据的。既然徒河在北,棘城在南,那么汉徒河位于今锦州附近、狐苏于今小凌河或女儿河上游自然也就不甚合理了。我认为日人稻叶岩吉所推定的汉狐苏县治址的位置应是阳乐县旧城的位置。

东汉时,辽西郡原有的十四县,或省或并或迁,大凌河以北的县均已省废。根据李殿福同志文章,善宝营子古城确有县制规模,古城不见东汉时遗物,应属东汉所废弃的县份。据《后汉书·郡国志》在东汉时狐苏县已省废,就这一点与所推定的善宝营子古城为西汉时狐苏城也是符合的。

善宝营子古城的被发现,由于它所处位置的重要,对东北地理历史的研究有着重要意义。它说明早自战国,就已在吉林省的西南部设置郡县,这就有力地粉碎了苏修叛徒集团叫嚷的中国北部疆界不过长城的无耻谰言。

(原刊《吉林大学学报》1989 年 2 期)

12　嘎仙洞刻石与对拓跋鲜卑
史源的研究

在嘎仙洞刻石发现后,提出鲜卑史源被发现的问题。史源这个词所包括的内容很广泛。如名称的起源、族属的起源和住地的起源等等。这里以《嘎仙洞刻石与对拓跋鲜卑史源的研究》为题,着重讲与拓跋鲜卑起源地相关的一些问题。

12.1　问题的提出

对拓跋鲜卑起源地的研究,可以以马长寿《乌桓与鲜卑》一书划界。在 1962 年此书尚未出版以前,对拓跋鲜卑起源地的研究还很简略,但也提出了不同的见解,有贝加尔湖说、外兴安岭说、鄂嫩河说等。马长寿在 1962 年出版的《乌桓与鲜卑》一书,是系统地研究鲜卑的开创著作。他在书中依据《魏书》"祖庙"、"石室"的记载,提出拓跋鲜卑的起源地在今大兴安岭北段的见解。这个见解提出后,在国内的学术界影响很大,为不少研究者所赞同。

1980 年 7 月 30 日,米文平同志在嘎仙洞发现北魏太平真君四年的刻石祝文,这是一次重要的发现,为马长寿的研究寻找到了实证,也推动了对拓跋鲜卑起源地的研究。1981 年和 1982 年连续发表文章,多是从嘎仙洞是拓跋鲜卑的"祖庙"、"石室"和起源地而进行研究的,认为嘎仙洞是北魏皇室"祖庙"、"石室"所在地,大鲜卑山即今大兴安岭北段,嘎仙洞是拓跋鲜卑起源地,第一推演南迁是从这里迁到呼伦贝尔湖等。存疑释疑是史学研究的一个重要方法,依我之所见,嘎仙洞刻石被发现,只能说明北魏的刻石所在地,而不能准确证实乌洛侯使者所说"祖宗之庙"或"石室"是真,更不能证实拓跋鲜卑的起源地就在这里。北魏刻石所在地是一回事,乌洛侯使者所说"祖庙"、"石室"到底是真是假,又是一回事,这两回事不能等量齐观。马长寿对《魏书》记载的"祖庙"、"石室",没有产生一点怀疑,这是他在研究这个问题时欠思考的地方。因此,他的研究没有能和《魏书·帝纪·序纪》的记载吻合起来,如果说是吻合,那也是对史事的不正确理解而吻合在一起的。对"祖庙"、"石室"的研究,应当发现真假的疑问,真的理由是什么?假的理由是什么?如果把本不真实的"祖庙"、"石室"完全当做真的研究,就可能导致对问题研究的更大差误。我对《民族研究》1991 年第 6 期发表的陶克涛的《论嘎仙洞刻石》一文很表示赞同,他把对嘎仙洞刻石的研究与对鲜卑史源研究的关系提出了颇令人再思考的新见解。这里还应进一步把我所要表达的意思说清:不是说嘎仙洞刻石发现错了,而且是次重要发现,我是说以此为拓跋鲜卑的"祖庙"、"石室"和起源地的发现,到底是对还是不对。这就是我提出问题和要讲这个问题的出发点。

12.2　对与拓跋鲜卑起源地相关诸问题的看法

　　我对拓跋鲜卑起源于今大兴安岭北段,持不同的看法,过去对此已讲过,现在着重讲以下一些问题:

　　(1)有北魏刻石祝文的嘎仙洞,不是拓跋鲜卑的"祖庙"、"石室",也不是拓跋鲜卑的起源地。

　　①《魏书》的记载,是乌洛侯使者朝贡于北魏时,讲在他们的西北有"凿石为祖宗之庙","石庙如故"。现在发现的有北魏刻石的嘎仙洞,是个自然形成的大石洞,不是"凿石为祖宗之庙",也没有什么"石庙如故"的迹证。北魏对此没有经过实地考察和核实,完全是听来的,并结合其先世传下来的口碑资料,在派人还没有前往之前,就写好了一份祝文。

　　②既然认为是"祖宗之庙",奇怪的是为什么不去"祭祖",而是祭

祀天地,并以不知名的祖先配享。可见北魏派李敞等人去,根本不是认"祖庙"的行迹。拓跋焘本人大概也心不落到实处,因为依据"其闻"认祖庙,颇不严肃,所以才这样行事。

③乌洛侯使者所讲的情况有虚假,其实乌洛侯也不确知其地。在《魏书·乌洛侯传》中记载其国西北有完水,又西北二十日行有于巳尼大水,即所谓北海。这应是乌洛侯使者讲的。乌洛侯使者为什么讲这个问题,很可能与当地民族传闻的拓跋鲜卑的起源地有关。但实际发现的嘎仙洞却不在这个地理空间之内,而把在其"彼方"的一个自然形成大石洞,说成是"凿石"的"庙"或"石室",这是有意向北魏虚报。在李敞等去以前写好的祝文中说:"具知旧庙,弗毁弗亡。"而李敞去后刻在石上的祝文,却改为"始闻旧墟,爰在彼方",把"旧庙"改为"旧墟",实际已否认了是"庙"。"庙"既不是,所谓"旧墟"也不是,因为没有发现确凿证据说明是拓跋鲜卑祖先起源留下的"旧墟"。

④就北魏皇室来说,不管是在哪一个皇帝时,发现"祖庙"和本民族的起源地是件特大的事,但在《魏书》拓跋焘的本纪中却只字不提此事,只见载于《乌洛侯传》和《礼志》中,恐怕事后也没有承认此事为真。但乌洛侯使者所讲和事先写好的祝文却保留下来,被《魏书》作者得到也没有经过核实便录入《魏书》中。

既然"祖庙"可疑,便说已发现的嘎仙洞是拓跋鲜卑的起源地并不真实。

(2)今大兴安岭北段不是大鲜卑山。判断大鲜卑山在哪里,不应根据可疑的乌洛侯使者所说的"祖庙"、"石室"而定,也不能根据北魏石刻在哪里而定,应当根据《魏书·帝纪·序纪》中所提供的资料而定。因为它是世代口碑传授的记录。

①《通典·边防典》十二记载拓跋为"别部鲜卑"。"别部"之本义,在《通典·边防典》十二宇文莫槐条有诠释云:《晋书》谓之鲜卑。《后魏书》云其先匈奴南单于之远属。又《后周书》云:"出自炎帝子孙,逃漠北,鲜卑奉以为主。今考诸家所说,其鲜卑之别部?"据此"别部"谓种族不同的另外的部。"别"字的本义为另,从《魏书·官氏志》中记

载亦可知:"自后兼并他国,各有本部,部中别族为内姓焉。""别族"系指本族兼并而来的外姓族,变成"内入诸姓"的"内姓",原非同族的另外的族。石勒属羯人,绝非匈奴,《魏书·石勒传》则云:"其先匈奴别部,分散居于上党武乡羯室。"宇文鲜卑之先为匈奴南单于之远属,《隋书》谓奚"东胡之种也",因其先曾附于宇文,谓为"东部宇文之别种"。史书载某为某之"别部"、"别种"者,谓种族不同,曾有过附属关系而又从中另出的,则称之为"别部"、"别种"。东部鲜卑与拓跋鲜卑原不同种同部,一个出自"紫蒙之野"的东胡,一出自"广漠之野"的北狄。据学者研究,东部鲜卑由山戎而东胡,东胡分布北到黑龙江、额尔古纳河,不同出的拓跋鲜卑不得起源于原东胡分布的区域内。

②《魏书·帝纪·序纪》记载:拓跋鲜卑之先"爰历三代以及秦汉,獯鬻、猃狁、山戎、匈奴之属,累代残暴,作害中州",而自托是"始均之裔"的拓跋鲜卑先世"不交南夏"。依据此"人相传授"的口碑材料,抛却其附托的成分在外,知拓跋鲜卑先世的原住地在山戎、匈奴之北。山戎后为东胡,也即在东胡之北,因南有山戎、匈奴阻隔,所以到秦汉时"不交南夏"。山戎、东胡是交南夏的。拓跋鲜卑先世之起源地应在山戎、东胡、匈奴之北。

③《魏书·帝纪·序纪》记载:"其后世为君长,统幽都之北,广漠之野。畜牧迁徙,射猎为业。"马长寿认为幽都今北京市;或谓幽都之山即今大兴安岭,都与古书所载不合。《山海经·海内经》:"北海之内有山,名幽都之山,黑水出焉。……有钉灵之国。"据研究幽都山即今肯特山,黑水即今黑龙江。广漠即北方的大漠,"广漠之野",即大漠北之平野,其地在北海(今贝加尔湖)南,幽都之山(今肯特山)之北。其地有钉灵之国。这里是北狄活动地区,不属山戎、东胡活动范围,拓跋之先世多与其地丁零之属的部族发生关系,当与拓跋鲜卑先世活动地理空间有关。

④《魏书·帝纪·序纪》记载:"逐女魃于弱水之北。"弱水,指今结雅河及其流入黑龙江后统称弱水。石泽发身《东洋历史地图》以今黑龙江为弱水;诺维柯夫 - 达翰尔斯基《古代的黑龙江沿岸》谓弱水是"黑龙江

古称";谭其骧《中国历史地图集》亦以黑龙江为弱水。《后汉书·夫余传》"北有弱水",即指此弱水。马长寿以今嫩江为弱水,不确。

⑤《魏书·帝纪·序纪》记载:"国有大鲜卑山,因以为号。"大鲜卑山当在北海之南、幽都之山北,其以大鲜卑山为号,其族称之初当是大鲜卑,这个名称与后来的大室韦有关。方壮猷《室韦考》:"失韦与鲜卑及其同名异译之师比、私钚、胥纰、犀比、犀毗、西卑皆相近似。……失韦殆亦 Sabi 之转讹者也。"室韦其种类非一,大室韦在今结雅河居住的深末怛室韦西北数千里,"言语不通"。其地即拓跋鲜卑之先大鲜卑的住地。《新唐书·室韦传》:"室韦,契丹别种,东胡之北边,丁零之苗裔。"这里说的室韦是指原在"东胡之北边"的"别种"的室韦,亦即与室韦"言语不通"的大室韦。他们在东胡之北,不属东胡,属出自丁零(狄)的民族。大室韦疑即原大鲜卑的名称异译。大鲜卑山当在山戎(后为东胡)之北,即今外兴安岭西麓及大兴安山(即雅布洛诺夫山)。

(3)从大鲜卑山的起源地南迁问题的争议。

《魏书·帝纪·序纪》记载,拓跋鲜卑先世从大鲜卑山南迁,先后共两次。第一次是第一推演由原住地大鲜卑山南迁大泽,一直到第二推演(邻)时仍在大泽,中间没有再迁。第二次是由诘汾率领由大泽南迁到"匈奴之故地"。对拓跋鲜卑南迁,现在的研究多从马长寿之说,而迁徙的路线有所不同。基本有两说:

一说认为是从大兴安岭北段迁到大泽(今呼伦贝尔湖),然后又西迁到蒙古草原的西部的西偏——科布多地方。最后又由科布多南迁到"匈奴之故地",即河套北旧日头曼、冒顿发迹之地,亦即汉之五原境内。在两次迁徙中间穿插着一段漫长的西迁,这是《魏书》记载中所没有的。

另一说认为是从大兴安岭北段或嘎仙洞迁大泽(今呼伦贝尔湖),后又继续南迁并西折到"匈奴之故地",即云中一带,亦即今内蒙古河套东部以托克托县为中心的地区。依此,拓跋鲜卑先世南迁路线与东部鲜卑南迁之路线相同。

这两种见解的共同点,都是以今大兴安岭北段为拓跋鲜卑的起源地,南迁大泽就是迁到今呼伦贝尔湖一带。不同点是从大泽南迁的路线在看法上还有很大的不同。对以上两种见解尚有若干疑点：

①拓跋鲜卑的起源地和起源地的大鲜卑山，在山戎、东胡、匈奴之北，也就是幽都山北、北海南，与今大兴安岭北段所在的地理位置不合。

②第一推演南迁大泽，再没有迁徙，第二推演（邻）仍在大泽。

③第一推演南迁大泽地方也就是第二推演（邻）的部落所在地方。第二推演（邻）为檀石槐军事部落联盟的西部大人之一，其地在蒙古草原西部的西偏科布多地方，而不应在蒙古草原东北的呼伦贝尔湖一带。

④史书记载东部鲜卑是从鲜卑山南迁，又西南折。此乃东部鲜卑南迁之所经，作为东部鲜卑的"别部鲜卑"不见记载在东胡活动区域内并与东部鲜卑发生错居的关系，有何理由说在东部鲜卑与乌桓中有拓跋鲜卑？东汉安帝永初中，始见载"鲜卑大人燕荔阳诣阙朝贺"，据考证此即西部大人的宴协游，西部大人推演（邻）在记檀石槐军事部落联盟时有记载，在其以前第一推演从大鲜卑山迁此，其子诘汾又从蒙古草原西部南迁，为何其南迁与东部鲜卑走同一路线？

在研究中为解决以上所提出疑点，我认为对拓跋鲜卑先世从大鲜卑山南迁的历史，应以《魏书·帝纪·序纪》的记载为据，只有两迁，第一迁是从北海之南、幽都山之北的大鲜卑山迁到后来第二推演为西部大人地区，即今蒙古草原西部的西偏科布多一带，那里湖泊、河流最多。在科布多有大小湖泊十余个，有的是孤泊，有的是两泊相连，有的是泊与泊间河流灌通。星罗棋布，水道稠密，是蒙古草原湖泊最多的地方，堪与"方千余里"的大泽相比拟。第二次是诘汾南迁"匈奴之故地"。拓跋鲜卑与东部鲜卑南迁的起点不同，所走的路线也不同，不得相混。

（4）关于内蒙完工、扎赉诺尔，吉林老河深、通榆，辽宁西丰西岔沟发现的同类型的考古文化，是属于哪一族的遗存问题。

拓跋鲜卑的文化发展程序与东部鲜卑不同，在他们的发展中所接触的主要民族也不同。有的提出嘎仙洞和北魏刻石是真的，说是拓跋鲜卑的起源地是不真实的，也有的提出在东部鲜卑人活动的地方不应有拓跋鲜卑先世文化插入其间。这些看法我是同意的，并提出以下问题供研究之参考：

①拓跋鲜卑与东部鲜卑,是同种族、同部的两个鲜卑,还是不同种族、不同部的两个鲜卑?

②拓跋鲜卑的发展及其文化变化,经历了几个过程:开始时基本上是以本族文化为主,后来走与匈奴交融和融合的道路,也就是史书记载的"胡父鲜卑母"的铁弗或铁伐与"鲜卑父胡母"的拓跋或秃发,作为东部鲜卑檀石槐军事部落联盟西部大人之一的拓跋鲜卑,也曾受东部鲜卑的影响。最后南近中原地区,受中原文化的影响。东部鲜卑文化的最主要的特点是:其一,东部鲜卑出自山戎,在山戎、东胡时就与中原接触,受中原文化影响并传入中原文化。其二,东部鲜卑与乌桓都是从东胡部落联盟中分出,其文化基本与乌桓同,小有差异,虽一度因南有乌桓,不与中原交通,但没断与中原文化的联系,其文化的特征之一即杂有中原文物。其三,东部鲜卑虽已与匈奴接触,受其影响,没有像拓跋鲜卑那样"胡父鲜卑母"和"鲜卑父胡母"的发展道路。这都是东部鲜卑不同于拓跋鲜卑的地方。

③拓跋鲜卑先世在发展迁徙中,多与北方的丁零、高车等族发生接触,而东部鲜卑多与乌桓及东北高句丽发生接触。民族的接触不同,影响文化的不同,研究拓跋鲜卑与东部鲜卑应当考虑和研究这个民族文化的因素。

④东胡联盟被匈奴击破后,民族的分布格局发生很大的变化。乌桓保乌桓山,完水这个名称与乌桓山的名称有关,完水即乌丸水,指今克鲁伦河及额尔古纳河。乌丸亦作乌延,望建河当是乌延的同名异音,与完水为同一条水。室建河当指今黑龙江上源的石勒喀河,《金史》称石里罕河,其流入黑龙江后仍称室建河。鲜卑远窜辽东塞外,不是长城外,塞外即秦汉长城以外的障塞以外,此亦称"外徼"。障塞还在长城以外,在障塞外称"远"的鲜卑山,疑是今大兴安岭之北段。《后汉书》记载,东部鲜卑之东为夫余,南为乌桓。乌桓从乌桓被南迁至五郡塞外后,在东部鲜卑之南。夫余在今呼嫩平原,其南在乌桓入塞内后为东部鲜卑,因之《晋书》谓夫余南接鲜卑。在吉林老河深及辽宁西岔沟之鲜卑墓葬当即此在夫余南的东部鲜卑。乌桓山与东部鲜卑之鲜卑山西东

·欧·亚·历·史·文·化·文·库·

相距,大鲜卑山更在乌桓、东部鲜卑之北,也即秦汉以前的山戎、东胡和匈奴之北的地方。民族分布的区域对研究民族文化有重要意义。

⑤在今内蒙及东北西、中部发现的鲜卑遗存被认为是鲜卑文化的差异,是东部鲜卑内部的差异,还是东部鲜卑与乌桓的差异,还是拓跋鲜卑与东部鲜卑的差异?这是一个值得研究的问题。马长寿在《乌桓与鲜卑》一书中,举出两个实例,证明拓跋鲜卑起源于今大兴安岭北段和南迁今呼伦贝尔湖一带。其一是1960年在扎赉诺尔本图雅那河的东岸发掘了三十一座墓碑,多是木棺,有盖无底,并以《宋书·索虏传》"至于送葬,皆虚设官柩"为证,认为是拓跋鲜卑的墓葬。其实在吉林老河深鲜卑墓葬中也有发现。二是墓中发现妇女的有辫有结的发辫,认为与匈奴之拖发而只有一结者不同。此发辫应与同时发现的发饰结合认定,具体的情况是:在一女性墓的主人头裹一圈黄绫,前额分缀连珠形铜饰,前项前部戴圆形铜饰,插以鱼脊椎骨制成的串珠,在头右侧有一用皮结扎的发辫。发辫不甚长,有辫有结。据《后汉书·乌桓传》的记载:"妇人至嫁时乃养发,分为髻,著句决,饰以金碧,犹中国有簂步摇。"东部鲜卑的"言语习俗与乌桓同",此被发现的妇女发式,应当理解为东部鲜卑的发式习俗。这点已为研究者注意到。至于在扎赉诺尔出土飞马铜牌饰,在吉林老河深墓葬中都有发现,已提供了较完整的实物资料来研究东胡系统的民族所好服的"鲜卑郭落带"的全部和它的名称,也是研究东胡和东部鲜卑的最好的物证之一。鲜卑之本义为兽名,而"瑞"、"神"是这种兽被东胡人"神"之才有这个称呼,不是鲜卑的本名和原义。《楚辞·大招》王逸注:"鲜卑,衮带头也。"《汉书·匈奴列传》称"黄金犀毗",班固《与窦宪笺》称"犀比金头",即带头,也即带扣。郭落之义为大,而带亦称贝带或绲带。因带头或带扣上饰有鲜卑兽的图像,也称之为私铊头。颜师古注《汉书·匈奴列传》谓"犀毗,胡带之钩也"误,现在已发现的带钩上没有鲜卑的图像。鲜卑郭落带,亦称鲜卑大带、鲜卑大贝饰带、黄金饰贝带。发现这种文物的墓葬地区,与其说是拓跋鲜卑的遗存,则不如说是从东胡部落联盟分出的东部鲜卑的遗存更接近历史的事实。

12.3　余论

对与拓跋鲜卑起源地相关的诸问题的看法已如上述。因为这是一个有争议的学术性的探讨问题，还需要作更多的研究工作才能解决，而且对发现和研究的领域也需要放宽思考。最后再讲几点补充的看法。

（1）对拓跋鲜卑史源的研究，是一个难度较大的问题。要研究这个问题还有不少问题没有解决，而且一时也难以解决，因为研究问题的成熟条件还不够。其一，研究拓跋鲜卑和研究其他民族一样，不能孤立地进行，要研究与之相关的民族中的相关问题，方能从民族格局的整体中把握对每单个民族的相关问题的解决。由于对秦汉时郡县的区域和郡县的北部所至还不清楚，对长城外障塞所至还不清楚，所谓"塞外"就是个摸不清的问题。有的认为秦汉辽东郡县的北边不超过铁岭，在铁岭以北不会有秦汉时的城址等遗址发现，现在在东辽河原赫尔苏驿地方发现了战国城址，这就不能不重新考虑郡县外的民族南界和格局问题。史载东部鲜卑是从东胡联盟被击破后，北窜辽东塞外"远"的地方，从那里是塞外，远到什么地方，就是个尚说不清的难题。其二，东部鲜卑在夫余西，《后汉书》为夫余写传的夫余在哪？有辽宁之西丰说，有吉林的农安和吉林市说，还有在今黑龙江说，南北相距很大，以何为是？一时不能在认识上统一。其三，乌桓山即赤山，史载乌桓的起源地赤山在辽东西北数千里，它同《魏书》在乌洛侯西北完水有何关系？这也是尚未深入研究的问题。

从民族文化来看，也有实际未能解决的问题。这里摆在研究者面前的实际问题不少，其一，据从事考古同志讲，鲜卑与乌桓的文化还分不清；拓跋鲜卑的文化的源还不清，是从东部鲜卑地区迁徙而去，还是从漠北而来？其文化之源是东胡同属文化发展变化，还是北方狄的同属文化发展变化？其二，民族文化的差异也有不同的性质，在不同属文化中存在差异，在同属文化中也因地域、时间、发展不平衡等原因而有差异。其三，东部鲜卑文化史书有记载，而拓跋鲜卑早期文化记载极缺，比较就很困难。

·欧·亚·历·史·文·化·文·库·

从研究的实际来看,分歧也很大,在对嘎仙洞是拓跋鲜卑"祖庙"和起源地的问题上,是真是假尚需探讨,一时难以结论。

这些存在着的诸种困难,是对鲜卑史源研究的不利条件,但应发现问题,利用其有利的因素,把对鲜卑史的研究开创一个再研究的新局面,是不可忽视的一个任务。现在尚不能说发现嘎仙洞就发现了鲜卑的史源,更不能把嘎仙洞视为研究鲜卑史的坐标。

(2)对拓跋鲜卑的起源地、迁徙和文化历史的研究,依据《魏书·帝纪·序纪》所提供的资料和他书记载的有关资料,应注意对贝加尔湖以南,肯特山以北,东到今黑龙江上源以北地区的发现和研究。应当注意从上述地区到科布多的发现和研究以及从科布多到内蒙河套以北地区的发现和研究,同把这些地区文化的研究与后来拓跋鲜卑文化结合起来,寻求其文化的源与流的发展变化。对鲜卑的研究已成为国际研究的课题,鲜卑曾活动的地区,与今天的国家有关的,如果都加强这种研究,互通信息,交流成果,会促进和有利于对鲜卑的研究的。

(3)关于文献资料与考古资料的结合问题。研究民族史源和历史,文献资料和考古资料都很重要,但不能认为考古发现的实物都是绝对正确的,也有真假的问题,要对其源尾进行真伪的考辨工作。作为拓跋鲜卑的"祖宗之庙"的嘎仙洞的发现,视洞为"庙",视洞为拓跋鲜卑的起源地,视洞所在之山为大鲜卑山,考之《魏书·帝纪·序纪》的记载,就有真与假的问题。任何一种考古遗迹和文物的发现和研究都离不开文献的记载,文献记载的资料真伪和对问题研究的不确实,都影响对问题研究的准确性,乃至出现错误。以发现的嘎仙洞中的北魏刻石为据断定为拓跋鲜卑的"祖宗之庙"和起源地,依我看就是在文献与考古结合上,忽视了对文献记载的真伪考证,以误为真而得出的看法,至少这种看法是应当商榷的。所以说,文献记载的事物,虽有考古实物可以结合研究,也不能保证完全不误。

我近几年想对鲜卑史中若干问题作点研究,趁此在沈阳召开东亚文化国际学术研讨会之机,向与会的诸位先生和朋友请教。

(原刊《黑龙江民族丛刊》1993 年 1 期)

13 肃慎·挹娄·女真考辨

女真名称的来源与含义,在中华民族史的研究中是国内外学者所最关注的问题。有的认为女真是肃慎的转音,有的认为有"东人"之意,有的认为源自东胡室韦的"如者"。尚有其他诸说,不备述。

五代以后,女真及其先世名称和含义的研究有了更多的有价值的新资料。例如肃慎、女真的本名,女真来源于靺鞨的黑水靺鞨,女真族属、族源和祖源等的记载,都成为对此诸问题研究的最可靠的依据。有了这些依据,就可以用语言学上的音值以及用历史的追溯和反稽方法,研究肃慎、挹娄、女真诸名称的来源和本义。

13.1 问题研究的依据

研究女真诸名称的依据,包括新的资料和新的考释两个方面。五代时,女真名称被中原了解以后,特别是女真兴起在中原北方建立王朝,为研究女真诸名称提供了最有价值的资料。

佚名《金志·初兴本末》:"金国本名朱里真,蕃语舌音讹为女真(《北风扬沙录》所载略同),或曰虑真,避契丹兴宗名又曰女真,肃慎氏遗种渤海之别拿也。或曰三韩辰之后拿氏,于此地中最微且贱,唐贞观中,靺鞨来中国,始闻女真之名。"

马端麟《文献通考》卷 327:"女真盖古肃慎氏,世居混同江之东,长白山、鸭绿水之北……其族分六部,有黑水部,即今女真。唐贞观中,靺鞨来朝,太宗问其风俗,因言及女真之事,自是中国始闻其名,契丹目之为虑真。唐开元中,其酋来朝,拜为勃利州刺史,遂置黑水部。……五代始称女真。"

·欧·亚·历·史·文·化·文·库·

洪皓《松漠纪闻》:"女真即古肃慎国也。……其属分六部,有黑水部,即今之女真。……五代时,始称女真。……其后避契丹讳,更为女直,俗讹为女质。"

徐梦梓《三朝北盟会编》卷3:"女真古肃慎国也。本名朱理真,番语讹为女真。本高丽朱蒙之遗,或以为黑水靺鞨之种,而渤海之别族三韩辰韩,其实皆东夷之小国也。……《三国志》所谓挹娄,元魏所谓勿吉,隋谓之黑水部,唐谓之黑水靺鞨者,盖其地也。……五代时,始称女真。"

《金史·世纪》:"金之先,出靺鞨氏。靺鞨本号勿吉。勿吉,古肃慎地也,元魏时,勿吉有七部,曰粟末部,曰伯咄部,曰安车骨部,曰拂涅部,曰号室部,曰黑水部,曰白山部。隋称靺鞨,而七部并同。唐初,有黑水靺鞨、粟末靺鞨,其五部无闻。……黑水靺鞨居肃慎地……五代时,契丹尽取渤海地,而黑水靺鞨附于契丹。"又载:"金之始祖讳函普,初从高丽来……始祖至完颜部,居久之……遂为完颜部人。"

以上所引资料,有的是金时北方人记载的,有的是金初兀惹(原属黑水靺鞨)人讲的,有的是留金宋人和宋元间史学家记载的。这些记载不能视为传统记述和观念的因袭,其中为研究金代女真提供了最有价值的新资料。

其一,诸记载认为女真原属东夷人。历史上的肃慎、挹娄、勿吉、靺鞨,名称虽异,但同属一个族属系统。黑水靺鞨的黑水部是女真族的直接来源,也就是说女真族的族源出自黑水部,或谓东夷的三韩辰之后,亦非无据。辰韩属东北夷,东夷人后来分化为众多的氏族部落集团,辰字是朱真(女真本名朱理真)的合音,其在南者曰辰,辰与陈、夷为异音,《左传》的夷,《公羊传》作陈;《公羊传》的辰,《谷梁传》作夷。陈与东为一字,因东为国名而加阝。女真的本名为朱理真,是同出一语源的东夷人。女真为渤海"别族",即属同一族属中的另一族。女真出自黑水靺鞨,渤海出自粟末靺鞨,《金史·太祖纪》记载:"女真、渤海本同一家。"一家是指同出自靺鞨的族属系统,而"别族"是指在发展中各自形成了不同的统一民族共同体。这是讲族属系统的同源和统一民族共同体的不同源的关系。女真的祖源出自原居于高丽地的黑水靺鞨人,后迁居于完颜部为完颜部人,即宗室完颜,而原来的完颜史称完颜部。这是对女真属源、族源和祖源记载较完备的系统的新资料,是经女真本族认同了的。

其二,"女真即古肃慎国"。肃慎、女真的"本名为朱里真,番语讹为女真"。这在肃慎系统的民族中首次揭示出肃慎、女真的本名,即本民族语音的名字。唐贞观中,靺鞨来中原朝贡,唐太宗问他们的风俗时,讲到女真之事,到五代始正式以女真的名称通中原。女真本名"朱理真",因"番语舌音讹为女真",这又为从发音的变化上研究女真名称提供了新的资料。

从这两个方面看,当时记载不是对旧资料的拼凑而是重新认同,不是无新资料而是提供了研究女真族属来源和名称的新依据。

从考释和研究的新成果看,也是出新的,主要表现在三个方面:

其一,对女真为肃慎转音的研究。宋刘恕第一个用女真的本名"朱理真"研究女真是肃慎的转音。"金之姓为朱理真,盖北音读肃为须,须、朱同韵,里真二字合呼之音近慎,盖即肃慎之转音。"[1]按朱理真乃女真本名,非姓,以"理真二字合呼之音近慎"亦未必是,但以女真为肃慎之转音却是首出。清阿桂《满洲源流考》,即据此并结合满语"珠申"进行考释,"国初,旧称所属曰珠申,亦即肃慎转音"。珠申,即女真本名朱理真,肃慎是中原对朱理真的译音,按理肃慎是朱理真译音之变,正如清高宗所云:"肃慎,为珠申之转音。"不得谓珠申是肃慎之转音。孟森对女真的诠释更详。他说:"女真即肃慎,古音相同,盖'女'字古音'汝','汝'字古音同'肃',而又与'珠'字、'诸'字皆相近。"[2]又说:"肃慎与女真,古本同音……唐末仍复女真,故知其本名未改。"[3]从对字音的研究,提出了女真的女字音值为"汝",与珠申、诸申的"珠"、"诸"字音近,并且同对女真本名在认识上联系起来,孟森

〔1〕引自《满洲源流考》卷1。

〔2〕孟森:《明清史论著集刊》续编,《满洲名义考》。

〔3〕孟森:《明清史讲义》下,第三章《清代种族及世系》。

的研究已突破单纯转音的方法。

其二,金代女真创制本族文字及对女真语言文字的研究,为对女真和历史上与女真相关的诸名称的研究提供了更新的成果。金启孮《女真文辞典》女真文的"女真"二字的书写与读音是:

盂乀,女真的书写(《永宁寺碑》),音为"住·舍"(dəu——∫ə);

更氷,女真的书写(《女真译语》),音为"朱·先"(dəu——∫ien)。

盂,疑自汉字的"直"变形制成。其音为住、驻;dəu;ju;ju;čú。dəu,所读之音例为住、竹、注、主、朱、术。汉字"东"女真字作"朿盂",音"诸勒失"(dəul——∫)。j,由汉字"朱"变来,所读音例为诸勒失、诸勒;dӡuL;ju(Le);juLe;čú——Lén。按∫,可读音为师、失、释、石、舍、思、子。肃慎之"慎"字,女真字作"利",疑是汉字"私"变来,所读之音例为申;∫ĭn;sìn;šēn。对女真字的释音,为研究东夷、肃慎、挹娄、女真的原音提供了新依据。

其三,肃慎、女真本名为"朱理真",女真语音为住舍、朱先,而"女"字与住、朱二字声母迥异。韩儒林在《女真译名考》一文中,从"女"的音值研究中解决了这个问题。他说:"窃以为欲考求女真之'女'字音值,宜首先解决下列问题,即:①女真一词初见于何代? ②大约为何地人民所翻译? 时代与地域定,而后始可作定性研究矣。"又说"暂定女真一词始见于第十世纪初叶",并认为"在契丹统治下之汉人,大抵皆燕晋两省北部人,则首先与朱里真接触而以女真一名介绍于世者,当亦不外此一带之人"。"今既知五代北方方言'女'字之音值为'j~'ju=nju,则一旦欲复原《辽史》女古、女里、女瑰、女古底等名称,亦当借镜于此矣。"[1]

以上有关女真名称的新资料和研究的新成果,毫无疑义,是当前研究肃慎、挹娄、女真等名称的可靠资料和依据。在研究过程中,由最初始的转音研究,进而跨入对女真文字中女真音读研究,以及对女真"女"字音值研究,使研究有了新的科学的解决问题的方法。

---

〔1〕韩儒林:《穹庐集》,《女真译名考》。

13.2 肃慎、挹娄、女真名称考释

肃慎、挹娄、女真名称都出自"东"或"东夷"。史书记载女真属东夷,甲骨文"东人"的"东"字作"重",从禾。女真文"东"字,读音为"朱勒"、"朱勒失",其源甚古。古代东、朱二字声相近互通,《诗·大雅·大东》的"东人",即《左传》庄公十五年的"邾人"。邾有大邾、小邾,即《诗》之大东、小东。邾,相传为颛顼之后,周武王封颛顼后裔曹挟于邾,后改为邹。《六书考故》:"邾、邹同声之转。"东北民族高句丽之始祖朱蒙,亦作东明、邹牟。《公羊传》隐公元年:"公与邾娄仪父盟于昧。"《释文》云:"邾人语声后曰娄,故曰邾娄。"邾娄即"东"、"东人",亦即女真语"东"之"朱勒"、"朱勒失"。古代东北诸族名称源于"东夷"者,如俞人,俞与嵎同声,俞人即嵎夷,《史记·五帝本纪》作郁夷。俞字亦作朱,《山海经》"离俞"注:"离俞,即离朱。"《庄子·达生篇》:"朱冠"。《释文》:"司马本作俞冠。"俞人实即朱人,亦即东人。朝鲜的"朝"字亦作朱,如《乐纬》"株离",亦作"朱离",《白虎通义》作"朝离"。鲜字音仙,朝鲜之古音即朱仙,与女真读音为朱仙同。此皆由东夷(东人)一词演变而来。

甲骨文的"夷"字写作入,与"人"字写作亻相混。夷实即尸字,古文"仁"字作尸,字从尸。夷字,小篆从大、从弓,《说文》大字"象人形"。徐曰:"本古文人字。"夷之本字为夸,为尸,《礼·礼运》,《释文》云:"仁,亦本作人。"可见夷乃古代东人的称谓。夷与尸同,其字读为斯,斯亦读为鲜,如"斯民"即"鲜民",鲜卑亦作私比。女真之本名朱理真,即满语之珠申。《史记·留侯世家》的司徒作中徒,司与私、斯、尸声同,是"朱勒失"的"失"字,可读音为鲜、申或真,皆与古"东夷"音读所发声的变化有关。

根据文献记载,肃慎、女真本名朱理真,即出自"东夷"一语,亦即由"东夷"(朱勒失)转音为民族的称谓。其义为"东"或"东人"。朱理真,《元曲选》女真人李直夫《虎头牌》作"竹里真",《蒙古秘史》作"主儿扯"。肃与竹同韵,又其字从氵作潇,祖郁切,有主声。从西周到两

汉,中原皆称之为肃慎,当是对其族本名朱理真的译音。东夷人语声东为朱,而夷当是中原对其称谓。李白凤《东夷杂考》谓"在东夷之器里却从来不见自己称'夷'"。[1] 夷之自称当是斯、真、中、鲜,而肃慎是东夷人自称"朱理真"的译音,肃慎、女真名称的本源都是东夷人本名朱理真。

肃慎在东汉、三国时称为挹娄。《满洲源流考》卷2,满语称岩穴之穴为"叶鲁",认为挹娄与叶鲁同音,当为其族自称,即"穴中人之意"。丁谦谓肃慎、挹娄为二部,挹娄是肃慎境中之一部族,以挹娄为名。[2] 有人认为爱斯基摩人的起源与挹娄有关,爱斯基摩人自称为"于夷特"、"尤夷特",而且认为是"挹娄夷特"。[3] 刘节则认为挹娄即沃沮,后改为勿吉、靺鞨为同名译音。[4] 所有这些都不是基于对挹娄的"挹"字音值的研究而得出的看法。挹娄一词实际上同出自"东"和"东人"。我认为肃慎、女真出自其本名朱理真,即东夷人自称的具有"东"和"东人"之意的"朱勒失",而挹娄则出自"邾娄",即女真语"东"的"朱勒"。东夷人之国称东,人称东人(东夷)。东夷人的语声后曰娄,故曰邾娄。邾娄即东,女真语之朱勒。

挹娄是肃慎的同名异译,《后汉书·孔融传》:"昔肃慎不贡楛矢。"注引鱼豢《魏略》:"挹娄一名肃慎氏。"《晋书·肃慎氏传》:"肃慎一名挹娄。"肃慎即挹娄,挹娄是肃慎同名的另一称呼。挹娄的"挹"字,其声母与肃、朱皆不同,这就要从地域上考察是何地之何种人民的译音,以求"挹"字的音值。挹娄在汉时臣附于夫余,"虽秦汉之盛,莫之致也"。[5] 三国时朝贡于魏。鱼豢是三国魏人,他知道"挹娄一名肃慎氏"是可据的。当时挹娄是通过汉魏时的北燕朝鲜洌水之间的汉语方言区,而与中原发生关系。魏明帝青龙四年贡楛矢。毌丘俭征高句丽

〔1〕李白凤:《东夷杂考》,《奄族考》。
〔2〕丁谦:《晋书四夷传地理考证》。
〔3〕见干志耿、孙秀仁:《黑龙江古代民族史纲》,第五章第三节《挹娄》。
〔4〕刘节:《古史考存》,《好大王碑考释》。
〔5〕《恶书·肃慎氏传》。

时曾至肃慎南界。[1] 常道乡公景元三年,"辽东郡言,肃慎国遣使重译入贡"。[2] 此诸记载皆云肃慎,而不称挹娄。当时中原政权既知其为肃慎,但《三国志》为何不立《肃慎传》而立《挹娄传》? 颇疑由当时肃慎朝贡所到北燕朝鲜洌水间方言区的辽东郡对肃慎的"肃"发音与中原不同所致。韩儒林研究五代时北方燕云地区汉人读"女"为"汝"(ju),并往上推到南北朝时。实际上 i 与 u 的收音变化不定早在汉魏时东北方言区就已经存在,即收音 i 字往往变为 u。《旧唐书·渤海传》,挹娄作虞娄,《新唐书·渤海传》作挹娄,《文献通考》亦作挹娄。金毓黻谓:"盖挹当作虞,挹娄者虞娄也。"又说:"是挹娄者,即虞娄之误书也。虞娄之名或出于挹娄。"[3] 此谓挹当做虞甚确,但由于没有从音值研究,所论依然是不定的。

考挹之读音有三:其一,读音为 Yi,乃是通常的读音。其二,读音为指,义同。指与知声母同,指为去声,知为平声,声母为 zhi。其三,《仪礼·有司辙》:"二手执挑匕枋以挹潃。"郑云:"今文挹为扱。"读为 ji,与稷慎之稷为同音。东北之镇山"医无闾",《楚辞》作"於微闾"。医之通读为 Yi,而於字为 Yu,亦读 Wu。"於微闾"或谓东北夷之语音,於字犹如,《诗·大雅·灵台》,《释文》云:"於音乌,郑如字。"如与汝音近。汝之古音同肃、朱二字的音亦近。依扬雄《方言》,斯字,齐、陈间曰斯,而燕之外郊朝鲜洌水之间曰掮,即收音 i 变为 u 之例。指(zhi)之收音变 u 则为朱(zhu)。挹娄即虞娄,虞与如声近,而与朱为同韵,是挹娄即虞娄,其语出自邾娄。女真语东为"朱勒",朱勒即邾娄,汉魏时中原通读为挹(yi),而辽东则读为於(yu),即"东"、"东人"之意。

汉魏之挹娄到晋复为肃慎,这个名称与后来的勿吉、靺鞨之称并存。到五代始以女真名称代替肃慎。女真即古之肃慎,是经过长期的了解和研究而得出的结论。女真的"女"字,通常读音为 Nu,为研究

---

〔1〕《三国志·魏志·毌丘俭传》。
〔2〕《三国志·魏志·三少帝纪》。
〔3〕金毓黻:《东北通史》。

"女"字的音值,学者曾经过长期的努力。首先是孟森从"女"字的古音进行研究,认为"女"字的古音为"汝","汝"字的古音同"肃",而"汝"与"珠"、"诸"字皆相近,这是对女真名称研究的开创性见解。他还没有彻底摆脱旧的研究方法,但确实是出新了。我认为韩儒林对女真名称的研究已进入新的领域,不仅突破国内传统的"转音"的研究方法,也摆脱了近代研究民族名称单纯用反切、对音的方法。韩儒林在求"女"字音值时注意到了方言和操方言的人,在藏文音译《金刚经》及《阿弥陀经》两残卷中,吐番字译音之西北方音女字读 ji,与女字同属娘母之尼字,声母亦为 j;同属鱼韵之汝字,则作 ʑi 或 ʑu。根据西北方言之资料,认为女字亦宜有 ju 之读法。北方方言女字之音为'ji ~ 'ju = nju。因之说:"然则就时代而言,上起南北朝下至今日,就地域言,西至敦煌,东抵日本,北起山西北部,南达广东,'女'字除普通鼻音声母外,尚别有与'j 或与'j 相近之声母,此吾人所不能忽略者也。"[1] "女"字为鼻音,"汝"字为舌音,所谓"蕃语舌音讹为女真",乃是北方以舌音读鼻音的"女"字,而中原犹读为"女"(Nu),故以为讹。肃慎、女真都是其本名朱理真译音而有不同。

肃慎、挹娄、女真,在北朝、隋、唐时称勿吉、靺鞨。勿字,《正韵》训莫,莫勃切,音没。勿吉似应读为"没吉"。靺鞨,开元二年旅顺黄金山麓井栏崔忻题名石刻作"靺鞨"。勿吉、靺鞨是同音异写,古之莫亦作百,《吕氏春秋·离俗览》"募水",募与莫、貊音同,高诱注:"募音千百之百。"貊、莫、百同声,时相通假,则其字发声的 m 与 b、p 亦时相通假,故靺鞨亦可音转为渤海。勿吉见载于《魏书·帝纪·序纪》,平文帝(郁律)二年:"西兼乌孙故地,东吞勿吉以西,控弦上马将有百万。"昭成皇帝(什翼犍)"二年春,始置百官,分掌众职,东自涉貊,西及破洛那,莫不款附"。由此可知,勿吉是拓跋鲜卑对其称呼,是指其地以东的涉貊及涉貊以东北地区为勿吉。靺鞨见载于《北齐书》武成帝清河二年,是与室书、库莫奚、契丹并存的一个族。这里涉及的问题是勿吉究竟以何种族为主体构成?《魏书·勿吉传》记载:"勿吉国,在高句丽

〔1〕韩儒林:《穹庐集》,《女真译名考》。

北,旧肃慎国也。"勿吉是与夫余、高句丽(涉貊系)不同语言集团的族,其习俗与肃慎一脉相承。《北史》记载勿吉七部与《隋书·靺鞨传》七部悉同。其七部是:粟末部、伯咄部、安车骨部、拂涅部、号室部、黑水部、白山部。其中的伯咄即与勿吉(没吉)同名。伯咄即渤海时郑颉府所在。高句丽出自貊,与东夷(涉)为别种。《三国史记》凡遇涉国之事,皆以靺鞨称之。涉是东夷的主体,即于人、俞人,后分为夫余、肃慎,因之把其北的肃慎、涉地人皆称之为靺鞨。《三国史记》西川王十一年冬十月,肃慎来侵,屠害边民,王于是遣达贾往伐之,达贾出奇掩击,拔檀卢城。《好大王碑》八年戊戌,教遣偏师观肃慎土谷,因便抄得莫新罗城、加太罗谷,男女三百余人。肃慎南下与高句丽争夺,《魏书·勿吉传》记载,在太和初朝贡时亦说:"其国先破高句丽十落。"勿吉西南下据有原夫余之地,《魏书·高句丽传》:"夫余今为勿吉所逐。"《三国史记》记载"扶余王及妻孥以国来降"。夫余失国当在此时,其旧地为勿吉伯咄部所居,有今阿城、五常之地,渤海为郑颉府。伯咄、郑颉即勿吉、靺鞨之同音异写。勿吉是在原肃慎基础上,经过征服扩大,以原肃慎为主体而形成的,勿吉是其七部的总称。因山、因水分为不同的区域的群体,原来的夫余、涉貊等与肃慎融合。勿吉、靺鞨是北朝、隋、唐对其族的他称,而自称仍是肃慎、挹娄。所以后来《明神宗实录》卷203仍称"海西,挹娄夷种"。渤海于唐时始去靺鞨之号称渤海,是以他称为自称,而不用具有本族名称含义的震(震是辰,朱真的合音)继作为国号。到五代黑水靺鞨进入东流松花江南者始正式复女真之名。

13.3　女真为"如者"辨析

对女真起源的研究,一是女真出自东北哪一族属系统,这是对其先世族属系统来源的研究。二是女真出自哪一族属系统的哪一部,这是对女真民族共同体起源的研究。三是女真核心家族出自哪一始祖,这是对女真家族的祖源研究。我认为女真先世出自肃慎,女真作为一个民族共同体的形成来源于黑水靺鞨,其家族的始祖是函普。李学智在《释女真》(以下简称"李文")中则认为,女真先世族属出自东胡,女真民族直源于东胡系统室韦的"如者",至于女真出自如者的哪一始祖则未言及。[1] 李学智的女真为如者说,是从反旧传统看法出发而立论的。兹就其研究问题的基准方法和立论进行辨析。

13.3.1 女真为如者的提出和李学智研究问题基准与方法

最早提出女真来源于东胡系统室韦中的如者的是德国学者克拉普罗特。他在1826年巴黎版的《亚细亚史表》中假定,北室韦是住在贝加尔湖以东的地方。他们从事狩猎和渔业,穿鱼皮做成的衣服。9世纪在室韦九部中有两个部的名称可以对室韦的民族成分问题稍有揭发之功。这就是"大如者"和"小如者"。克拉普罗特确定小如者和珠尔真(女真)是同一名称的音变,并从这里得出结论:"那些现在住在东西伯利亚的通古斯部落是起源于这两个部的。"[2]

克拉普罗特的研究,毫无疑义是19世纪一切东方学研究者所得出的错误看法的产物。其错误在于离开中国文献记载的东胡在匈奴东,东夷在东胡东这个民族区域和言语划分基本格局,而简单以东胡发音与通古斯一名相近,把东胡和通古斯等同起来,因而研究通古斯——女真和满族的历史,便从室韦开始寻求通古斯——女真、满族的来源和构成,室韦被称为通古斯——女真、满族的直接祖先。这一错误导致把两个不同地域和言语系统的东胡与通古斯——女真、满族等同;导致研究女真历史不是从其本系统中研究其名称来源,而是从室韦中寻求与女真相近的词,用以研究女真的起源和历史。李学智的《释女真》便是19世纪出现的一种思潮在研究中的全面发挥。对女真起源的研究进行新的思考是完全必要的,但不能离开我国的民族实际和基准。

研究女真来源的基准,是历史长期所积累的资料和当时人对其认识所能达到的水准,特别是五代以后提供的新资料和考释的新成果。民族的来源和发展,各有其历史和系统,不同族的历史和系统不仅从区

---

[1]李学智:《释女真》,《大陆杂志丛书》第一辑第五册。原载《大陆杂志》第16卷第2期。本文以下所引不再注出处。

[2]转引自前苏联E.札尔金特:《中国编年史中的古代民族》,《民族史译文集》,科学出版社1959年版。

域上可以大体区分,而且从语言和习俗上也是可以区分的。东胡与东夷是两个地区,语言不同,系统不同,对于民族名称的研究从来是有条件的,而这个条件即史实,而不是想象的缺乏依据的推测。李学智研究问题的方法不是从史实出发,而是从19世纪外国学者认定的东胡与通古斯(女真、满族)等同和女真来源于室韦这个前提出发,对与女真来源有关的史实作了不符合实际的诠释,而得出女真源于室韦,女真即辽时女古,其义为金的结论,并硬说"契丹语金为女古一说,或纯出于陈大任撰辽史时有意之作伪,实则契丹语金,亦应为女真,而非女古也"。

13.3.2　女真出自"如者"实属牵强附会

　　李学智《释女真》的基本出发点是"古代之肃慎自为肃慎,既非传统之说为挹娄,更非史家所云之勿吉,亦决非靺鞨与女真"。他进而断言女真不出自黑水靺鞨,认为"女真之出于黑水靺鞨,实为梦呓耳"。其实女真是出于靺鞨的黑水靺鞨,还是出自东胡室韦的如者,最根本点是女真是属于东夷系,还是属于东胡系。史书记载女真属东夷,姚从吾在《东北史论丛》下册,谓女真"是我国半游牧半农耕的东夷,一称通古斯族,介于大海与东胡游牧民族之间",把出于东夷的女真与东胡区别开来,这不能认为是传统的看法,恰恰相反,是根据历史的民族实际而得出的看法。唐贞观中,靺鞨朝贡,唐太宗问其风俗,"因言及女真事",而不是问室韦,"因言及女真事"。《金史·太祖纪》"女直与渤海本同一家",而不言"女直与室韦本同一家"。女真人有他长期形成和发展的历史,对于其族属系统有自己的认识,所谓一家即其先同属靺鞨,后来发展为两族。女真语言与东胡民族语言由于交往吸收有相同的地方是完全可以理解的,但女真非属东胡语,女真语"东"字音为"朱勒",与古代东夷人语声"邾"为"邾娄"是相同的。女真出自黑水靺鞨,不等于女真是黑水靺鞨的延续,而是其先进的一部分发展为新的女真,其原来的部分仍称靺鞨,或为黑水靺鞨旧裔存在。其与新名称的女真皆名载于五代史,不足以证明女真不出于黑水靺鞨。同一族属内的族可分为不同民族共同体,这是历史常见的事。李文云:"既然二部(指粟末部、黑水部)同为靺鞨,则黑水改称为女真者,粟末亦可称女真

179

矣。"这是不合乎逻辑的推论。奚与契丹原为一部,后分为奚和契丹,但不能因此,奚亦可称契丹矣。民族共同体在其初始时有统一的氏族部落的名称,后来发展为部族时的不同名称,为不相属的诸部族,再后则发展为不同的统一的民族。女真与渤海同出于靺鞨,渤海是以粟末靺鞨为主形成的,女真是以黑水靺鞨为主形成的,是两个不同的统一民族,正因为如此,在女真族为统治民族时,渤海作为一个民族依然存在。

李文为证明女真出于室韦,勾画出一幅想象中的民族变迁图:靺鞨是"室韦族的同种别枝",室韦不是原居住在嫩江流域的民族,是由贝加尔湖附近或更北地方渐渐南下者。其越兴安岭到达嫩江流域的时间在魏晋之世,东胡鲜卑系大量南下逐鹿中原,漠北空虚之时。其部族首先与中原接触的是进入松辽平原的室韦族同种别枝的靺鞨。盖靺鞨南下初以嫩江流域为第一站,后至南北朝时,占据漠北及东北的鲜卑南下中原,东北顿成空虚,靺鞨乘此过松花江入松辽平原。嫩江流域又造成真空,原居西北之室韦,或即女真进入此真空地带。但靺鞨初至东北时雄于鸭绿江的高句丽也乘时将其疆域扩至辽东。靺鞨曾大部附于高句丽。更后唐灭高句丽,东北之地又成空虚之势。后渤海强盛,漠北契丹也渐抬头,数百年间无所变动。五代时契丹灭亡渤海,将渤海人迁于他处,松花江以东又成空虚,原居嫩江之室韦,或即女真乘机过松花江居于阿什河处。经过辽代二百余年的孕育,始有金代之勃兴。

依据以上的勾画,靺鞨与室韦为同种,女真出于室韦;同种的靺鞨、室韦同来自西北的贝加尔湖附近或更北的地方,他们是乘漠北、东北出现的几次大空虚,由西北入嫩江,再入松辽平原。李文以靺鞨、室韦为同种缺乏根据,据《魏书·失韦传》记载"语与库莫奚、契丹、豆莫娄国同"。而《勿吉传》记载其"言语独异"。《隋书·契丹传》室韦"契丹之类也"。而勿吉、靺鞨属东夷,室韦、契丹属东胡,非是同种。李文所谓几次大空虚并无根据,从魏晋兴安岭以东地区看,当时今兴安岭及嫩江以西为鲜卑,鲜卑以东的呼嫩平原和松辽平原北部为夫余,夫余在汉、魏、西晋时一直居在这里,没有变化。夫余东北为挹娄(肃慎),并非空虚。从南北朝来看,在兴安岭东西及嫩江流域为室韦,与东胡契丹为同类。室韦即是鲜卑,即原来部分鲜卑人留居在这里的,北魏不称其为鲜卑而称室韦。室韦东为勿吉,分七部,无任何记载他们是从西北迁来的。高句丽被唐灭亡后,室韦、靺鞨仍居在原地,何曾顿成空虚,渤海之兴及其役属靺鞨等即是事实。契丹灭亡渤海,曾被契丹南迁,但未迁遗民及女真仍在其处。李文认为女真是从西迁来,但未提出任何记载线索,相反的女真始祖函普是从高丽来,而且有迁徙过程中的地点。李文所提出的历史上几次大空虚,并以靺鞨、室韦、女真来自西北为由以填补其空虚点,而构成一个想象中的迁徙图,完成其女真出于室韦的如者说,实难令人值信。

13.3.3　女真非"女古"

李文提出女真为"金",《辽史·国语解》记载女古为"金",并提出《辽史》的女古是陈大任有意作伪,认为女古即女真。按《辽史》之女古的"女"字的读音,可以以女真之"女"字音值"汝"作为借镜,但女古的"古"字读音却不可以女真的"真"字作为借镜。李文以女古为女真,还基于东胡之契丹语和女真语相近。如依其说女真出于室韦如者,室韦与契丹语相同,而女真与契丹语亦应相同不是相近。《魏书》记载勿吉、靺鞨语与室韦不同,《隋书》不载,只记载"造酒啖肉与靺鞨同俗"。《通典》、《唐会要》、《新唐书》则载室韦与靺鞨语言相同,盖在相邻的语言中有交融,至于女真语与契丹语则是两个不同族的语言,而所举出的语言相近之例不外是女真"完颜"与契丹语"孤稳"同,猛安与蒙古语同,谋克与奚之部名木昆同。其实在不同语言而相交往的民族中所能找出的相近的语词不止于此数,而且还有同音不同义的语词,不能因此证明其为同一语族的族,金时契丹语及其文字与女真语及其文字属于两种语言和文字,也不能因为女真语与契丹语有相似地方,就得出女古为女真的结论。

女真的本名为朱理真,在女真语中无"金"之义。《三朝北盟会编》卷3,以女真国曰大金,系以"阿术火"之水名为国名,又说"阿术火一名阿芝川"。《金史》卷24《地理志》:"国言金曰按出虎。"按出虎,《金史》亦异译为阿术浒、按出浒、安出虎等,为水名,出自《北史》、《隋书》、《旧唐书》的安车骨,《新唐书》作安居骨。车,昌遮切;居,九鱼切,应以"车"音为正。按出虎的名称出自勿吉、靺鞨的部名,系以水名部,非出自室韦。其名称的书写,于北朝及隋唐时为安车骨,金为按出虎,元为阿速古儿,明为阿速,清为阿勒楚喀,俗称阿什河。其初指今之乌苏里江中下游,北朝及隋唐勿吉、靺鞨之安车骨部所在,其北或东北为黑水部(在黑龙江、松花江合流处以下),其西为拂涅部(在依兰附近)。后来迁至今阿什河,以此水名按出虎水,故元、明时仍因旧称今乌苏里江为阿速古儿水和阿速江。名称虽同,而水之所指已异。

《金史·国语解》,女真语"金曰按春"。依伯希和之说应为 al-chun。《华夷译语》"金"作"安春温",据韩儒林考订其原语似为 alch'un,明代辽东建州卫女真方言金为 ayisin(爱新),与 alchun 相应。[1] 车、春、出、术、楚诸字,其声母皆为 ch,则安车、按春、按出、阿术、阿勒楚、阿什皆是"金"之同音异写。其骨、火、虎(浒)、古、喀诸字,乃因时代不同,音有微变,但诸字非同一辞的语尾,应是"按出"(金)后的另一辞。女真语"金"为"按出"、"按春",《金史·地理志》"国因金曰按出虎",并非"按出虎"为"金",乃是因按出虎之水名曰金。历来研究者对于"虎"、"浒"之本义不解,因常误以按出虎为"金"。余以为是"水"或汉字"河"的女真语读音的不同写法。其一,安车骨、按出虎(浒)、阿术浒、阿术火、阿速古儿、阿速、阿勒楚喀皆为水名,而此水的另一写法为阿芝川、阿速江、阿什河,是骨、火、虎(浒)、古、喀与另一写法之川、江、河之义有关。其二,金代女真人写汉字"河"作 xa(哈),明代女真译语写汉字"河"作 xo(河)。金代女真姓纳哈(那合)的"哈"作 xu,与虎(浒)音同。明清之"和屯"的"和"写作 xo,和屯亦译音为"霍通",霍与火音同,阿术火即阿术河,故亦作阿芝川。金代女真语 xa(哈),清为 ka(喀),哈与喀音相通,因此可以认为骨、火、虎(浒)、古、喀是 xa、xo 之音微变,皆汉字"河"的译音。按出虎水即"金河水",《金史》人名有"阿里出"、"阿里出虎","阿里出"即"拙出"的异写。清之阿勒楚喀的阿勒楚即阿里出,喀即虎,亦即"金河"。阿勒楚喀河俗称阿什河,"阿

〔1〕韩儒林:《穹庐集》,《女真译名考》。

什"则为满语爱新之另一种方言读音，[1]阿什河即"金河"。史载女真以按出虎水（金河水）名以名国，称为"金源"则不讹矣。

综合以上的分析，肃慎、挹娄、女真同出一语源，女真、室韦分别属于东夷、东胡两个族属系统不同的族，肃慎、挹娄、女真自古居住在东北地区的东北部，金代女真不是辽之女古，更不是从西北迁来，也不出于室韦的"如者"。历史研究不能排除对历史的从新继承，更不能受那些研究者的影响，脱离我国的历史实际，随便寻找出一个相近的辞，妄加议论。具有中国特色的史学研究最大的前提就是国家的实际，因感于此，对肃慎、挹娄、女真的名称与来源发此议论，尚希史学前辈和读者匡正。

（原刊《史学集刊》1992 年 2 期）

---

[1]韩儒林：《穹庐集》，《女真译名考》。

欧·亚·历·史·文·化·文·库·

14 箕子"八条之教"的研究

"八条之教",《水经注》谓"约以八法",是箕子适朝鲜(地在辽西)之后所制作的法律条规。颜师古注《汉书·地理志》及李贤注《后汉书》引《音义》,俱谓"八条不具见"。后人之研究对此从无异议,因此据以认为:八条存于世者,只有禁杀、禁盗、禁伤三条。按箕子以涉貊为本立国,故八条除见《汉书·地理志》者外,亦见载于《后汉书》、《三国志》的《东夷·秽传》中,适足八条之数,此未被前人所识出。今据之以钩沉,并加考释,成此《箕子"八条之教"的研究》一文。

14.1 "八条"的内容钩沉

"八条之教"是箕子在东北涉貊地区,为维护礼义、田蚕和聚落制度,并结合当地涉貊的具体情况而制作的"行数百千年"的"犯禁八条",是见于记载的最早的行之于地方的一部法典。

关于"八条之教"的记载,最早见于《汉书·地理志》:"殷道衰,箕子去之朝鲜,教其民以礼义、田蚕、织作。乐浪朝鲜民犯禁八条:相杀,以当时偿杀;相伤,以谷偿;相盗者,男没入为其家奴,女子为婢,欲自赎者人五十万。虽免为民,俗犹羞之,嫁娶无所雠。是以其民终不相盗,无门户之闭。妇人贞信不淫辟。……可贵哉,仁贤之化也!然东夷天性柔顺,异于三方之外,故孔子悼道不行,设浮于海,欲居九夷,有以也夫!"《后汉书·东夷传》的记载,较《汉志》所议尤详:"昔武王封箕子于朝鲜,箕子教之以礼义、田蚕,又制八条之教。其人终不相盗,无门户之闭,妇人贞信。……昔箕子违衰殷之运,避地朝鲜。始其国俗未有闻也,及施八条之约,使人知禁,遂乃邑无淫、盗,门不夜扃,回顽薄之俗,就宽略之法,行数百千年,故东夷通以柔谨为风,异乎三方者也。苟政之所畅,则道义存焉。仲尼怀愤,以为九夷可居。或疑其陋,子曰:'君子居之,何陋之有!'亦徒有以焉尔。……若箕子之省略文条而用信义,其得圣人作法之原矣!"从以上所载,可以对"八条之教"得出几点重要认识:其一,"武王封箕子于朝鲜",乃是从传统尊周立场而确立的陋说。周武王时没有实行封爵诸侯和土地的制度,而《汉书·地理志》记载箕子适朝鲜的时间是"殷道衰,箕子去之朝鲜"。朝鲜时为地域称,从文献记载及已发现的箕器看,均证明朝鲜之地在辽西,并与孤竹迩近。箕子适朝鲜制作"八条之教",非在武王克殷之后。其二,"八条之教"为箕子所制作,"行数百千年",断非始行于汉之乐浪郡地,而是箕子之后朝鲜侯国被燕所伐东迁海中为鲜国以后,才实行于乐浪之地的。"八条之教"的破坏在后来的卫满时。其三,"八条之教"在当时四方所独有,是东北文明史的新篇章,故称"异乎三方"。其四,"八条之教"的内容,在《汉书·地理志》是摘其要而记,并非八条的全部内容已失传。《后汉书》记载:"及施八条之约,使人知禁,遂乃邑无淫、盗。"《汉书·地理志》记载"犯禁八条"也是特别强调盗、淫两条,即"其民终不相盗"和"妇人贞信不淫辟"。由此可见,《汉书·地理志》所载,除禁杀、禁伤、禁盗三条外,尚含有禁淫的一条。其五,"八条之教"的特点在于条文省简,行之功效显著,被称为"得圣贤作法之原"。究其原有二:一是原于当地涉貊的社会实际;二是原于"圣贤作法"。这两者的结合是"八条之教"产生和制作的依据。

有关"八条之教"的内容,历来都依据《汉书·地理志》,而忽略了《后汉书》、《三国志》的记载。《汉书·地理志》的"八条之教"主要是对涉貊人,而《后汉书》、《三国志》把八条内容记入秽人中,乃是对《汉书·地理志》的记载作全面的补充。因此,研究"八条之教"初载的依据,是《汉志》,而对八条作全面补充的依据,是《后汉书》、《三国志》的《东夷·秽传》。其理由是:其一,箕与朝鲜是以涉貊为主而建立的,这点《东北史纲》已予肯定,为研究者所公认。在箕子之后朝鲜亡后,涉貊人中以秽人保有八条之俗最为完整,因把八条内容记于《秽传》中是合乎情理的。其二,见于《汉书·地理志》的八条内容亦见载于《后汉书》、《三国志》的《东夷·秽传》,而且不是单独作为八条内容记载,是与不见于《汉书·地理志》的犯禁条文分别记于秽俗的不同地方。例如《后汉书》的"杀人者偿死","终不相盗"及"少寇盗",即属于"相杀以当时偿杀"和禁盗的内容。"妇人贞信"即属于禁淫的内容。其中只少"相伤者偿谷"一条。由此可以推定,在《秽传》中所载的有关禁条,当皆本于"八条之教"。其三,汉时对"八条之教"的内容是全知的,但由于《汉志》是摘其要记载,而《后汉书》、《三国志》把八条内容散记在秽俗中,后人便以为"八条不具见",而主要是由于未加详审,而贻误至今。

"八条之教"属于禁约的条文,其行文不属于一般习俗的描述,而具有条文的性质,这样就有理由以《秽传》补充《汉志》不载的内容。除《汉志》禁杀、禁伤、禁盗、禁淫四条内容外,还可以从《秽传》补足以下四条:其一,"重山川,山川各有部界,不得妄相干涉"。其二,"邑落有相侵犯者,辄相罚,责生口牛马,名之为'责祸'"。其三,"同姓不婚"。其四,"多所忌讳,疾病死亡,辄捐弃旧宅,更造新居"。

从《汉书·地理志》及《后汉书》、《三国志》的《东夷·秽传》所得八条看,无不与由氏族部落制的旧俗向"八条之教"的新法变革有关,依其内容分类为:其一,禁杀之约;其二,禁伤之约;其三,禁盗之约;其四,禁部相侵犯之约;其五,禁邑落相侵犯之约;其六,禁同姓婚之约;其七,禁淫之约;其八,禁忌之约。以上八条,与史书记载的箕和朝鲜的礼义、田蚕、织作乃至聚落制度密切联系在一起。在《秽传》中记载"知种桑麻,养蚕,作布帛",与箕子"教民以田蚕、织作"是一致的。"晓候星宿,预知年岁丰约。常用十月祭天,尽夜饮酒歌舞,名之曰舞天。"与殷制有关。秽有城、邑,与殷制的聚邑制度遗留有关。秽在汉时已被纳入乐浪郡,但以后始终没有形成地方国家,可以说是在原来朝鲜的涉貊人中,保留箕子田蚕、织作、"八条之教"最多的地区。而高句丽后来已发展为地方的奴隶制政权,殷之礼义制度在高句丽政权中延续和发展,而"八条之教"却发生了很大变化。正因为如此,《后汉书》、《三国志》中

186

的《秽传》,便成为研究"八条之教"的极为珍贵的资料。

14.2 "八条"的性质与实质

箕子"八条之教"所反映的固有习俗,是历史上的各民族只要发展至与之相同的历史时期,都会以不同的形式和不同程度产生过。箕子"八条之教"的制作有它的特定的历史原因,乃至不同的形成途径和特点。

箕与朝鲜文化的来源和形成是多元的,有当时中原的青铜器和礼义、田蚕、织作和邑落文明的传入,有对周围民族文化的吸收;而作为当地文化本源的主体部分是涉貊固有文化。"八条之教"是以中原礼义文明为规范,结合当地占民族大多数的涉貊的历史实际,而完成对涉貊所进行的向文明制度的变革。"八条之教"制作地区的民族基础是涉貊,是箕子适应箕侯国及其之后朝鲜侯国的统治需要,改革涉貊固有的族俗为新的"八条之教"的国俗。

14.2.1 从习惯法看"八条之教"的制作

从对"八条之教"进行的历史分析,便可看出"八条之教"是在原始社会末期习惯法发展的基础上,经过变革之后而制作的。"八条之教"行之于以涉貊人为主体的地区,它的制作要密切结合涉貊人社会中的习惯的实际与特点,而用法的条文概括其所有的内容。正因为如此,能从"八条之教"的内容规定中,看出涉貊人在没有施行"八条之教"以前,是处于什么样的历史阶段。在人类各民族的发展过程中,都不同形式和不同程度地经过了习惯法的时期。原始社会进入末期,父权制确立,部族制形成,地域性的组织出现,私有制与阶级产生,显贵的家族出现,习惯法便产生于这种由原始社会向阶级社会的转变时期。习惯法与原始社会的习惯规范不同,也与后来阶级社会的法不同。习惯法是要求人们按着一定的法规行事的一种习惯,是法的雏形,因此它是一种带有强制性的调整当时社会关系行为的准则,而且由这种共同遵守的准则表现出具有法的某种特征的习惯。

习惯法是与氏族部落的习惯对立的,是易旧俗为新俗,它往往以公

187

约和条教的形式表现出来。它的出现与削弱氏族部落时的氏族部落长权力和加强部落联盟首领的权力分不开。结合对箕子"八条之教"的研究与分析,明显地可以看出"八条之教"是由旧有的习惯法发展变革而来的,在内容与职能上都有着演变的关系。

其一,禁止部与部间侵犯和争夺,保护部落的土地、人口和财产的安全。在每个氏族部落自身看来,氏族部落的土地及其制度都是神圣不可侵犯的,都是自然赋予他们的最高的权力。每个人在感情、思想和行动上,都要无条件地服从于它,防止外来的侵犯,并对外来的侵犯进行殊死的斗争。这种斗争在部落之间经常发生,互相屠杀,互相掠夺土地和人畜,为此被侵犯者对来侵犯者复仇。在部与部之间,多以山川为界,因而"俗重山川"。《后汉书·东夷·秽传》"其俗重山川,山川各有部界,不得妄相干涉",就是依此而制定的。

其二,各部由诸邑落所构成,对邑落的性质不可作单一的理解,有氏族部落时期的同血缘的氏族聚居邑落,也有由非同血缘的宗族或家族聚居的邑落,同是邑落的聚居有血缘和地缘的不同,有氏族部落和部族时期的不同。在原始社会末期各邑落与家族间时常发生械斗,复仇不仅发生在部与部之间,也发生在邑落与邑落之间。复仇由血亲复仇发展为同态复仇,即杀伤者对被杀伤者给予对等的赔偿,后来又发展为以财物代替赔偿。在《后汉书·东夷·秽传》中记载:"邑落有相侵犯者,辄相罚,责生口牛马,名之为'责祸'。"其源即属于此。

其三,习惯法已具有以刑罚来保护人的生命安全的职能,这就是"杀人者抵命"。最初抵命是对等的,杀什么样的人抵什么样的命,杀多少抵多少,后来发展为杀人不抵命,以财物赎死。《汉书·地理志》"相杀者以当时偿杀",《后汉书·东夷·秽传》"杀人者偿死",当属于"杀人者抵命"的内容。

其四,禁伤也属于对人身的保护,故《汉书·地理志》记载:"相伤者以谷偿。"

其五,在习惯法中以杀、盗为最重,其初所盗不分多少则杀,后来发展为没入其家男女为奴婢,并出现以钱赎身的规约,进而则为赎法。

《汉书·地理志》记载:"相盗者男没入为其家奴,女子为婢,欲自赎者人五十万。"

其六,在原始社会的末期,已确立了一夫一妻的父权制,而一夫一妻并没有排除一夫多妻,往往是在多妻中以元配为正。首先是在氏族贵族的家族间出现非同姓的世婚制,后来在一般家族间也禁止同姓为婚。同姓不婚在一些民族中都曾有过,对同姓婚给予禁止和惩罚。在《后汉书·东夷·秽传》中规定有"同姓不婚"应即属禁同姓婚的条文。

其七,原始社会末期,随着父权制的加强,妇女的地位下降,出现抑制妇女和限制妇女同其他男人私通,提倡妇女"贞信不淫"。《汉书·地理志》讲箕子"八条之教"的效用时提到盗与淫两个内容,而《后汉书》把禁淫看成是禁犯八条之一。禁淫是专门对妇女制定的一种规矩。

其八,在人类社会的各族习俗中,一般地都有一些禁忌的习俗,这主要是因为原始宗教意识、信仰、崇拜或者是因为传说等的影响而产生的一种忌俗。忌俗表现在各个方面,如饮食消费忌俗、生活居住忌俗、疾病凶恶忌俗、生产活动忌俗等。忌俗的规则化便成为在习惯法中人们所共同遵守的一种准则。在《后汉书·东夷·秽传》中记载的"俗多所忌讳,疾病死亡,辄捐弃旧宅,更造新居",当即属禁忌的内容。

14.2.2 从箕侯国看"八条"的实质

从"八条之教"内容的历史变革的渊源分析,它与涉貊人的习惯法有不可分割的关系。但是应当看到,"八条之教"不是属于习惯法的涉貊民族本身所进行的变革而完成的,而是殷末由中原迁来的殷之箕侯结合当地涉貊人实际而制作的,因此对"八条之教"的性质与实质,以及社会的整体结构就有个全面认识的问题。

箕子适朝鲜,在以涉貊为主的地区立国和发展,一方面是把中原的文明带来,另一方面是在以涉貊为主的族中创制"犯禁八条"。《汉书·地理志》记载:"殷道衰,箕子去之朝鲜,教其民以礼义、田蚕、织作;作乐浪朝鲜民犯禁八条。"《太平寰宇记》亦载:"箕子教以礼义、田蚕;作八条之教。"都是就这两个方面的统一而讲的。礼义、田蚕、织作,以及朝鲜史书《海东绎史》、《朝鲜史略》、《华苑杂记》引涵虚子《天运绍统录》的"医药卜筮"、"官制衣服"、"百工技艺"等,都是殷末从中原带来,而且直接传播而行之于涉貊朝鲜之地。至于"八条之教"不是殷固有的,而是适应在涉貊朝鲜之地推行礼义、田蚕、织作的需要制作的,它对涉貊旧俗的改造起着重大的作用。故《李朝实录》中的记载认为"箕子八条之教,实为东方之大功"。"教以八条,彝伦攸叙,免于夷狄之乡,得为礼乐之邦","使礼乐文物侔似中华"。这一论断只能从当时箕与朝鲜侯国曾实行"八条之教"的区域内理解才是正确的,同时也说明"八条之教"是变革箕与朝鲜侯国统治下的夷貊之乡为中国礼义之邦的一种重大的措施。由于礼义与"八条之教"的统一,就使得"八条之教"超越了原始社会末期产生的习惯法,而成为国家的法制。这样看来,"八条之教"的制作和它形成的含义,一是以殷的礼义制度改革涉貊人的旧习惯法,二是把它纳入箕与朝鲜侯国的整体的机制中。从"八条之教"自身看也都体现着这两重含义的精神,并且是按着国家法的准则而制作的。

从作法的程序看,创制人是箕子,其政权为箕侯国,史称其法为"制"和"作",是经过立法程序制作的。从法之制作和颁行看,已有明文的条文规定。

从作法的原则与精神看,是箕子把殷之礼义制度向其所适的朝鲜地区推行,结合当地涉貊旧俗加以改革,以达到变夷从夏的总的目的。"八条之教"的制作是与中原礼义制度、经济制度和官制结合在一起的。

从作法的根基看,本于"圣贤作法之原",寓道义于法之中,并对殷制也有所改革,如"同姓不婚"。按殷制同姓在一定限制以外,可以通婚,而箕子一律不许同姓为婚,比殷制更为进步。

"八条之教"的性质与实质,不是由涉貊固有的习惯法所规定的,而是由箕子的侯国和社会制度本身所规定的。把八条的内容概括起来可分为四个方面:

其一,属于社会组织与区域构成方面的内容。箕与朝鲜由国、部、邑、落四个层次构成。这个问题只能从殷制和原来居住的涉貊族及其以后的社会组织与区域构成加以认识。殷时曾实行五方土制,分国为中土、东土、西土、南土、北土。殷时实行的是邑制,殷都称大邑商,其他亦都称为邑。高句丽分国为五部(五族),亦由邑所组成,秽于汉时有邑侯、邑君。箕与朝鲜皆称侯,因此箕和朝鲜的侯国是其最高的组织称谓,后来朝鲜侯又改称为朝鲜王。国之下所属为部,部界以山川划分,依殷及高句丽可能也分为五部(族),高句丽及其地原属朝鲜,其制当是受朝鲜的影响。在部的组织之下为邑落,邑落是由诸家族(户)组成的。"八条之教"内容中的国、部、邑、家族即在法的条文中反映了其社会与区域组织,而且是为维护这种社会组织与区域而制作的。

其二,属于保护私有制或集体、个体家族生命财产方面的内容。"八条之教"所反映的这方面内容,如禁杀、禁伤、禁盗的规定,说明在箕与朝鲜中存在着私有制以及集体、个体的人口与财产的占有关系,但私有权不是作为私人所有而体现的,最高的所有权为国家权力的代表者侯或王。由国家规定部、邑落的土地、人口和财产不得侵犯,其赔偿和赎物为谷、生口、牛羊、货币,说明当时社会以农业为主,亦有相当发展的商业,有了阶级及赎身制度,当是早期奴隶制的反映。这种情况和金朝女真族建立的家族奴隶制及其实行"刑、赎并用"的法制大体是相似的。

其三,属社会伦理道德方面的内容。禁止同姓为婚,与宗族和人伦观念的发展和支配有关,同时因为"男女同姓,其婚不繁",对民族的发展不利,也是对氏族血缘支配关系的一种打击。禁淫是与提倡"贞信"观分不开的。从这里反映着父家长制在奴隶制中的残留。

其四,属社会禁忌之俗方面的内容。

箕子"八条之教",是箕子适朝鲜之后制作的,既不同于原始社会末期的习惯法,也不是殷制的照搬,而是殷之文明与当地涉貊旧俗结合,并经过再创造而形成的具有地方和民族特色的箕与朝鲜的法。

14.2.3 "八条"的特点

"八条之教"的特点,是从八条的内容、实质以及与他族政权的比较中体现出来的。因此研究"八条之教"的特点时不能离开"八条之教"制作的历史时期和八条的内容与实质。只有如此,才能从当时东北所发生的文明变革中,认识八条所具有的那个时代的诸特点。基于这样的观察问题的方法,把八条的特点概括为五点:

其一,作法与道义结合的特点。八条是就"宽略"作法,从作法与道义、信义的关系看,是"省简文条而用信义","苟政之所畅,则道义存焉"。八条的制作者是"殷三仁"之一的箕子,其作法不仅能依夷俗仁,"通以柔谨为风"民俗的实际,而且重视通过"信义"和"礼义"的教化来保证对法的遵守和施行。在涉貊人中以"偷盗犯法为可耻",已成为守法的风尚。故《汉书·地理志》记载,被没为奴婢后,"虽免为民,俗犹羞之,嫁娶无所雠"。

其二,刑与赎并行的特点。刑与赎并行,源于原始社会末期的习惯法,即避免部、邑落之间的血仇,而代之以人身赔偿或财物赔偿,被没为奴婢者也可以财物赎身。到阶级社会确立以后,这种赔偿制度依然被保存下来,与刑并行。刑、赎并行的特点,不仅表现在法制的简略上,也表现在无轻重贵贱之别上,而且赎身不仅可由亲戚赎,也往往由官府出资赎,这对于保护平民不沦为奴婢和保证国家的兵源都是有利的。刑、赎并行是"八条之教"从内容上反映出的一个重要特点。

其三,殷制与夷制统一的特点。箕子是殷末王室贵族,官太师,封爵为侯,他所奉行的是殷制,但他适朝鲜是以涉貊为主的地区。箕子没有把殷制原封不动地行之于涉貊地区,也不是变自己为夷,而是改革夷貊旧制使之成为箕侯国的制度,使两者统一起来。

其四,变外为内的特点。与变夷貊旧制为新制相关的即变外为内,亦即变夷貊为中国礼义文明地区。这点在后来的认识中已看到,"中国失礼,求之四夷",而东夷君子之国都是就这个意义讲的。要就其实质而言,是以殷之文明为主而开创的新法,是在东北夷貊地区出现的中国文明类型的地方侯国的法。

其五,持久的特点。"八条之教"实施的时期最长,这也构成八条的一个明显特点。究其原因,殷之文明已长久扎根于涉貊人居住地区;

箕与朝鲜的"八条之教"吸收了其有益社会稳定和发展的内容,在东夷中有它的生命力;当时在中原与之并存的是奴隶制,实行的是继绝世、内诸夏而外夷狄的天下一体的政策;当时还未有比奴隶制更高的社会的侵袭和给予的影响。

14.3 "八条"的实施、破坏与影响

"八条之教"的实施、破坏与影响,是研究八条的重要问题。

14.3.1 "八条"实施的时间问题

研究八条实施的时间,不能与箕子适朝鲜的时间和箕子之后朝鲜灭亡的时间割裂开来。

箕子适朝鲜有殷末与周初两种不同说。最早记载箕子适朝鲜的是《周易·明夷》与《尚书·洪范》。依《周易·明夷》的记载,箕子适朝鲜当在殷末,此为易派所据,《汉书·地理志》即本于此。《洪范》没有明确记载箕子适朝鲜是在武王克殷后,而后之释《洪范》者则说:"武王释箕子之囚,箕子不忍周之释,走之朝鲜。武王闻之,因以朝鲜封之。"(伏生《尚书大传》)释《洪范》者很清楚的是站在尊周的立场,宣扬箕子受周封,复系箕子适朝鲜时间在武王克殷后。证之周史及今在喀左出土的箕器证明,武王封箕子之说实属荒谬。《汉书·地理志》则不采箕子适朝鲜在武王克殷后及武王封箕子说,故颜师古注云:"《史记》:'武王伐纣,封箕子于朝鲜。'与此不同。"在两说中当以《汉志》为正。

箕子适朝鲜究竟在殷末的哪一年,已无法推定,但在微子去后是没有问题的。《史记·周本纪》记载,文王六年(前1080年)时,纣已淫乱不止,因周文王击败耆,殷祖伊告纣,纣不听,称纣"不可谏",微子于是逃去。九年文王死,第二年为武王元年,则箕子适朝鲜当在文王六年后至九年之间。朝鲜《三国遗事》:"周虎[武]王即位,己卯,封箕子于朝鲜。"又《帝王韵记》:"周虎[武]元年己卯春,遄来至此立国,周虎[武]遥封降命篇。礼难不谢乃入觐,洪范九畴问彝伦。"此武王封箕子不可信,但可从时间上证明武王元年春前箕子当即适朝鲜。由此可见,八条的实施上限在殷末适朝鲜立国时,其下限在箕子之后准被卫满所代取时。

14.3.2 "八条"破坏的原因

"八条之教"的破坏,主要记载于《汉书·地理志》及《后汉书》、《三国志》的《东夷传》中,这就益加证明《汉书》、《后汉书》、《三国志》不仅记载八条内容,也记载了八条破坏及其原因:

其一,八条破坏的远因,应追溯到箕子之后朝鲜与中原发生密切接触后,因受中原封建经济、政治和文化影响,其社会内部发生某些变化,但据史书记载主要还是卫满取代其国之后。由于卫满政权"揉杂其风",以及汉初有燕、齐、赵人往避其地者数万口,八条遭到严重破坏。所谓"杂华浇本",即"既杂华夏之风,又浇其本化"。这应是八条破坏的直接原因。对华夏之风在这里还应着重说明:华夏族形成于春秋,当时把行周礼的看成是诸华夏,不行周礼的看成是诸夷狄,内诸夏而外夷狄,地方的一些国家如秦、楚仍被视为戎蛮之属。箕子之后朝鲜侯国是殷侯国在东北的延续和发展,并未因为施行"八条之教",行礼义,而被中原诸夏国看成是华夏,仍称朝鲜为东夷或胡。春秋时,中原诸夏国的奴隶制与朝鲜侯国的奴隶制有不同特点。当中原至战国封建制确立以后,朝鲜侯国在制度上又与诸夏国不同。杂华夏之风,即指中原封建之风,浇其本化即指其本俗和"八条之教"。"八条之教"的破坏,主要是封建华风对其所起的破坏作用。

其二,是通商贾。"八条之教"是结合涉貊旧俗经过变革而制作的,其经济是家族奴隶制自然经济,其部与邑落各有疆界,不相侵犯,经济自给自足,讲礼义。随着交换的发展,商业往来,特别是与郡县封建经济的联系,对它起着解体的作用,与之相适应的"八条之教"也在发生变化。

其三,从朝鲜侯国社会内部看,"诸邑多效仿吏及内郡贾人",更从内部加速"八条之教"的破坏。而这种破坏在卫满时还只是"杂华浇本",而"自内属以后,风俗稍薄,法禁亦多,至有六十余条"。所以在置郡县后,"胡汉稍别",视原属于朝鲜的涉貊、沃沮、高句丽为夷狄。

"八条之教"破坏,使社会的淫俗、盗风又盛行起来。但在秽人居住地区,八条尚不同程度被保留,因此八条内容多被保存于《秽传》中。

14.3.3 "八条"的影响

"八条之教"施行于箕与朝鲜侯国的整个时期,其影响不仅表现在八条施行的当时,也表现在对以后所产生的影响。对此可按当时政体结构的内容分三个层次进行分析:

第一个层次,是对当时一体内的中原所产生的影响。西周建立后,箕子在辽西建立箕侯国,作殷侯国在东北的延续与西周并存。箕侯国实行的礼义、田蚕和"八条之教",不属于周礼范畴。到春秋奴隶制解体,在中原诗书礼乐制度破坏,箕子之后朝鲜侯国施行礼义和八条制度,引起中原的关注,认为东夷的朝鲜是"仁贤之化",可以行道的理想地方。《汉书·地理志》在记载箕子"八条之教"及"其民饮食以笾豆"之后,则云:"故孔子悼道不行,设浮于海,欲居九夷,有以也夫!"《后汉书·东夷传·论》也认为箕子避地朝鲜,施八条之约,是道义之所存,亦云:"仲尼怀愤,以为九夷可居。或疑其陋。子曰:'君子居之,何陋之有!'"颜师古注《汉书·地理志》:"《论语》称孔子曰:'道不行,乘桴浮于海,从我者其由也与。'言欲乘桴筏而适东夷,以其国有仁贤之化,可以行道也。"孔子把施行"八条之教"地区,看是"仁贤之化,可以行道",而《后汉书》作者又把"八条之教"看是"得圣贤作法之原",其对中原产生的影响可知。

第二个层次,是对一体内的外所产生的影响。从当时箕与朝鲜曾施行"八条之教"看,促使了这个地区由原来的夷貊之域一跃而为礼义之邦,直接影响和规定这里的民族的发展进程。朝鲜亡后,"八条之教"的影响还在延续,而以涉人保留的为多。后来夫余、高句丽所建立的政权,一方面继承了奴隶制,另一方面也都不同程度受"八条之教"的影响。《梁书·东夷传》:"东夷之国,朝鲜为大,得箕子之化,其器物犹有礼乐云。"《旧唐书》:"食用笾豆、簠、簋、樽、俎、罍、洗,颇有箕子之风。"《全唐文》卷169,杨炯《左武卫将军成安子崔献行状》:"朝鲜旧壤,歌箕子之风谣。"其对"朝鲜旧壤"影响之深远亦可知。

第三个层次,是对一体之外的外,也就是对一体外的邻国、邻族的影响。百济于北魏时被视为"五服之外"国家,而高句丽一直被视为一体内国家。百济从东北涉貊中分出立国,从国俗看曾受原来朝鲜侯国的八条的影响,而三韩则不同,从记载看不见箕子和"八条之教"的影响。由此可见,"八条之教"能产生的影响,主要还限于在一体内的内外地区,而对一体外所产生的影响尚微。因此,箕子是中原文明在东北的传播和开创者,由他建立的礼义制度和"八条之教",是使一体内的夷貊之域变为礼义文明的地方之邦的重要标志,为当时赞美箕子为仁人的孔子所向往和后来作史者所传诵,有它深刻的历史原因和影响。这便成为我撰此文的一个重要动因。

（原刊《史学集刊》1995 年 1 期）

15 真番郡考

汉武帝元封三年灭亡卫氏朝鲜后,置乐浪、玄菟、真番、临屯四郡。乐浪郡治朝鲜县,今朝鲜平壤南一里半古城址;玄菟郡治初在沃沮城,今朝鲜咸镜北道镜城附近;临屯郡治东暆县,约在今朝鲜江原道元山附近。在四郡之中,独真番郡治最为难考。国内外学者对真番郡已有好多研究,主要有南、北二说,而以南说最为通行。若论理由,南说并不比北说充分,我于1973年写《肃慎、燕亳考》时,曾写《真番郡考》一文,主要是为北说提供一些论据,对杨守敬之说有所非议。今据实陈述于下:

15.1 真番郡的设置及其并属

真番郡的设置及其并属,是研究真番郡位置的重要历史依据,其他方面的依据和对某些具体记载的解释,虽不能说不重要,但离开这点便失去对此问题研究的线索与基础。从真番郡的设置及其并属看,真番郡在北,不在南。

15.1.1 从《史记》记载的真番位置来看真番

《史记》对真番的位置有较明确记载,只要按原文字作具体分析,得不出真番郡在乐浪之南的结论来。

《史记·朝鲜列传》:"自始全燕时,尝略属真番朝鲜,为置吏,筑鄣塞。秦灭燕,属辽东外徼。"

又:"汉兴,为其远难守,复修辽东故塞,至浿水为界,属燕。燕王卢绾反入匈奴,满亡命,聚党千余人,魋结蛮夷服,而东走出塞,渡浿水,居秦故空地上下鄣,稍役属真番朝鲜蛮夷,及故燕、齐亡命者王之,都王险。……侵降其旁小邑,真番、临屯皆来服属,方数千里。"

《史记·太史公自序》:"燕丹散乱辽间,满收其亡民,厥聚海东,以集真番,葆塞为外臣。"

此三段记载,都涉及真番的具体设置问题,而判别真番位置又必须与记载的几个具体问题联系起来考察。

(1)"全燕"系指战国时期的燕,当时的真番朝鲜已"略属"于燕,为此并置吏,筑鄣塞。此塞当是辽河以东的燕鄣塞(长城),真番朝鲜被囊括在鄣塞之内。

(2)秦灭燕后,燕国所筑的障塞尚存,"属辽东外徼",而秦时又在辽东郡的边上修障塞,即所谓"辽东故塞",当是"内徼"。《史记·司马相如传》:"南至牂柯为徼。"注云:"徼,塞也,以木栅水为蛮夷界。"又《玉篇》:"边徼也。""汉兴,为其远难守",即指"辽东外徼",其所复修者是浿水为界的"辽东故塞"。浿水亦有异说,一说今鸭绿江下游,其上游当指今浑江。《北史·高句丽传》有普述水,刘节谓:"普述水者,浿水也。普述乃浿之切语(胡三省通鉴音注作普盖、普大、滂沛翻。杜佑曰滂拜反。皆读泰怪韵。贝术古音同部,故浿读为普述切)。"[1]按普述水即后来的婆猪江,于金元时称婆速。汉兴"复修辽东故塞,至浿水为界"的浿水,不会是指今浑江、鸭绿江下游以外的水。

(3)浿水在"辽东故塞"之外,由卫满"东走出塞,渡浿水"可知。

真番,非远在乐浪之南、马韩之北,就在"辽东故塞"之外。战国时,燕所"略属"的真番与筑鄣塞有关,卫满所收罗的燕丹亡民,"厥聚海东,以集真番,葆塞为外臣",也在"辽东故塞"之外。真番当在"辽东故塞"之外,"辽东外徼"之内。

15.1.2 从"真番朝鲜"、"真番辰国"看真番

《史记·朝鲜列传》记载有"真番"、"真番朝鲜"。《汉书·地理志》将《史记·货殖列传》"秽貊朝鲜真番"独省为"真番",《汉书·朝鲜列传》又将"真番旁众国"改为"真番辰国",《资治通鉴》从《汉书》为"真番辰国"。所有这些,耐人思味。一般读法是"真番、朝鲜","真番、

---

[1]刘节:《好大王碑考释》,《古史考存》,人民出版社1958年版,第24页。

辰国"。细考之,这样读法也不定就符合记载的原意,我曾想过应读为"真番——朝鲜","真番——辰国"。这样的读法有无理由和历史的依据?

先看"真番朝鲜"。《汉书·地理志》玄菟郡下:"应劭曰:故真番,朝鲜胡国。"据《三国志·魏志·东夷传》裴松之注引《魏略》:昔箕子之后有"朝鲜侯",疑朝鲜胡即"朝鲜侯",北魏乌洛侯亦写作乌罗浑。朝鲜侯国被燕将秦开所攻,约在燕昭王时,被攻后迁满藩汗(今鸭绿江)东。"故真番,朝鲜胡国",意即故真番郡原是朝鲜侯国之地,此朝鲜胡非指汉当时的朝鲜。"真番——朝鲜",如同"真番,朝鲜胡国"。

再看"真番辰国"。真番实即辰亳。辰,古于东北有之,后南迁为三韩。蒙文通曾讲"辰国原为箕子所建之商国","亳为殷都,箕子所居,周人亦惟名之曰亳,即辰国也"[1]。可见"真番——辰国",犹言"真番,朝鲜胡国"。

《后汉书·东夷传》:"沪及沃沮、句骊,本皆朝鲜之地也。"汉武帝灭卫氏朝鲜前,乐浪、临屯、玄菟、真番也为卫氏朝鲜,因灭亡后于其地分置四郡,不必要把其所管真番一地,与其国并提,只有在注明真番之原所属时,才有这个必要,而这个事实被班固、应劭揭示了出来。当然这不等于说,凡见朝鲜二字均应作此解释。

15.1.3 从真番、临屯二郡的并属看真番

《后汉书·东夷传》"沪"对真番郡的建立、并属有明确记载:"元封三年灭朝鲜,分置乐浪、临屯、玄菟、真番四郡。至昭帝始元五年(前82年)罢临屯、真番,以并乐浪、玄菟。玄菟复徙居句骊,自单单大岭以东,沃沮、沪貊,悉属乐浪,后以境土广远,复分岭东七县,置乐浪东部都尉。"

这是关于真番郡的设置及其并属的重要记载,为研究真番与玄菟的关系提供可靠的资料。从中可以看出的问题:

(1)西汉昭帝始元五年对四郡曾进行调整,真番、玄菟两郡有直接

---

[1]蒙文通:《周秦少数民族研究》,龙门联合书局1958年7月版,第99-100页。

的并属关系,即将原设治在沃沮城的玄菟郡向西迁到句丽西北的高句丽城。《三国志·魏志·东夷传》"东沃沮":"汉武元封二年伐朝鲜,杀满孙右渠,分其地为四郡,以沃沮城为玄菟郡,后为夷貊所侵,徙郡句丽西北,今所谓玄菟故府是也。沃沮还属乐浪,汉以土地广远,在单单大岭之东,分治东部都尉,治不耐城,别主领岭东七县,时沃沮亦皆为县。"汉昭帝将玄菟郡徙句丽西北,并"罢临屯、真番,以并乐浪、玄菟"。从行文上看,即罢临屯后,以其地改属乐浪;罢真番后,以其地改属玄菟。由此可见,真番郡不在乐浪之南,亦未曾将其地改属乐浪。

(2)汉昭帝对四郡的调整,其并属于乐浪的土地只涉及单单大岭以东的土地。汉时的盖马大山,指今长白山及朝鲜境内的狼林山脉,南沃沮(即东沃沮)在其东;单单大岭,据朝鲜李丙焘考订为今平安南道及黄海道一部与咸镜南道南部间之分水岭,亦即由咸镜南道前往平安南道所经行的山区,其地有剑山岭(咸兴西北)、阿虎飞岭(德源)等[1]。其东为涉貊(原临屯郡地),改属乐浪。汉武帝设四郡地方,这次调整改属乐浪郡的包括临屯及玄菟的部分土地。乐浪郡南土地并未划为乐浪,而合并后的真番土地,当并入玄菟。如像杨守敬在《前汉地理图》所云:真番在乐浪之南,则《后汉书》所记"罢临屯、真番,以并乐浪、玄菟"的玄菟便是空凿。

(3)应劭说:"故真番,朝鲜胡国。"又《史记索隐》在注释《朝鲜列传》时引应劭曰:"玄菟,本真番国。"这即说真番旧地原属箕氏朝鲜侯国,玄菟郡治西迁后并有原来的真番郡地,这与《后汉书》说"罢临屯、真番,以并乐浪、玄菟"正合。而王先谦《汉书补注》却说:"据武纪,玄菟、真番,同时为郡,玄菟非故真番也。应说真番二字衍文。"王先谦并不从真番郡的设置及其改属的时间上看问题,而理解为玄菟本来就是真番。正确的理解应是西徙句丽西北的玄菟郡包括原来真番郡故地。

如上所述,从真番郡的设置及其并属的关系看,真番郡废后应属西徙句丽西北的玄菟郡,不应远在乐浪之南。

---

〔1〕李丙焘:《玄菟郡及临屯郡考》,《史学杂志》41 编 4 号,第 87 页。

15.2 对南说的辨析

前面着重从真番及其并属方面考察真番郡在北不在南。现在从北南二说中看真番郡在南还是在北？

朝鲜金致仁等在编纂的《增补东国文献备考》卷 13 中首倡北方说："大率汉以五国地为四郡，而朝鲜为乐浪，涉貊为临屯，沃沮为玄菟，皆有明证，独高句骊二千里地，岂可只为一县哉？是必为真番也。"此论以高句丽故地为真番，证之应劭所说"故真番，朝鲜胡国"，朝鲜侯国在未被秦开攻前有真番地，后其地为高句丽所据，谓高句丽故地为真番是有道理的，并非虚论。金岳依《汉书·武帝纪》注引《茂陵书》，有"真番郡治雪县，去长安七千六百四十里"，"临屯郡治东暆县，去长安六千一百三十八里"，以为"真番远于临屯，则我国界内不可得，似在今宁古塔近处矣"[1]。安鼎福《东史考异·真番考》更进而推论："意者真番之'真'，出于肃慎，而后世女真之'真'亦袭真番欤？"我国近人丁谦亦认为真番郡"在今奉天兴京厅边外，东南至鸭绿江地"[2]。日人白鸟库吉、箭内亘等并谓真番郡在今鸭绿江及佟佳江流域[3]。但所论真番之地于今何处，不尽相同。

与北说相反，朝鲜韩百谦依《汉书·朝鲜列传》记有"真番、临屯皆来服属"，"真番、辰国欲上书见天子，又雍阏弗通"，以为真番在朝鲜、临屯、辰国之间的貊国地[4]。杨守敬是我国倡南说的最有力者，对国内外曾产生很大影响。他在《前汉地理图》第 24 页乐浪郡下说："据汉书朝鲜传，真番在朝鲜之南。魏以屯有以南置带方郡，以晋志照之，是带方、列口、吞列、长岑、提奚、含资、海冥七县，皆在乐浪之南。又昭明一县云，南部都尉治，亦在乐浪之南无疑，并武帝时真番故县也。"复在《汪士铎〈汉志释地〉驳议》中说："《汉书·朝鲜传》，真番、辰国欲上书

---

〔1〕《增补东国文献备考》卷 13《舆地考》一引。

〔2〕《史记·朝鲜列传》《会证》引。

〔3〕白鸟库吉、箭内亘：《汉代的朝鲜》，《满洲历史地理》第 1 卷。

〔4〕《增补东国文献备考》卷 13《舆地考》一引。

见天子,朝鲜雍阏弗通,是真番在朝鲜之南,故朝鲜得以阏之,且远于临屯千里,直与三韩相接矣。"[1]日人稻叶岩吉《满洲发达史》、朝鲜李丙焘《真番郡考》并谓真番在南。

在1913年日本正式出版的《满洲历史地理》第1卷中,白鸟库吉、箭内亘的《汉代的朝鲜》,对杨守敬等说提出异议,反对拘泥于孤立的记录文字推测议论,主张要细读《史记》、《汉书》来考究真番的方位,认为真番郡在高句丽故地,即在鸭绿江及佟佳江流域。他们论证的特点:其一是把真番与辽东塞外连接起来,认为真番不是远隔乐浪、临屯在朝鲜的南部。这点至今是个有力的论据。其二,不是将《史记》、《汉书》的记事与应劭之说对立起来,而是力求得到合理的解释。白鸟、箭内未详之处有之,但在论证上充实了北说的内容。

1932年出版的《东北史纲》力主杨说,并多发挥,是较全面地充实了南说的论据。《东北史纲》认为战国燕时,其国力已达今朝鲜中南境,秦之辽东外徼东南已至今朝鲜中部,因谓真番在朝鲜中部之南,马韩之北。并依《史记·货殖列传》"东绾秽貊、朝鲜、真番之利",认为"所举部族之次叙,均似由近及远,此叙述之次如无例外,真番当在马韩矣"。作者虽看到应劭说"固不可无端抹杀",但立于"汉书与应劭互乖,不能并存"的基础上,"从汉书为正",不了了之。

概括起来,赞同真番在南者,其主要依据是:第一,《汉书·武帝纪》注臣瓒引《茂陵书》;第二,《汉书·朝鲜列传》"真番,辰国欲上见天子,又雍阏弗通";第三,魏以屯有以南置带方郡,晋志为七县,并是汉武帝时真番故县;第四,《史记·货殖列传》"东绾秽貊、朝鲜、真番之利",系依部族所在次序由近及远而叙述的,故真番在南。其中尤以第一、第二为主,第三、第四不过是建在前两个依据之上。

《东北史纲》列举有关真番所在之材料共九项:

(1)《史记·自叙》:"燕丹散乱辽间,满收其亡民,厥聚海东,以集真番,葆塞为外臣。"

(2)《史记·朝鲜列传》:"自始全燕时,尝略属真番朝鲜,为置吏,

---

〔1〕见《晦明轩稿》。

筑鄣塞。秦灭燕,属辽东外徼。"

(3)《史记·朝鲜列传》:"满亡命……东走出塞,渡浿水,居秦故空地上下鄣,稍役属真番朝鲜蛮夷及故燕齐亡命者王之,都王险。"

(4)《史记·朝鲜列传》:"满得兵威财物,侵降其旁小邑,真番、临屯皆来服属。"

(5)《史记·货殖列传》:"(燕)北邻乌桓、夫余,东绾秽貉朝鲜真番之利。"(《汉书·地理志》作"北隙乌桓、扶余,东贾真番之利"。)

(6)《汉书·朝鲜列传》:"真番辰国(《史记》作'真番旁众国')欲上书见天子,又雍阏弗通。"

(7)《汉书》注臣瓒引《茂陵书》:"临屯郡治东暆县,去长安六千一百三十八里,十五县;真番郡治霅县,去长安七千六百四十里,十五县。"

(8)《史记·朝鲜列传》《索隐》引应劭:"玄菟,本真番国。"

(9)《史记·朝鲜列传》《集解》引徐广:"番一作莫,辽东有番汗县,番音普盖反。"

这九项中,只有(5)、(6)、(7)三项是南说立论的基础;(1)、(2)、(3)、(4)四项只有用第五项的所谓次序先后方能解释;(8)、(9)项是与南说完全相反的。北说立论所据是(1)、(2)、(3)、(8)、(9)项。(1)、(2)、(3)项说明真番在辽东塞外,与辽东郡相邻,(8)、(9)项说明真番在北不在南,而(4)项可用(1)、(2)、(3)项得到解释。至于(5)、(6)、(7)项是应着重加以辨析的。

南说所据《茂陵书》是作为孤证引用的。《茂陵书》只记临屯及真番二郡去长安的里程和郡治县、领县数,毫无方向的记述。顾祖禹《读史方舆纪要》卷38的记载与《茂陵书》颇有出入:"临屯城,在王京西南,汉元封二年(应是三年之误)置临屯郡。茂陵书,郡治东暆县,去长安六千一百三十八里,领十五县。昭帝时郡废,暆音移,汉志东暆县属乐浪是也,后汉并废县。又真番城在王京西北,汉元封二年(应是三年之误)置真番郡。茂陵书,郡治霅县,去长安六千六百四十里,领十五县,昭帝时已并入乐浪郡(应是玄菟郡之误)。霅县,汉志不载,徐广曰:辽东郡有番汗县,疑即真番。"顾祖禹引《茂陵书》七千六百四十里为六千六百四十里,那珂通世以为"七千"是"五千"的误写。《诗七月笺》:"七月则鸣。"《疏》:"古五字为七。"再加上《茂陵书》无与长安相距方向之记载,故有南北二说之异。其距长安方向和位置,应据前引材料之(1)、(2)、(3)、(8)、(9)多条证之,不应以(6)之孤条为证。

南说的第二个重要根据,即"真番辰国欲上书见天子,又雍阏弗通",此前已有说,不再重复。稻叶岩吉为证明真番与辰国相接,引《魏略》"初右渠未破时,朝鲜相历谿卿以谏右渠不用,东之辰国;时民随山居者二千余户,亦与朝鲜贡蕃不相往来",认为"贡蕃"即真番。其实,这是说与朝鲜没有贡蕃的互相往来关系,从以下记事后来又有贡献、使属关系可知。此不能准确说明在辰与朝鲜之间有真番。

《东北史纲》除遵循杨守敬所据上述的两个依据外,已看出其所列材料中的(1)、(2)、(3)、(4)各项对南说不利,因以第五项材料为据云:"燕秦威力及于马訾水之南者既如是,则上文所引(1)、(2)、(3)、(4)四项,燕秦略土与卫满创代所及之真番,果置之朝鲜中部之南,所谓马韩者之北,固无不可通之处。货殖传云:'北邻乌桓、夫余,东绾秽貊、朝鲜、真番之利',所举部族之次叙,均似由近及远者。此叙述之次如无例外,真番当在马韩矣。杨守敬之说诚是最可能之解释也。"与其所论相反,非但"如无例外",而是"大有例外",故杨说亦非是"最可能之解释"。以《史记·朝鲜列传》为例,有两处是真番在前,朝鲜在后,一处真番在前,临屯在后。只有《货殖列传》例外。如此叙次必视为通例,则真番当近于朝鲜,临屯。

杨守敬谓真番在朝鲜之南,魏时屯有以南诸县并是武帝时真番故县,昭帝始元五年罢真番,其故县地并于乐浪。其说可疑之点有三:

(1)《后汉书·东夷传》:"至昭帝始元五年,罢临屯、真番,以并乐浪、玄菟。"此是二郡罢后分别并入乐浪、玄菟,未言二郡皆并乐浪。

(2)《三国志·魏书·东夷传》裴注引《魏略》云:"其子及亲留在国者,因冒姓韩氏。准亡海中,不与朝鲜(卫氏朝鲜)相往来。"箕氏朝鲜王准被卫满破后走入海,自立为韩,"不与朝鲜相往来",其北为卫氏朝鲜,中无真番隔其间。《后汉书》记载:马韩"其北与乐浪,南与倭接",亦不言真番。

(3)《三国志·魏书·东夷传》裴注引《魏略》初右渠未破时,其相历谿卿,东之辰国,"亦与朝鲜,贡番不相往来",此与淮南入海不与朝鲜往来同。此辰国实即"准后灭绝,马韩人复自立为辰王"的辰国。此辰的廉斯锚在王莽地皇时,欲来降乐浪,知其部与乐浪相接近,历谿卿东之辰国的辰与朝鲜之间,亦无真番相隔。

从以上的辨析中,可知真番在北,不在南。

15.3　真番郡的治址霅县

真番郡治霅县,霅县在今何地？这是考订真番郡位置的一个重要问题。兹就有关记载分析如下:

《康熙字典》霅字下解:"集韵:霅,斩狎切,音眨。地名,霅阳障在乐浪。"《汉书·地理志》乐浪郡下:"武帝元封三年开,莽曰乐鲜,属幽州,有云障。"

云障疑即霅障,"霅阳障"当是霅障、阳障。《史记·朝鲜列传》:"自始全燕时,尝略属真番朝鲜,为置吏,筑鄣塞。"又"满亡命……东走出塞,渡浿水,居秦故空地,上下鄣","东走出塞"即汉复修的"辽东故塞",在浿水之西,上下鄣在浿水之东,即所谓"霅,阳障在乐浪"(属卫氏朝鲜)。疑霅障即上鄣,在真番境,阳障即下鄣,在乐浪,此是辽东故塞以外、浿水之东的一道边障,于秦时为空地。

关于霅县之所在,据史书记载及后人的分析,大体可以推得。

《读史方舆纪要》卷38:"霅县,汉志不载。徐广曰:辽东郡有番汗县,疑即真番。"《史记·朝鲜列传》《会证》引丁谦《汉书朝鲜传地理考证》云:"真番本朝鲜附属番部,七国时为燕所略,武帝破朝鲜改为郡,治霅县,在今奉天兴京厅边外,东南至鸭绿江地。"

番汗县,杨守敬置于今昌图附近。我旧从此说,徐广曰"番一作莫。辽东有番汗县。番音普盖反"。顾祖禹"疑即真番"。浿字胡三省《通鉴音注》作普盖、普大,滂沛翻。《汉书·地理志》注:"应劭曰:汗水出塞外,西南入海,番音盤。"《说文》:"沛水出辽东番汗塞外,西南入海。"沛水、汗水,当即沛汗水分而言之,即番汗水,亦即满潘汗水,指今浑江及鸭绿江下游,属辽东郡的番汗县当在此水之西、辽东故塞内。今辽宁省新宾县发现汉代古城址,是否与此有关不敢断言,但其在沨水之西则无可疑。向来以新宾汉代古城为玄菟故府,于理则殊。

朝鲜丁若镛《玄菟郡考》云:"真番郡治本是雪县。雪,即胡甲切,盖又胡腊切,盖马者雪县也。"西汉玄菟郡属县有高句丽、上殷台、西盖马。上殷台县在今吉林市附近,其县当在真番郡北;西盖马县在盖马大山西,盖马大山即今长白山、狼林山脉,其县在上殷台之南,因此西盖马县可能即原来的真番地。应劭曰"玄菟,本真番国",盖本于此。

《山海经·海内北经》:"盖国在钜燕南倭北,倭属燕。"吴承志《山海经地理今释》卷6:"蒙按盖国他无所见。郝氏笺疏云:魏志东夷传云,东沃沮在高句骊盖马大山之东,后汉书东夷传同,李贤注云,盖马县名,属元菟郡。今案盖马疑本盖国也。"又云:"此经盖当作蕃,乃字误也。"盖国为盖马其说可取,西盖马县属玄菟郡,本真番旧地,丁若镛云"盖马者,雪县也",真番郡之雪县,似即玄菟郡之西盖马县治。

三韩,为古辰国,故三韩之王仍号辰王。马韩,史家研究是他地迁去的。《宋史·定安国传》记载定安国"本马韩之种","奄有马韩之地"。其给宋表中说:"臣本以高丽旧壤,渤海遗黎,保据方隅。"这说明其所奄有的马韩之地,并非指朝鲜南部的三韩中的马韩,而是以今鸭绿江集安为中心的"高丽旧壤"。宋人知其为马韩种,盖由于本族或他族传称所知。此马韩疑即盖马韩。徐广曰番一作莫,莫与马音近,汗亦音寒,与韩音同,可能即番汗之裔。《宋史》虽晚出,但其说必古。

根据以上的分析,认为真番郡治雪县即玄菟郡的西盖马县地。西盖马县在今何地,说法不一。《奉天通志》置西盖马县于今吉林省古马岭以北的古马岭村,疑古马为盖马之音转,其方位与《汉书·地理志》注所记不合。《中国历史地图集》置西盖马县于今鸭绿江左畔朝鲜的楚山附近,并谓:"据汉书原注,马訾水在西盖马西北方与盐难水合,又西南流至西安平入海,是前汉时期之西盖马县应位于今朝鲜境内鸭绿江左岸楚山附近。"[1]此说有自足的理由。《汉书·地理志》玄菟郡西盖马县注:"马訾水西北入盐难水,西南至西安平入海,过郡二,行二千一百里。""马訾水西北入盐难水"是就西盖马县在其水所处位置而言的,即从西盖马县治西北流来,下流入盐难水。"西南至西安平入海",指马訾水流入的盐难水西南至西安平入海。当时是以盐难水为干流,马訾水为支流。西盖马县当在今鸭绿江至临江镇转弯西北来到与今浑江合流处之间鸭绿江畔,即今吉林省集安附近。日人那珂通世订正《茂陵书》从长安至真番里程之"七千"为"五千"之误,与长安至襄平(今辽阳市),再至丸都(今集安)里程相当。在今集安旧城下已发现有汉代城址[2],可能即真番郡的霅县,亦即后来玄菟郡西盖马县旧址。

最后,将与真番郡有关问题归结如下:

(1)真番原是箕氏朝鲜侯国的一部分,战国时属燕,秦及汉初在辽东故塞之外,役属于卫氏朝鲜。

(2)汉武帝灭亡卫氏朝鲜,于其地置真番郡,昭帝时罢真番并入玄菟郡,以其地为西盖马县。

(3)真番四至,北高句丽县及上殷台地,西及南为"辽东故塞",即辽东郡的障塞。东盖马大山,山东为东沃沮(玄菟郡)。东南为临屯郡、乐浪郡。大体有今浑江及鸭绿江流域地区。

(4)真番郡治霅县,即后来玄菟郡西盖马县地,约在今吉林省集安附近。

(原刊《北方文物》1985 年 3 期)

---

〔1〕中央民族学院编辑组:《〈中国历史地图集〉东北地区资料汇编》,第 23－24 页。
〔2〕在集安旧城发现有城址,并出土文物,初发现时尚有不同看法。后听吉林省考古有关同志介绍,方认为今集安旧城下之城址系汉代城。今东北被发现汉城不少,如研究得好,有利于对旧说之纠正。

16　论东北民族宏观与微观研究的统一

对东北民族的研究,应当在过去研究的基础上引向深入,由一般的研究进入理论体系和结构的探讨,在研究中把宏观与微观统一起来,使对东北民族的研究再上一个新台阶。本文拟就此问题讲点粗浅看法。

16.1　整体掌握与宏观研究

整体掌握与宏观研究是统一的,前者是后者研究的前提和基础。宏观研究不仅是表现在对问题研究的覆盖面的扩大上,而更重要的是表现在对问题研究的黏结和深度上,这是一个集诸精华而独创和在研究中出新的过程,也是建立和发展具有中国特色地方民族史的过程。

16.1.1　要重新认识东北民族的特点

对东北民族的研究已成为国内外所十分关注的课题,但由于政治目的和理论观点不同以及方法不同,对东北民族的归属会得出截然不同的看法。我国古代对东北民族记载的思想是一体观,有"华夷正闰之辨"的"天下一体"的一体观和反"华夷正闰之辨"的"中华一体"的一体观的不同,但他们同认为我国的政体是一体,即使主张分华夷、分中外,也认为是君天下的"天下一体"内的民族。在对东北民族的研究中,要反对历史上遗留下来的传统旧观念,要反对妄图分裂东北领土的形形色色的反动理论,同时也应注意识别混淆民族与国家不同观念的倾向。东北民族的特点离不开我国历史的实际,即由我国多民族而结成的实际所表现出来的特点。我国历史的最大实际和特点,就是多元

一体和一体多元的国家,这是长期历史形成的。[1] 它的特点主要表现在:

第一个特点,是一体。一体是研究东北民族的最大的实际,也是最大的依据和前提,也就是说,东北民族的整体结构是在全国不可分割的一体之中。一体分"天下一体"和"中华一体"两个大的时期。"天下一体"是从君天下、国诸侯、家大夫、边四夷的一体,发展为君天下、国郡县、家编户、边四夷的一体。这个时期是在一体中分华夷、分中外,由中外不同层次的京畿、四方、四裔构成"天下国家一体"的整体。"中华一体"是从不统一的多中国王朝、列国发展为全国统一的中国、中华。因此研究东北民族的整体构成,就要从这个最大的实际和特点出发,研究东北民族在不同时期的发展和变化,是在什么样的发展变化中,从"天下一体"发展为"中华一体"的东北民族。

第二个特点,是多元。多元是我国民族构成的一个显著的特点。多元与一体是统一的,其完整的提法应当是多元一体和一体多元。多元一体,包括东北民族来源的多元和由多元而构成全国一体中东北民族的整体;一体多元,包括在一体中东北民族的多元并存和在一定历史条件下所发生的变化。全国发展是多元一体和一体多元,东北民族和政权也是多元一体和一体多元,因此对东北民族要进行多元、多层次和多类型的研究。既要研究当时全国民族的多元一体和一体多元的构成和所发生的格局变化,也要研究东北民族的多元一体和一体多元的构成和所发生的格局变化,同时也要研究各民族的内部所发生的变化,从中进行整体的把握,从整体把握中看东北民族的影响和作用及其历史地位。

第三个特点,是发展和进步。全国民族是发展进步的,东北民族也同样是发展进步的;中原华夏(汉)族发展、进步和创新,东北民族也发展、进步和创新。各民族都有一部光荣的历史,而且这部历史是在一体

---

〔1〕本文所论"中华一体"思想,见《"中华一体"论》,《吉林大学社会科学学报》1986 年第 5 期;《"中华一统"论》,《史学集刊》1990 年第 2 期;《"中华一家"论》,《北方民族》1990 年第 1 期;《"中华一体"观念论》,《社会科学战线》1991 年第 4 期等。

·欧·亚·历·史·文·化·文·库·

中进步和增华的,是与华夏共进的历史。由"天下一体"中的东北民族,发展为"中华一体"中的东北民族;由分华夷、分中外以及同服不同制,发展为不分华夷、不分中外以及同服同制;由社会的不同态,发展为社会同态;由外变内和由夷从夏,以及由于民族间的迁徙、交融而发生的变化,是东北民族与中原民族走向同华的光辉历程。这里有中原文化对东北民族的影响,也有东北民族对中原民族的影响,使东北民族与中原民族浑成一体。

第四个特点,是边疆的民族。东北民族是东北边疆构成的实体,既与中原有一体不可分割的内部联系,同时也与东北相邻的一体外的民族和国家发生外部联系,这是两种不同性质的联系。因此研究东北历代民族的分布格局,研究东北历代民族的区域设置,必须从整体上掌握,依据马克思主义国家和民族的不同观念,区分一体内的民族和一体外的民族,正确理解内外的依据和标准,研究东北边疆的国家领属关系的变化。本着实事求是按照历史不同时期的实际,研究东北民族格局。

16.1.2 整体掌握与宏观研究

对东北民族的研究,主要是从全国的一体进行把握,把东北不同历史时期的民族系统与结构纳入"天下一体"和"中华一体"之中,同时对历史不同时期的民族发展趋势和演变的轨迹进行研究。这是一个完整的一体构成的格局,而不是一个没有内在联系和僵化的格局。

第一,要多层次研究不同时期东北民族的一体。为把东北民族纳入全国一体之中,从一体的大系统中看其所处的地位,并深入研究东北诸民族的构成,这是宏观看问题的整体性。因此,就要多层次研究一体在不同历史时期的发展和变化,研究各个层次及其构成的关系。

"天下一体"和"中华一体",是由纵横两个方面所构成的。从纵的发展看,可分为"前天下一体"和"天下一体"、"前中华一体"和"中华一体"的不同时期和阶段;从横的方面看,可分为中国(中原)民族和四裔(边境)民族两部分。就东北地区而言,也有中国四方国和郡县民族与四裔民族的不同,既要研究"天下一体"的整体,也要从"天下一体"的整体中研究东北民族构成的整体;既要研究东北民族构成的整体,也要从东北民族构成的整体中研究各民族和民族政权的一体结构,这是宏观研究东北民族的一体观。

一体的最高层次是"天下一体"和"中华一体",其次是在一体中出现的分南北的北朝和南朝的一体,再次则是在地方的诸民族的政权乃至王朝的一体。东北民族的研究,是在对这种不同层次一体研究中,重点研究东北民族及其政权的不同层次结构。东北是中华文明和中华民族的来源之一,在历史进入统一的民族国家的夏、商、周时期,东北就在全国的整体结构中与中国(中原)结为一体。东北民族与中原民族互相迁徙和交融,殷人从东北起源地,步入中原,建立王朝,成为华夏族形成的重要一支。到战国时,东北的南部,与中原同步由奴隶制的城邦发展为郡县制。从秦统一到隋唐,在东北虽出现夫余、高句丽的城邦奴隶制,但郡县在这里仍没有中断。唐是"天下一体"国家的重大发展时期,把原来分中外、分华夷的不同制,发展为中国与四裔的两重府州制。"前中华一体"的辽、宋、金、西夏时期,变过去分中外、分华夷之制为多中国王朝、列国、列部并存的新时期。由契丹、女真统一东北和北方之后,东北民族便纳入一个统一的多民族"中华一体"的新体制之中。辽金以五京把中国与四裔统一起来,全国的民族不分区域皆是国人,一体无外,"视九州四海之人物,犹吾同国之人"[1]。这是一个不分华夷、不分中外同为中国的统一的多民族的"中华一体"的国家体制。元、明、清进而把东北民族纳入全国统一的多民族的国家体制之中。

第二,要多系统地研究东北不同时期的民族。东北民族在全国一体中是多元一体和一体多元的结构,因而研究东北民族就要进行多系统的研究。多系统不仅指民族的多系统,也包括经济、政治和文化制度的多系统。研究东北民族多系统的社会结构,必须以一体作为研究的前提和基础,离开这个前提和基础也就离开了当时历史的最大实际。系统的研究,要把对民族系统的研究同国家的领属问题有机结合起来,离开这点也同样是离开了当时的历史实际,因为这样做会避免在研究

---

[1] 家铉翁:《题中州诗集后》,姚奠中主编:《元好问全集》下,卷51,山西人民出版社1990年6月。

中混淆民族与国家的不同观念。同出自一个族属系统的民族,其居住的地方不以国家为限,既可居住在我国一体之内,也可居住在一体之外,特别是邻国之间的民族因诸种原因互相迁徙是经常出现的,国家之间疆域不是以民族划分。对东北民族系统的研究,要防止混淆民族间不同的系统关系,民族的来源有不同,属于不同系统的民族,在一定的历史条件下可以互相转化、互相交融和互相融合,我中有你,你中有我,血肉相连,不可分割。对于融合不能作一个层次理解,有的是由一个族融合于另一族,有的是在保留本族的情况下,在更高层次上融合为华夏。对东北民族要研究各族的异源异流、异源同流、同源异流和同源同流的分合关系,要研究各族的族属系统的源,统一民族形成的源以及统一民族形成中的起核心作用的家族的祖源,以求得那个民族的远属、民族共同体和家族的统一的系统关系。同时也要研究历史形成的专门术语,如在对乌桓、东部鲜卑和拓跋鲜卑的研究中,史书记载乌桓为"本东胡"[1],东部鲜卑为"东胡之支"[2],而拓跋鲜卑为"别部鲜卑"[3]。这里记载的"本东胡"、"东胡之支"和"别部鲜卑",是用之于不同含义的专门术语。对这些术语要作正确理解,不然就会造成对民族系统研究的混乱。[4] 在历史发展中,华变夷,夷变华,最后都是华,在统一的华中分汉及其他各族,这就是多元一体和一体多元的民族关系。

第三,要多类型地研究不同时期东北民族的类型和变化。东北民族类型是多方面的,而每一类型不是单一的,是多元的构成。如社会形态的类型、经济结构的类型、政治体制的类型、文化区域的类型以及民族共同体的类型等等。在东北民族社会的研究中,有多少领域,就有多少类型。东北民族类型的发展,是不平衡的。从民族共同体看,一般地讲,是由氏族部落制发展为部族制,由部族又发展为统一的民族。从政权看,由一体内地方的外形政权发展为地方的中国型政权,再发展为入主中原的封建割据政权、北朝和全国王朝。从社会形态看,由原始社会

---

〔1〕《后汉书》卷 120《乌桓鲜卑列传》。

〔2〕《后汉书》卷 120《乌桓鲜卑列传》。

〔3〕杜佑:《通典·边防十二》。

〔4〕关于"别种"、"别部"的解释,见《"别种"刍议》,《社会科学战线》1983 年第 4 期。

的不同发展阶段到奴隶制和封建制。从经济类型看,有的是以渔猎为主的类型,有的是以畜牧为主的类型,有的是以农业为主的类型。经济类型的结构,没有单一的畜牧和单一的农业,都是多种经济成分的多元结构,而在其中有一个占主要地位的经济成分。社会形态与经济结构类型的关系,有异态异类、异态同类、同态异类和同态同类的不同。东北民族的整体是全国一体中的组成部分,其发展同样受中原的发展变化的影响、制约和规定,和全国一体的发展是联结在一起的。因此在发展中,有"天下一体"中的多元类型的发展变化,有"中华一体"中的多元类型的发展变化,在经济类型的研究中往往存在偏见,以游牧经济来概括北方和东北民族,其中有的民族就是以农为主的民族,有的民族在建立政权之前就已经从渔猎、畜牧为主发展为以农为主,甚至有的族在建立政权之前就已基本完成变外为内,变夷为夏的历史过程。从多类型研究东北民族在不同时期的发展变化,是从整体上研究东北民族的一个重要方面。

16.1.3　宏观研究的依据和标准

宏观研究东北民族,不仅要有整体的历史实际作依据,同时也要有符合这种实际的理论对东北民族进行整体的概括。这里着重结合对边疆民族史地研究中,所提出的依据和标准问题讲点看法,因它同对东北民族研究有关。

宏观研究东北民族的依据和标准是一体观,即以历史上不同时期东北民族在全国一体中所构成的整体为依据,在一体之内的为我国历史上的民族,在一体之外的为邻国的民族。依据的标准主要有两个:一是当时我国对东北管辖的区域范围,也就是"天下一体"的君天下的边四夷的东北土地之所至,以及"中华一体"的君中国的边疆民族之所至。二是表现在同服同制和同服不同制的在政权领属上的主从关系,由同服而结成的一体。要以一体观看东北民族的内外问题,即是一体之内的外还是一体之外的外,因而研究东北民族的归属不能用其他的依据和标准。如以郡县为依据和标准,这不符合古代在一体中分内外的实际,内中国、边四裔,都属于"天下国家一体"之中,要严格区分一体内的外与一体外的外之不同。如以今天的国界为划分古代东北民族的内外的依据和标准,也不符合历史的实际。在历史上的某一民族,在当时是属一体之内,而后来的国界发生了变化,成为跨后来国界的民族,这种情况是存在的。但要以过去的历史实际进行研究,不能混淆当时一体内的外和一体外的外的关系。研究东北民族更要以当时一体实际为依据和标准,不能以有同属关系和联系的民族为依据和标准,因为在历史上有同属和联系的民族,可能分别属于不同国家的民族,不能把一体内的民族和政权划到一体之外,也同样不能把一体外的民族和政权划进一体之内。

宏观研究东北民族的依据和标准是不同时期的历史实际,不是以哪一时的疆域为依据和标准,也不是以今天的疆域为依据和标准,而是以不同时期的一体疆域为依据和标准,研究不同时期的东北民族。

16.2 具体入手和微观蠡测

东北民族研究,要从具体问题入手,进行微观蠡测,以便通过对具体问题的研究达到宏观的论证。对具体问题必须是从新、立新的探赜,才能达到对整体研究的创新。具体入手,微观蠡测,是由木见林和由蠡测海的过程,因此不是孤立地割裂地进行,而是一个完整研究过程的必要阶段。

16.2.1 微观研究的要旨在于从新、立新

微观研究是从具体问题入手,是达到整体研究创新的前提条件和基础。微观研究的要旨,在于从新研究具体问题,并通过对具体问题的研究一个一个立新观点和新见解。从新是立新的前提,立新是从新研究所取得的成果。其方法不是博论,而是对某问题研究中博览约取,在约取中立新。约取即对问题的选择,而所选择的问题必须是能出新的问题。出新所包括的方面很多,例如在过去对东北民族研究中出现的新问题和新见解需要系统完善和补充的;过去虽有研究而有可靠事实可以纠正过去研究的错误;长期被人们认为是可信的公论而尚有可疑并且可以重新诠释的问题;长期有争议而其症结未解的问题;过去没有

人提出和发现的新问题;过去只浮于一般的叙述而待深化和在理论上升华的问题;需对传统旧观翻新的问题,等等。在具体问题微观研究中能抓住对这些问题的研究,就能达到对具体问题研究从新和立新的目的。立新多了,由点到线,由线到面,也就能为整体研究的创新奠定基础,就能在整体研究中自成体系。

微观研究对整体研究来说,它的专业的技能性很强,可以通过微观的研究窥天和测海,是属于研究的基础功能问题,把微观研究看成雕虫小技是不对的。

16.2.2　微观研究具有树标和指向的作用

构成东北民族整体的诸事物是联系着的,如果对某事物在微观研究中达到准确无误,它可以在对相关问题的研究中起到树标和指向的作用。但是即使在有实物的情况下,这种研究中也不一定都能达到准确,因为实物自身也有真伪问题,有认识与研究中的正误问题。下面就对东北民族研究中的问题,举例言之。

第一,从战国到两汉东北民族分布的格局与其分布的南限研究的依据问题。从战国到两汉东北民族分布的南限是在长城外还是塞外?对这个问题的研究没有引起足够的重视。如果对此问题有所解决,就可以对东北民族分布格局的研究起到标界和指向的作用。在辽水以西诸郡北边的长城已被发现,其走向由造阳(多伦)经今围场、赤峰北、敖汉、奈曼、库伦南,进入阜新,然后再经彰武、法库而至辽水。长城不是东北民族分布的南限,因为在长城外尚"筑障塞"为"外徼"[1],即外城,也就是塞。东北民族不分布在塞内,而分布在塞外。在辽水以东,辽东郡有长城,而在辽东长城外也有"外徼"。西汉武帝时郡县的设置扩大,现已在吉林省四平市东北二龙湖水库(原赫尔苏驿)发现战国时古城址,在今集安旧城址下有汉魏旧城址,在今吉林市已发现汉代村落址、墓葬址,疑亦有旧城址。这些遗址当属战国到西汉武帝时的遗存,此时的东北民族当分布在辽东长城以外的塞外地区,所谓入居塞内,不

---

〔1〕参见《东北地方史稿》,吉林大学出版社 1985 年 11 月,第 46－47 页。

是东北不同时期长城以内,而是长城外的塞内。长城前后有变化,外塞也有变化,不能一概而论。就辽水以东而言,有人说在铁岭以北无汉遗址,置西汉时夫余在开原或西丰,看来都应再研究。为了解当时东北民族的分布,不仅要研究五郡北长城的走向和变化,也要研究长城外的外塞走向和变化,这种研究会对东北民族在不同时期的分布起到标界和指向的作用。

第二,多年以来,由于北魏刻石在嘎仙洞被发现,加强了对拓跋鲜卑史源的研究,并且以有北魏刻石的嘎仙洞为坐标研究与拓跋鲜卑史源相关的问题。嘎仙洞是真的,北魏刻石也应是真的,而谓嘎仙洞是北魏皇室"祖宗之庙",是拓跋鲜卑的起源地,今大兴安岭北段是拓跋鲜卑起源地的大鲜卑山,拓跋鲜卑与东部鲜卑为同源,则未必是真。说这里是拓跋鲜卑先人的"祖庙",是乌洛侯使者朝献时讲的。把一个天然大石洞说成是"庙"是有意假报,而北魏并未调查核实,这里与《北书·帝纪·序纪》中提供拓跋鲜卑起源地的依据是不相符的,而且刻石祝文已将"祖庙"改为"旧墟",实际上已否定是"庙"。对此我已写《嘎仙洞刻石与对拓跋鲜卑史源的研究》一文辨析之。这本来是个存疑的问题,首先应当是释疑,然后才能对与此有关的细节进行微观的研究。我想对此问题研究,会有利于对拓跋鲜卑和东部鲜卑起源地、南迁及其文化的研究。同时也会在研究中找到起坐标和指向作用的重要问题来。

第三,对隋唐时期靺鞨七部的分布方位的研究各有所见,不免有与史书记载的各部间相距方位不符的地方。现在已较有统一看法的有粟末部,在今西流松花江,因粟末水而名部,部在今吉林市附近;黑水部在唐时所指黑水;白山部在今长白山附近;拂涅部在今依兰附近;号室部在拂涅部东。而对其中伯咄部和安车骨部的研究至关重要,不能单纯从部名音韵上符合,也应从部与部间相距的方向上符合。《隋书》等记载,伯咄部在粟末部正北,而不是西北,如粟末部在今吉林市附近,则伯咄为今伯都讷,与在粟末部北之方位不合。"安车骨"亦作"安居骨",其音当以"安车骨"为正,与金之"按出虎"为同名异地。安车骨是水名,"安车"与"按出"音对,"虎"与"骨"音对,"按出"女真语为金,

"虎"为水、为河,"虎"不是按出虎一词的语尾。金时的按出虎即今之阿什河,而隋唐时的安车骨部,有两点可以断定其所在:其一部在伯咄部东北;其二部在黑水部之南。唐时的黑水指那河或忽汗河与室建河合流以下,即今嫩江及流入松花江(唐统称那河)和牡丹江流入松花江(唐统称忽汗河),与室建河(唐时指今黑龙江)合流以下,唐时称为黑水,黑水部居此黑水南北。安车骨部在黑水部南的安车骨水,此水乃指今乌苏里江,非指之阿什河。乌苏里江辽时称阿速,元称阿速古儿,明称阿速江,"阿速"与"安车"为同名异译,"古"与"骨"为同音,"古"、"骨"与"按出虎"的虎义同,即水或河[1]。在这里对黑水、黑水部方位的研究,对安车骨水、安车骨部的方位就起到坐标和指向的作用。

16.2.3 微观对具体问题研究的深化与求实有重要意义

微观研究是对具体问题研究的深化和求实的一个不可缺少的途径。对这样的问题研究和解决得越多,越能促进学科研究的整体发展和进步。

第一,名义是东北民族研究内容的组成部分。对民族名义的研究不是简单地从民族语音所能解决的,这里也有个遵循历史的实际问题。例如对"鲜卑"、"鲜卑郭落带"名义的研究,自从把"鲜卑"认为是"祥瑞"、"神"之后,在一个长的时间内进展不大,现在对"鲜卑"和"鲜卑郭落带"的研究思路更广,见解益多。现在的研究是从各个方面把对问题的研究深化了,一是注重了对文献记载的"鲜卑"、"鲜卑郭落带"求实,从当时对"鲜卑"、"鲜卑郭落带"记载中,进行语词分类,分别求其义,认为"鲜卑"本身就是一种兽名,并探讨为何种兽;二是对"郭落"结合文献记载的实际研究,认为其本义非"兽",乃是与带相关的物的称谓;三是把"鲜卑"、"郭落"的记载与出土的实物作分别对比研究,求得"鲜卑"、"郭落"之本义。这样的研究虽然见解尚有不同,而研究问题是具体深入的,是更接近事实的,是对"鲜卑郭落"为"瑞兽"、"神兽"的否定,我认为"鲜卑"是兽的本名,把这种兽的形状铸镂在带头

---

[1]余撰有《"按出虎"名称考释》,待发表。

欧·亚·历·史·文·化·文·库·

（即带扣）上，所以叫"黄金师比"、"兖带头"[1]，其兽即出土带扣上的"飞马"，这种"飞马"之状即是鲜卑，而称"瑞兽"、"神兽"乃是人们由于对此兽神之称谓。郭落之义为"大"，"鲜卑郭落带"也即史书记载的"鲜卑大带"，带为织物，所以也叫"贝带"、"大贝带"。兖带，即大带；兖带头，即大带带有鲜卑兽状的鎏金质带扣，旧释带钩是不对的。再如挹娄一词的旧解，我以为都不得体。《晋书》谓"肃慎一名挹娄"，则挹娄为肃慎的异称。《新唐书》挹娄作虞娄，乃是同音异译。"挹"、"虞"乃是读音不定而异，虞娄即挹娄，"虞"与"朱"音近，挹娄实出自邾娄，东夷语的自称。勿吉的"勿"读音为"没"，与靺鞨之"靺"为同音异字，由 m 之发声字可转为 p、b，渤海是勿吉、靺鞨的同名，系他称，后为自称。五代时复本称肃慎为女真（朱里真），女真语为朱勒失，即肃慎之音转，其本义为东、朱，或东人、朱人[2]。

第二，对东北民族史问题之研究，多欲求问题之始。例如东北纳入"天下一体"始于何时？过去以郡县在东北之设置为依据者，谓始于战国。实际上作为"天下一体"的国家疆域，从它产生之日起东北就已以四方国和四裔而被纳入"天下国家一体"之中。郡县在东北设置只不过是继四方国的发展与变革而出现的，即由君天下、国诸侯、家大夫、边四夷的一体国家变为君天下、国郡县、家编户、边四夷的一体国家，如果说以郡县纳入"天下一体"始于战国，而谓设郡县前的四方国时不属"天下一体"则不可。作为罪犯而徙于东北的流人始于何时？或谓始于《汉书·哀帝纪》："建平元年（公元 6 年），侍中骑都尉赵钦、成阳侯赵䜣皆有罪，徙辽西。"按昭帝元凤五年（公元前 76 年）"六月，发三辅及郡国恶少年、吏有告劾亡者，屯辽东"。又六年（公元前 75 年）"春正月，募郡国徒筑辽东、玄菟城"。此乃罪人被徙屯辽东和服役者，比建平元年早 70 年。研究东北民族之源始，有东北民族是"中原来客"说，认为在旧石器晚期华北的人类才来到东北，肃慎等均是"中原来客"，实际上东北已发现与北京人猿人同期的遗址，以北京猿人作为全国人

---

〔1〕见《"鲜卑郭落带"及与鲜卑命名有关问题》，《辽海文物学刊》1989 年第 2 期。

〔2〕见《肃慎·挹娄·女真考辨》，《史学集刊》1992 年第 1 期。

类最早起源之说,已被考古发现所否定。人类起源的一元说是指由猿到人,凡有由猿转变为人的条件的地方都可能有人类产生,中国人类及其文明的起源地不是一元,而是多元。

第三,要加强对东北各民族的整体发展过程的诸中间环节的研究,使微观研究与整体研究能衔接起来。例如在各族与各地区之间,都有个接触、交融乃至融合的过程,而这个发展变化的过程是多层次进行的。融合不是一种形式,一种形式是由一个民族融合于另一民族中,使本族在历史上消亡;另一种形式是在保留本族的名称和特点上,融合于更高层次的华夏之中,与汉族等民族同作华夏的成员而并存和发展。就东北的民族而言,其发展变化大致可分为三个层次,但这也只是就某些族而说的。

第一个层次,是由氏族机化为部落,由部落机化为部族,由诸分散的小部族机化为地方的大部族,最后由诸大部族机化为一个统一的民族和国家。在这个发展过程中都有一个在机化中起先进和核心地位的部落、部族,他们以本族的条教和法令统一诸部和诸部族,把一个民族和地区的历史推向前进。这种机化的民族和地区便是一个地方的交融的有机统一体。

第二个层次,是由不同的社会形态的发展而在地方机化为一个具有中国类型的地方民族和政权,车书一家,一道同轨。这种在地方出现的中国类型的民族和政权的统一体,改变了过去内外不同制而同服的旧格局为新格局,是地方的民族和政权走向统一的中国迈出了重要一步,渤海国在东北出现便是个典型的事例。

第三个层次,是出现在东北民族入主中原和统一北中国的全部地区,即以五京制把东北纳入一个中国之中,不分民族,不分地区皆是一个中国中的国人。这个时期东北民族的整体结构是一个统一中国下多元民族的结构,是第二个层次的更高的发展阶段。

第一个层次的机化还是在地方民族内部进行的,而第二和第三个层次的机化,是以中原文化为主结合本族文化而形成的高于各族之上的共同华夏文化,这是一个由外变内和由夷从夏的过程,华夏文化不是汉族一个族的文化,是多族共有的文化。多层次地研究一体内的民族,是了解全国统一的多民族历史的发展和形成的关键。

16.3 宏观与微观研究的统一

宏观与微观是研究的一个统一过程,不能把二者对立起来。宏观与微观研究都不是同一个层次,也不是一次所能完成的,要经过反复的提高,由研究初始阶段的宏观与微观的统一,经过不断的实践使对问题的研究深入,而最后才能达到对本学科内容的研究,在更高的层次上宏观与微观的统一。在对本学科内容研究之初,只能是从约了解和掌握本学科的最一般的情况,然后再逐渐扩大,博览约取,进行研究。这是由约到渐博,又由渐博到约取,而进行对个别问题的研究过程;对问题研究多了,见解多了,成果也多了,就能达到由点到面的过程;然后再在诸面中选择某一领域中的课题,进行比较系统和深入的掌握和研究,集诸点滴为水,再聚诸水而成流。一般地讲,这个时期宜于对专门领域或专史的研究,它是前一研究过程的汇聚和提高。它对某专门领域和专史的研究要求有较系统的见解,并具有对问题研究的开拓性质。在本学科的研究中,这样的研究成果不是一项,而是多项。最后把多项的研究作为根底综合治理,对问题的研究从思想的认识上升华,就能够在理论与本学科实际的结合中提出贯通本学科研究的思想来,并用它来完成本学科研究的体系和结构,这是在研究中比较高级层次的宏观与微观结合。但学无止境,研究也无止境。为深化研究问题,把对问题的研究更向前推进一步,再在宏观与微观研究的统一中,选择那些热点和疑难大的问题作具体的研究,深化宏观思想和结构中的内容,就能把对问题的研究引向深入。这就是在宏观与微观研究的道路中走不完的学程和研究不完的问题。

宏观与微观研究,是理论与实际相结合的过程。在理论与实际结合中,把宏观与微观研究结合起来。一般地讲,微观侧重于对不同层次的个体问题研究,更具体而深入;宏观侧重于对整体问题的思考,更全面而概括。但是微观与宏观的研究,不仅表现在研究问题面的大小上,必须是在微观研究中提出足够的见解和观点,最后达到对整体研究的创新。无论是微观还是宏观,都应有牢实的基础,基础是为起高楼,就这点我很称许元好问。元好问治学与王通是相通的,他能够做到精思清练,成一代之宗。研究东北民族,不能在理论和观点上老是借之于人,要把马克思主义与本学科实际结合,提出符合本学科研究的思想,这样会促进对东北民族的研究。

宏观与微观的统一,必须把认识和思想的提高与创新统一起来。对东北民族的研究要在思想认识上有个飞跃,过去就有人认为东北史没有什么可再搞的,都被人研究过了。事实证明东北史的研究也有个从新的问题,尚有许多问题靠新发现,新开路,迈新步,要明确不是单纯对这个学科保留,而是增加研究的活力。对东北民族的研究,在理论与实际结合、认识与创新结合,开创具有中国特色的民族研究的体系来说,还有不小的距离。在当前社会主义改革和开放的新时期,其研究的任务不仅仅是保留这个研究领地,而是开拓和迎接历史的未来。

东北民族的发展不是孤立的,对东北民族的研究也不是孤立的,它同各学科发生广泛接触和联系。在研究中不是一重证、双重证,而是多重证,是对相关的学科和领域要广泛吸收、引进和应用,以开拓东北民族的研究。当代科学的发展为我们提供了广泛发展的条件,要用这个好的条件在研究中发放新的光彩,为繁荣中华的文化作出贡献。我想把宏观和微观的研究统一,在从新、立新和创新的研究中,一定会取得超过前人、开拓当前和启迪未来的成就,这有冀于有志从事东北民族研究的青年一代。

(原刊《社会科学战线》1993 年 2 期)

史学理论研究

17 "中华一体"论

　　研究北方民族政权史,首先碰到的一个重大问题,就是我国是否长期以来是个统一的多民族国家? 据我国封建社会的发展,可分为前、后两个时期,而每个时期又可分为两个阶段,即"前天下一体"、"天下一体";"前中华一体"、"中华一体"。"前天下一体"是指秦以前,"天下一体"是指秦、汉到隋、唐;"前中华一体"是指辽、宋、金,"中华一体"是指元、明、清。历史是有规律的发展过程,是互相衔接的。后一阶段的诸因素发生在前一阶段之中,前一阶段的某些因素又残留到后一阶段之中。不管是"天下一体",还是"中华一体",都包括以汉族为主体的各民族在内。各民族的发展有先进,有后进,也有地区、条件和远近的不同,因而不能说今天国内各民族和民族区域都是在同一时间纳入"天下一体"的"中国"(中原)和"中华一体"之内的。各民族都有自己的发展历程,而这个历程无不与中原的历史结合在一起,并受中原历史发展的影响和制约。我国民族历史的真实,就是他们长期互相结合的感情和互相依存的血肉关系。胡耀邦同志《在首都各界纪念辛亥革命七十周年大会上的讲话》中说:"中华各民族从建立统一国家的几千年来,一贯具有反对分裂,维护统一的光荣爱国传统。历史上的国家分裂,从来只是暂时的,从来是不得人心的,因而总是复归于统一。"这是合乎我国国情的马克思主义论断,是考察我国古代民族关系的理论武器。就是说,作为统一的多民族的中国是长期历史发展的结果。我认为统一的多民族国家在实际上早于秦朝,秦朝所开创的是我国封建社会前期的统一的多民族国家,元朝所开创的是我国封建社会后期的统一的多民族国家。

　　现在按历史发展的层次和它的内容的变化分以下几个阶段论述。

欧·亚·历·史·文·化·文·库·

225

17.1 "前天下一体"

"前天下一体"是指我国封建社会的统一的多民族国家形成以前的历史,也就是"天下一体"的思想产生和孕育阶段。

"天下"二字之用于国家,是个多民族的政治概念。《礼·曲礼》:"君天下曰天子。"注:"天下,谓外及四海也。"天子所管的区域,海内为"中国"、"华夏",四海为"边境"、"夷狄"。《尔雅·释地》:"九夷、八狄、七戎、六蛮,谓之四海。"因此,《礼·中庸》说:"是以声名洋溢乎中国,施及蛮夷。"《孟子·梁惠王》:"欲辟土地,朝秦楚,莅中国,而抚四夷也。"这种由"中国"、"四海"而构成的"天下",有它历史的原因。我国从夏朝开始进入民族的国家,它是由家变国有天下,形成包括"四海"民族地区在内的服制。《竹书纪年》:夏后芬时"九夷来御"。御即指对夏王服侍劳役。《诗·商颂》"肇域彼四海"以及"自彼氐羌,莫敢不来享,莫敢不来王",也是这种关系的记录。由"中国"、"四海"而构成一个统一的政治体"天下",是我国各民族自古成为一个大家庭成员的政治基础。研究我国民族史,如果不从"天下一体"出发,只以"中国"为域,将"四海"排斥在"天下一体"之外,是不符合我国的历史实际的。

孔子是我国奴隶社会末期民族思想的奠基者,后来历史的发展曾长期受他思想的影响。孔子的民族思想贡献主要表现在以下几方面:

(1)孔子把当时民族分成两大类:一是"诸夏",二是"夷狄"。孔子区分"诸夏"与"夷狄"的标准是周礼,也就是典章、制度、礼节和习俗。用周礼的是"诸夏",不用周礼的虽秦、楚、吴、越也被视为"夷狄"。

(2)孔子在政治上也以周礼来确定君臣等级、民族贵贱。他说:"夷狄之有君,不如诸夏之亡也。"[1]其意是:夷狄虽有君,但不行周礼,因而卑贱;诸夏行周礼,即使无君也是高贵的。民族的地位之分在于行不行周礼,这就成为民族间宗主与臣服、受贡与纳贡的政治关系确定的

---

〔1〕《论语·八佾》。

依据。

（3）孔子初步明确了"天下一体"的多民族思想,他说:"四海之内皆兄弟也,君子何患乎无兄弟也。"[1]孔子欲居四夷,他说:"君子居之,何陋之有?"[2]他的"四海为家"思想,对后来有积极的影响。《汉书·高帝纪》:"且夫天子以四海为家,非令壮丽,亡以重威。"张衡《西京赋》:"方今圣上同天号于帝皇,掩四海而为家。"[3]

（4）孔子并不把天子之尊看是一成不变的,孔子编《诗》,把《黍离》入《国风》,与诸侯无异。朱熹《诗集传》卷4:"……平王,徙居东都王城,于是王室遂卑,与诸侯无异,故其诗不为雅而为风,然其王号未替也,故不曰周而曰王。"

（5）从孔子的民族思想中已看到民族意识的自觉,他说:"微管仲,吾其被发左衽矣。"[4]他不仅从被发左衽与束发右衽区别华夏与夷狄,而且自觉地称颂捍卫华夏的先进礼俗。当"华"的观念出现,它就成为我国文化的精华,将春秋前的夏、商、周三代的民族融合在"华"的概念之内,既不断地融合兄弟民族于一炉,又不断地包括进入中原的民族为"中华",华也就成为以中原汉族为主的包括各族在内的"华"。区分"华、夷"在礼,而礼不隔"华、夷",此即所谓"中国失礼,求之四夷"[5]。

孔子的民族思想是古代民族发展的结果。在孔子以前及其所生的时代,已为他民族思想的产生提供了历史条件。经夏、商、周三代的发展,逐渐出现"华夏"与"夷狄"的区别。《尚书·尧典》:"蛮夷滑夏。"《疏》:"夏,训大也,中国有文章光华礼义之大。"《尚书·武成》:"华夏蛮貊,固不率俾。"《传》:"冕服采章曰华,大国曰夏。"《疏》:"华夏为中国也。"《左传》襄公十四年,戎子驹支说:"我诸戎饮食衣服,不与华同,贽币不通,言语不达。"由此可见,"华夏"与"夷狄"、"中国"与"边境"为古代区分民族与地域的依据,《禹贡》与《周礼·职方氏》的五服、九

---

[1]《礼·曲礼》。

[2]《论语·子罕》。

[3]见《文选》。

[4]《论语·宪问》。

[5]《后汉书·东夷传·序》。

服制,便是这种划分在政治上的反映。这种被系统化了的五服、九服制,当然不可能产生在夏及西周时期,是经后人整理而系统化了的。但在孔子前的"天下"包括这些内容无可疑义,而《禹贡》又可能为孔子编入经典。孔子的民族思想,正是以他所处的时代为背景,以当时已出现的思想为依据而产生的。

"华"是指中原的民族,夏、商、周不是一个民族,三代同源论固不可信,但夏、商、周三族融合为"华夏"则是事实。"华夏"是多源的,秦、楚、吴、越初不被视为诸夏国,后融合于"华夏",甚至徐戎、姜戎、淮夷、蜀人、庸人也被包括在"华夏"之中。鲜虞本众狄牟国,《谷梁传》称之为"中国"。正因为如此,"华夏"非源于一族,国亦非一族所建,共同的"华夏"就要影响到共同的民族心理状态的产生,其入居中原为"华夏"、为"中国"的各民族,都要找出一个同源的祖先来,这只能说明各族间共同心理状态的加强和民族意识的转化。"中国"与"四海"的划分随着社会制度的变化而变化,战国建立郡县后,郡县内成为"中国",郡县外的边境民族地区成为"四海"。这个变化引起两个方面的积极进展:一方面是对过去的民族疆域进行理论的系统研究,总结出一个共同的发展模式;另一方面则对现实的民族疆域进行新的理论探讨,对"天下一体"进行全面的阐述,为实现一个统一的多民族封建国家创造条件。在这方面的研究最有成效的是当时的伟大思想家荀子。

荀子从"天下为家"着眼,总结了过去"诸夏"、"夷狄"及其制度的不同,并适应时代的需要发展了孔子的"天下一体"思想。他说:"汤武者,至天下之善禁令者也。汤居亳,武王居鄗,皆百里之地也,天下为家,诸侯为臣,通达之属,莫不振动从服以化顺之,曷为楚、越独不受制也! 彼王者之制也,视形埶而制械用,称远迩而等贡献,岂必齐哉! 故鲁人以榶,卫人用柯,齐人用一革,土地刑制不同者,械用备饰不可不异也。故诸夏之国同服同仪,蛮夷戎狄之国同服不同制。封内甸服,封外侯服,侯、卫宾服,蛮夷要服,戎狄荒服。甸服者祭,侯服者祀,宾服者享,要服者贡,荒服者终王。日祭,月祀,时享,岁贡,终王,夫是之谓视形埶而制械用,称远近而等贡献,是王者之至也。彼楚、越者,且时享岁贡终王之属也,必齐之日祭月祀之属然后曰受制邪? 是规磨之说也,沟中之瘠也,则未足与及王者之制也。"[1]

荀子依据服制的理论,系统地勾画出一个五服制的模式,把它看是汤、武"天下为家"的一个民族构成的统一形式。它是由"诸夏"、"夷狄"组成的,其区别的原则是根据礼的观念定出五种不同服制。五服的区别依民族的划分为两种:一是"同服同仪"的"诸夏"之国,一是"同服不同制"的"蛮夷戎狄"。这就是说,在服侍国君上是一致的,而制有不同,这就是古代"天下一体"的多民族国家的特征。

荀子是在总结过去历史的基础上,继承孔子的"天下一体"的思想,确立了他为统一的多民族封建国家服务的"天下一体"观。荀子的"天下一体"观,归纳起来有以下几点:

(1)荀子的"礼"在于"分","以贵贱为文,以多少为异"[2]。他以礼来分贵贱等差,"是夫群居和一之道"[3]。他从这点出发,继承了孔子将民族分为"诸夏"与"夷狄"两大类。

(2)荀子也将"天下一体"分为"中国"与"四海"两部分,他说秦国"威动海内,强殆中国"[4]。又说:"敌国不待服而诎,四海之民不待令而一。夫是谓至平。《诗》曰:'王犹允塞,徐方既来。'此之谓也。"[5]

(3)荀子将"天下一体"的"大神(治)",看成是"中国"与"四海"的经济联系。他说:"北海则有走马吠犬焉,然而中国得而畜使之。南海有羽翮、齿革、曾青、丹干焉,然而中国得而财之。东海则有紫絊、鱼盐焉,然而中国得而衣食之。西海则有皮革、毛旄焉,然而中国得而用之。故泽人足乎木,山人足乎鱼,农夫不斲削、不陶冶而足械用,工贾不耕田而足菽粟。故虎豹为猛矣,然君子剥而用之,故天之所覆,地之所载,莫不尽其美、致其用,上以饰贤良,下以养百姓而安乐之。夫是之谓

---

[1]《荀子·正论》。
[2]《荀子·礼论》。
[3]《荀子·荣辱》。
[4]《荀子·强国》。
[5]《荀子·君道》。

大神(治)。"〔1〕这是讲在"天下一体"中社会经济分工的不同,物产的不同,互通有无以达到天下的大治。"天下一体"的经济联系是政治上一体的基础,这正如荀子所说:"王者之法,等赋,政事,财万物,所以养万民也。田野什一,关市几而不征,山林泽梁,以时禁发而不税。相地而衰征,理道之远近而致贡,通流财物粟米,无有滞留,使相归移也。四海之内若一家,故近者不隐其能,远者不疾其劳,无幽闲隐辟之国,莫不趋使而安乐之。夫是之谓人师,是王者之法也。"〔2〕

(4)民族联合是"天下一体"的一个重要原则,因此对"天下一体"中各族,主要是清明政治,减少民族间的仇雠和敌恨,以达到自愿的归附和联合。荀子说:"故古之人,有以一国取天下者,非往行(夺取)之也;修政其所,天下莫不愿,如是而可以诛暴禁悍矣。故周公南征而北国怨,曰:'何独不来也!'东征而西国怨,曰:'何独后我也!'孰能有与是斗者欤!安以其国为是者王。"〔3〕

(5)荀子从理论上完成了包括"中国"、"四海"在内的统一的多民族封建国家的学说,他讲:"此君义信乎人矣,通于四海,则天下通之如欢,是何也?则贵名白而天下愿也。故近者歌讴而乐之,远者竭蹶而趋之。四海之内若一家,通达之属莫不从服,夫是之谓人师(人君)。《诗》曰:'自西至东,自南至北,无思不服。'此之谓也。"〔4〕又云:"故天子不视而见,不听而聪,不虑而知,不动而功,块然独坐而天下从之如一体,如四肢之从心,夫是之谓大形。"〔5〕

17.2 "天下一体"

我国从战国起进入封建社会,从秦朝起出现封建的统一的多民族的"天下一体"国家,从秦、汉到隋、唐是"天下一体"的统一多民族国

〔1〕《荀子·王制》。
〔2〕《荀子·王制》。
〔3〕《荀子·王制》。
〔4〕《荀子·儒效》。
〔5〕《荀子·君道》。

家。这个时期基本上是经孔子开创、荀子完成的"天下一体"理论的应用,它同后期"中华一体"有着不同的特点,因而我们称它为封建社会前期的"天下一体"时期。

秦朝开创的以汉族为主的民族统治时期,同过去奴隶制时代相比有不同的特点,这主要表现在中原的郡县制与从奴隶制残留下来的分封朝贡制上面,分封朝贡制是作为封建制度的从属而存在的,这是考察"中国"与"四夷"制度的基本线索。从发展的趋势看,是郡县制战胜分封朝贡制,郡县制即将成为"天下一体"中的主要形式。不管是主张郡县制的,还是主张分封朝贡的,他们的共同前提是"天下一体"。因而围绕这两个问题的争论,是在"天下一体"这个大前提下展开的。

"天下一体"这个理论是荀子完成的,这个理论既为"中国"(中原)汉族所掌握,也为在北方建立割据政权的其他民族所掌握。当时虽有"中国"与"边境"、"华夏"与"夷狄"之争,但都不违反"天下一体"这个多民族的理论。把"中国"与"边境"、"华夏"与"四夷"断然分割开来,不是我国古代两派之争的观点。恰恰相反,它是近代帝国主义御用学者旨在分割我国领土和进行侵略而制造出的一种反动观点。从秦、汉到隋、唐,我国曾多次对这个问题进行过讨论,而在争论中都坚持和贯彻"天下一体"这个准则。

汉昭帝始元六年二月,朝廷召开一次盐铁会议,在讨论盐铁国营和酒类专卖等问题中重点涉及了这个问题。问题争论的焦点不是要不要"天下一体",而是如何对待和实现"天下一体"的问题。双方的代表有政府方面的大夫等,有来自民间的文学等,争论很激烈,但是他们有着共同的思想基础,即同把当时天下分为"中国"与"四海"两个部分,是分中外的,中即"中国(中原)",外即"四夷",而中外同为一体。如大夫一方说:"故王者之于天下,犹一室之中也。"[1]"中国与边境,犹支体与腹心也。"[2]文学一方亦云:"今九州同域,天下一统。"[3]"王者博

---

〔1〕《盐铁论·忧边》。

〔2〕《盐铁论·诛秦》。

〔3〕《盐铁论·忧边》。

爱远施,外内合同,四海各以其职来祭。"[1]"故君子敬而无失,与人恭而有礼,四海之内皆为兄弟也。"[2]争论的实质是坚持秦朝开创的封建一统天下,推行郡县制,还是用过去奴隶制时代办法维护"天下为家",是郡县制与分封制两种不同的"天下一体"之争。在"前天下一体"时,孔子在总结奴隶制时代"天下为家"之后提出"四海之内皆兄弟";荀子适应封建制发展为统一的要求又提出"天下一体"。西汉盐铁之争,一是治边安内的思想,一是治内安边的思想;一是用武备安边,一是以德政安边;一是以荀子的"天下一体"思想为据,称颂霸业,一是以孔子的"天下为家"为据,赞扬三王,各执一端,实际都不反对由"中国"、"四海"组成的天下。

西汉昭帝盐铁会,开后来两派之争,一派主张秦皇、汉武的统一,一派否定秦皇、汉武的统一。这种争论一直延续到唐朝。唐朝仿汉武帝于北方民族地区设府州,灭亡高句丽后设安东都护府,裂地为郡县,复"夷貊"为"冠带"之域。狄仁杰强烈地批评秦皇、汉武之所行,实际上是批评当朝,是分封与郡县之争。狄仁杰在对待高句丽问题上,是属于西汉盐铁之争中的文学一派的,但也同样不否定"天下为家"而发表他的见解。《资治通鉴》卷206《唐纪》则天皇后圣历元年,狄仁杰说:"王者以四海为家,四海之内,孰非臣妾,何者不为陛下家事!君为元首,臣为股肱,义同一体,况臣备位宰相,岂得不预知乎!"同上书神功元年狄仁杰上疏云:"天生四夷:皆在先王封略之外,故东拒沧海,西阻流沙,北横大漠,南阻五岭,此天所以限夷狄而隔中外也。自典籍所纪,声教所及,三代不能至者,则三代之远裔,皆国家之域中也。若乃用武方外,邀功绝域,竭府库之实以争不毛之地,得其人不足增赋,获其土不可耕织,苟求冠带远夷之称,不务固本安人之术,此秦皇、汉武之所行,非五帝、三王之事业也。"

狄仁杰的思想要点是:第一,他认为"王者以四海为家","中国"、"四海"皆王之"臣妾",同属皇帝"家事",君臣是"义同一体"的关系。

---

[1]《盐铁论·险固》。
[2]《盐铁论·和亲》。

第二,他认为"华夏"与"夷狄"应有中、外之分,中即"中国(中原)",外即"四海",被臣附夷狄地方。第三,狄仁杰已看到当时"华夏"与"夷狄","中"与"外",已非三代之旧,"则三代之远裔,皆国家之域中也"。就是说三代时是远裔,现在不少已变为"中国"。第四,他以三王"四海为家"作为"天下"的政治规范,主张分封,反对在"四海"的夷狄地区设郡县,废除都护府,使高句丽"继绝世",恢复以前的分封朝贡关系。狄仁杰也没有把高句丽排斥在"天下一体"之外。"中国"的民族含义,是包括进入中原的各族和各族在中原建立的政权在内的,"华夏"与"夷狄"是"天下一体"中的"华夏"与"夷狄",中外也是"天下一体"中的中外。

从秦汉到隋唐"天下一体"时民族关系以及政权关系的特点如下:

(1)秦、汉是统一的多民族封建国家疆域的奠定和巩固时期,而隋、唐是空前扩大和发展时期。这个时期不同于"前天下一体",北方的民族空前的发展,主要表现在过去以单纯的民族存在而依附于中原为主的形式先后被打破了。在被视为"四海"的夷狄地区出现了地方民族政权(如夫余、高句丽、渤海),在汉族建立政权的"中国"之内,有更多的民族建立割据政权,进而出现由少数民族建立的北朝。这就使"天下一体"中民族和政权发展的层次和系列发生了新的变化。在"中国"之内除汉族的政权系列之外,又有少数民族建立的政权系列,在"四海"之内又增添了受中原文物制度的影响而建立的政权的系列。这些发展和变化,没有导致"天下一体"的破坏和"天下一体"的中断,而是在发展变化中向一个更大的统一发展。在"中国"内建立了政权的民族都已掌握了"天下一体"的理论,并在"天下一体"中,取得在"四海"和"中国"建立地方和割据政权乃至北朝的资格。过去在北方是通过汉族政权维系"中国"与"四夷"的联系,现在是通过这些少数民族政权维系"中国"与"四夷"的联系。在北方建立的民族政权,是对中原制度的继承,是"内向"于"华夏"之中,而不是游离于"天下一体"之外,他们正在如秦、楚、吴、越步入中原先进的行列。

(2)在"天下一体"时期,从民族统治地位的变化上看与此后不同,

·欧·亚·历·史·文·化·文·库·

这个时期虽然出现在中原北部的民族割据政权和北朝,但是还是以汉族王朝为主的统治时期,统一的多民族封建国家是以"天下一体"来体现的。这时的南北朝是分疆划界,南北对等,还没有产生谁从属于谁的问题。南北朝出现于"天下一体"之中,终究又为汉族建立的王朝所统一。南北朝是同一的天下分为两家。此时的南北朝与汉、匈奴时的南北不同:第一,汉与匈奴约为兄弟,"使两国之民若一家子"[1],而南北朝无兄弟相约。第二,匈奴立国在长城以北,属边境之地,汉政权在长城以内的中原地区,而南北朝同在"中国"之内。第三,匈奴是"引弓之国",汉是"冠带之室"[2],而南北朝均行中原的制度。正因为如此,汉与匈奴同属"天下一体"中"华夏"与"北狄"的一家两国,而南北朝是"天下一体"中的"中国"分为两国。至于在中原北部诸族建立的政权,是"中国"中之国,族是"中国"之族。旧的传统史学把五胡十六国的历史以"五胡乱华"概括之,其主要错误是将五胡排斥在"中国"之外,若论"乱华"莫过于晋。王通说氐君苻坚"举大号而中原静",有人斥"苻秦逆",不应南侵,王通辩道:"晋制命者之罪也,苻秦何逆?三十余年,中国士民,东西南北自远而至,猛之力也。"[3]

(3)历史在前进,民族要发展,他们都有着发展本民族的强烈愿望和意识。在"天下一体"中的北方各族,都沿着自己的历史进程,在前进,在飞跃。他们不甘落后,不断改变生活的方式,在反对民族压迫与剥削以及民族的争衡中,接受汉的影响和支持,增强共同的民族意识与感情,因而在民族意识上发生重要的变化。他们从思想上、历史上找到依据,少数民族同样可以为帝王。刘元海说:"夫帝王岂有常哉!大禹出于西羌,文王生于东夷,顾惟德所授耳。……吾又汉氏之甥,约为兄弟,兄亡弟绍,不亦可乎!"[4]高瞻随众降于慕容廆,廆署为将,高瞻称疾不起,廆敬其姿器,数临候之,抚其心曰:"君之疾在此,不在余也。……君中州大族,冠冕之余,宜痛心疾首,枕戈待旦,奈何以华夷之异,

---

〔1〕《汉书·匈奴列传》。
〔2〕《汉书·匈奴列传》。
〔3〕王通:《文中子中说·周公》。
〔4〕《晋书·刘元海载记》。

有怀介然。且大禹出于西羌,文王生于东夷,但问志略何如耳,岂以殊俗不可降心乎。"[1]慕容廆常言:"吾积福累仁,子孙当有中原。既而生儁。廆曰:'此儿骨相不恒,吾家得之矣。'"[2]略阳人权翼也以此道理对苻坚说:"今主上昏德,天下离心。有德者昌,无德受殃,天之道也。神器业重,不可令他人取之,愿君王行汤、武之事,以顺天人之心。"苻坚深以为然,纳为谋主[3]。石勒也造出当为帝王的神意来,勒"尝佣于武安,临水为游军所因,会有群鹿傍过,军人竞逐之,勒乃获免。俄而又见一父老谓勒曰:'向群鹿者我也,君应为中州主,故相救尔'"[4]。过去的理论,少数民族"非我族类,其心必异",只能作名臣,不能为帝王,现在提出能否作皇帝不因华、夷而异,主要看"志略",有德者皆可受天命为皇帝,皆可为"中国"和"正统"。王通就是在总结这段历史的基础上,大胆地冲破民族的传统观念,以天德和仁政为标准肯定中原北部的民族政权和北朝为"中国"正统,为"中国"的政权和王朝。他说:"乱离斯瘼,吾谁适归?天地有奉,生民有庇,即吾君也。且居先王之国,受先王之道,予先王之民矣,谓之何哉!"[5]王通所论,是就当时"天下一体"中之"中国"民族政权而言之,其要点有五:第一,这些政权的建立符合天命("天地有奉");第二,行仁政("生民有庇");第三,政权在先王疆域之内("居先王之国");第四,尊承"中国"的制度和道统("受先王之道");第五,族是先王之族,民是先王之民("予先王之民")。有此五者,"天下一体"之任何族入主"中国"为君,均是"中国"和正统。

(4)在"天下一体"时期,尽管在"中国"和"四海"之内出现地方和封建割据的民族政权以及北朝,但是"贵中华,贱夷狄"的传统思想仍占着绝对的支配地位。《盐铁论》卷47《世务》,大夫曰:"《春秋》不与夷狄,中国为体,为其无信也。匈奴贪狼,因时而动,乘可而发,飙举电至。而欲以诚信之心,金帛之宝,而信无义之诈,是犹亲蹠、蹻而扶猛虎

---

[1]《晋书·高瞻载记》。
[2]《晋书·慕容儁载记》。
[3]《晋书·苻坚载记》。
[4]《晋书·石勒载记》。
[5]王通:《文中子中说·王道》。

235

也。"其以武存手足、边境的"四海"地区,目的在于使"支体"不废、"内国无害"[1]。同上书卷38《备胡》,贤良曰:"匈奴处沙漠之中,生不食之地,天所贱而弃之。无坛宇之居,男女之别,以广野为闾里,以穹庐为家室。衣皮蒙毛,食肉饮血,会市行,牧竖居,如中国之麋鹿耳。"其皆以礼别"华夏"、"夷狄",这便成为"贵中华,贱夷狄"的重要依据。苻坚对于少数民族落后而被歧视的状态欲加以改变,他企图能够平等对待各族,他说:"今四海事旷,兆庶未宁,黎元应抚,夷狄应和。方将混六合以一家,同有形于赤子。"[2]北魏孝文帝常说:"人主患不能处心公平,推诚于物。能是二者,则胡、越之人皆可使如兄弟矣。"[3]这是各民族发展所共愿的,具有民族先进思想的汉人亦无不向往于此。前秦尚书郎裴元略也向苻坚谏道:"敦至道以厉薄俗,修文德以怀远人。然后一轨九州,同风天下。"[4]唐太宗的民族思想和政策有积极因素可以批判继承,他反对"贵中华,贱夷狄",主张平等对待"天下一体"中的各族。他说:"自古皆贵中华,贱夷狄,朕独爱之如一,故其种落皆依朕如父母。"[5]这种思想是我国古代民族思想中的民主精华,它是由"天下一体"向"中华一体"的发展中所不可少的思想准备。

(5)由中原的郡县制与少数民族地区的分封朝贡制的并存向统一的府州制发展,也是"天下一体"时期发展的一种必然趋势。这方面的发展和变化是靠各族的共同努力来实现的。由汉民族首先在中原建立的郡县制度,一方面是汉族的王朝不断发展和扩大它,变过去的"蛮貊之乡"为"冠带之域",另一方面也必须有各民族的努力,不断地接受中原先进制度,经本民族的艰苦奋斗建立与中原相同或近似的政权,逐渐地将府州制发展到各地区。这个时期在"天下一体"中的"中国"和"四海"之内出现的封建政权,就作出了这方面的贡献。在唐时北方出现的各民族地区府州即在这一基础上形成的。唐太宗时在各民族地区设

---

[1]《盐铁论·诛秦》。
[2]《晋书·苻坚载记》。
[3]《资治通鉴》卷142。
[4]《晋书·苻坚载记》。
[5]《资治通鉴》卷198。

府州,他说:"汉武帝穷兵三十余年,疲弊中国,所获无几;岂如今日绥之以德,使穷发之地尽为编户乎!"[1]以府州的形式改为国家的编户,确实是一项重要措施,它的发展是承前启后的,为由"天下一体"向"中华一体"的发展奠定了国家统一的多民族行政的最初始的基础。

17.3 "前中华一体"

"前中华一体"是在"天下一体"之后,继承此前有利于"中国"和"华夏"向多民族发展的诸种因素的基础上形成和发展起来的。"前中华一体",即还未发展为一个统一的"中华一体"。南北两朝相持发展,南朝臣附于北朝,"中华一体"的诸种因素已孕育在其中,它是后来统一的"中华一体"的准备阶段。它把"中国"的概念在民族和疆界上空前的扩大,以同一个道统将各族、各地区维系在"中州"文化之中。因此,称其为"前中华一体"时期。

在"前中华一体"时期,"天下"仍作为各族的政治体的概念被继续使用,把国家的统一叫做"定天下"。但是"天下"越来越与"中国"、"中华"这个概念相一致起来,成为各族的共同的称谓。这种变化的趋势既与北方民族的统治地位的变化分不开,也与此前各族的共同的心理和意识的发展分不开。各族发展的新趋势,一方面是有更多的族融合于"华夏"这个大熔炉中,另一方面是有更多的族先后进入中华的历史行列。

历史发展到辽、金时期,在民族关系和民族意识上发生了重大的转折性的变化,不仅"华夷"不能从"天下一体"中分割,而各族在"中国"中亦不可分割。当各族先后步入"中华"的行列时,均以中原华夏文化为其文化的精华,并通过各族共同发展华夏文化。如果说在"天下一体"时华夏文化还主要是在汉族内部不同地区发展并显现出不同风格和特点,那么现在是以同一道统在不同民族和不同地区,经过各族共同发展而形成不同的风格和特点。这种风格和特点不仅在汉族中表现出

---

[1]《资治通鉴》卷198。

·欧·亚·历·史·文·化·文库·

来,也在各族中表现出来,是以华夏文化为核心、各族文化的共同发展,组成中华文化的灿烂之花。

宋是"中国",辽、金也是"中国",在辽、金统治下的中国正在朝着有利于"中华一体"发展。

(1)辽、金时在民族的统治地位上发生了新的变化,由"天下一体"时以汉族为主统治中原的历史转变为以北方少数民族为主统治中原的历史。这时虽辽与北宋为南北朝,金与南宋为南北朝,但它不同于此前的南北朝,是以辽、金为两朝的盟主,两朝南北对峙,同属一家。《资治通鉴》辽太宗大同元年《责问汉刘知远书》云:"汝不事南朝,又不事北朝,意欲何所俟耶?"《续资治通鉴长编》辽兴宗重熙十二年《答宋仁宗书》:"今两朝事同一家。"《宋会要·蕃夷》:"二国敦一家之睦,阜安万宇及百年。"《契丹国志》卷20《致宋帝商地界书》:"虽境分两国,克保于难知,而义若一家,共思于悠永。"《大金吊伐录》卷1:"虽贵朝不经夹攻,而念两朝通和,实同一家,必务交欢。""和好之后,义同一家。"南北朝是"天下为家"中的两个家邦,而两个家邦中的不同民族又同为一家。《金史·卢彦伦传》:"契丹、汉人久为一家。"《金史·唐括安礼传》:"猛安人与汉户,今皆一家,彼耕此种,皆是国人。"金在熙宗前制分南北,刘筈说:"今天下一家,孰为南北。"[1]"皇朝奋有天下,混一四海,天德建议令兹,尽以辽、宋旧地合为一家。"[2]各族同为"一家"、"国人",但不等于说再无民族的划分。

随着民族统治地位的变化,辽、金自视为中国,是中国正统的合法继承者,他们不仅是中国皇帝,而且是南朝的盟主。辽刘辉在寿隆二年上书说:"宋欧阳修编《五代史》,附我朝于四夷,妄加贬訾。且宋人赖我朝宽大,许通和好,得尽兄弟之礼。今反令臣下妄意作史,恬不经意。臣请以赵氏初起事迹,详附国史。"

(2)在过去由于正统观念的支配,只有中原汉族政权被称为"中国",对少数民族政权是排斥的。辽、金时对过去所奉行的传统的"正

[1]《金史·刘筈传》。
[2]《金文最》卷69,刘晞颜:《创建宝坻县碑》。

闰观"展开批评,这种批评来自不同民族的人物,颇具有时代的特点。北宋司马光分析了"正闰"之论的兴起,他说:"及汉室颠覆,三国鼎跱。晋氏失驭,五胡云扰。宋、魏以降,南北分治,各有国史,互相排黜,南谓北为索虏,北谓南为岛夷。朱氏代唐,四方幅裂,朱邪入汴,比之穷、新,运历纪年,皆弃而不数,此皆私己之偏辞,非大公之通论也。"接着说:"臣愚诚不足以识前代之正闰,窃以为苟不能使九州合为一统,皆有天子之名而无其实者也。虽华夷仁暴,大小强弱,或时不同,要皆与古之列国无异,岂得独尊奖一国谓之正统,而其余皆为僭伪哉!"又说:"若以自上相授受者为正邪,则陈氏何所受? 拓跋氏何所受? 若以居中夏者为正邪,则刘、石、慕容、苻、姚、赫连所得之土,皆五帝、三王之旧都也。若以有道德者为正邪,则蕞尔之国,必有令主,三代之季,岂无僻王! 是以正闰之论,自古及今,未有能通其义,确然使人不可移夺者也。"[1]他反对尊此卑彼的"正闰观",主张均以"列国"相待,给予纪年。司马光的不分华、夷皆与正统的思想,反映了各民族趋于一个统一的中国的倾向。王安石是北宋具有先进思想的改革家,他在《明妃曲》中对"正闰观"也作了更为严厉的批评:"家人万里传消息,好在毡城莫相忆。君不见咫尺长门闭阿娇,人生失意无南北。""汉恩自浅胡恩深,人生乐在相知心。可怜青冢已芜没,尚有哀弦留至今。"此诗引起不同民族思想的人争论,黄山谷赞此诗:"词意深尽无遗恨矣。""先生发此德言可谓极忠孝矣。然孔子欲居九夷曰:'君子居之,何陋之有。'恐王先生未为失也。"王深父以为:"孔子曰:'夷狄之有君,不如诸夏之亡也。''人生失意无南北'非是。"至于"汉恩自浅胡恩深"更为范仲淹所诋諆,谓其"无父无君,坏天下人心术"[2]。王安石的民族思想是个开创,表现出他对旧的传统观念的极为大胆的抨击。

金朝统治者从历史上继承了统一多民族的一统思想,反对"贵中华,贱夷狄",认为天下非一人之天下,统一天下者皆可为正统,使中国之道不坠,使中国王朝得以在北方继续存在和发展。

---

〔1〕《资治通鉴》卷69。
〔2〕《王荆公诗集笺注》卷6。

（3）"天下一体"时，刘元海自以为是汉甥，可以称"汉"，但尚未对"汉"作出新的解释。到金朝，大文学家赵秉文始对什么是"中国"什么是"汉"作出了新的纠正和解释。他在《蜀汉正名论》中写道："仲尼编《诗》列王《黍离》于《国风》，为其王室卑弱下自同于列国也。春秋诸侯用夷礼则夷之，夷而进于中国则中国之。西蜀僻陋之国，先主、武侯有公天下之心，宜称曰汉。汉者，公天下之言也，自余则否。"[1]其义有三：第一，王室的地位是可变的，天子可以下降为列国，自然列国亦可上升为天子。第二，民族的属性也是可以转化的，"诸夏"与"夷狄"之间没有不可逾越的鸿沟，汉族到夷狄地方可变为夷狄，夷狄进入中国也可以变为中国。这个论断并非完全出于主观臆测入居中国的女真人等为中国人，女真族建立的政权是中国政权，更重要的是有其充实的历史依据。从少数民族进入中原看，有的是作为个人加入中国的，有的是成部族的加入中国的，有的是被融合在汉族之中，有的是作为族人而进入汉人同一行列。因而中国就成为多民族的中国，汉也就成为多民族的汉。元时统称北方的女真人、契丹人、渤海人、高丽人、西夏人以及金朝北边的诸乣、诸群牧等皆属汉人，即说明这个问题。第三，由于对"中国"、"汉"作了新的订正和解释，衡量政权也不单纯从民族的概念出发。赵秉文提出"有公天下之心，宜称为汉"。只有这样的民族思想上的共同变化，才能将"天下一体"发展为"中华一体"。

（4）我国伟大文学家元好问所编撰的《中州集》，是适应当时包括各民族在内的"中国"的时代要求，而开创的一部断代史诗的佳作。《中州集》的重要价值不仅表现在文学上，更重要的表现在它的社会价值上。《中州集》不因民族、地域的不同而有区别，它将同一道统继承的文人都看是中州人物。家铉翁《题中州诗集后》："世之治也，三光五岳之气，钟而为一代人物，其生乎中原，奋乎齐、鲁、汴、洛之间者，固中州人物也；亦有生于四方，奋于遐外，而道学文章为世所宗，功化德业被于海内，虽谓之中州人物可也。盖天为斯世而生斯人，气化之全，光岳之英，实萃于一方，岂得而私有哉。迨夫宇县中分，南北并壤，而论道统

---

〔1〕《滏水文集》卷14。

之所自来,必曰宗于某,言文脉之所从出,必曰派于某,又莫非盛时,人物范模,宪度之所流衍。故壤地有南北,而人物无南北,道统文脉无南北,虽在万里外皆中州也。"又:"盛矣哉,元子之为此名也;广矣哉,元子之用心也。夫生于中原,而视九州四海之人物犹吾同国之人,生于数十百年后,而视数十百年前人物,犹吾生并世之人。"家铉翁最后感慨地说:"呜呼!若元子者,可谓天下士矣,数百载之下,必有谓予言为然者。"家铉翁通过读《中州集》,概括《中州集》之要旨在于"视九州四海人物犹吾同国之人",这就是"中华一体"的必然趋势,今皆应以其言为然也。

《中州集》是将金代文化作为中国北方文化的一脉相承的关系进行考察的,致力于提高北方文化发展的历史地位。元好问在《自题中州集五章》中充分地表达了他的思想。他以"邺下曹、刘"与"江东诸谢"对比,认为南北诗人各有专长,"若从华实评诗品,未便吴侬得锦袍",北人不逊于南人。《中州集》卷首收显宗、章宗的诗,以示金为女真所统,他为以少数民族为统治民族包括各族在内的中州王朝,著书立说。因而他的思想无华、夷种族之别,凡入仕于金或留金的均视为金人。

(5)"中华一体"需要有统一的地方行政设置,将各民族、各地区用同一的制度统一起来。辽、金特别是金,上承唐之府州在其统治的区域内普遍设京、府、州、县制度,将边远的民族纳入路的管辖之下。金末于各地设行省、行六部,开我国省制的端绪,为后来元朝普遍在全国设行省创造了条件。金朝从各方面朝着一个统一的"中华一体"的方向发展,过去只是将中原视为"内地",现在则"辽金崛起,遂为内地"[1]。中原和少数民族聚居的边境地区皆为"内地",这就是统一的"中国"出现的基础。金时将原辽境内的汉人、渤海人、契丹人等称为汉人或燕人,将河南、山东等地之人称南人,统为金人。金为北人,而复称南宋为南人。南宋称北方金人为北人,称粤海之人为南人。无论是北人、南人,都是包括各民族在内的中国人。这就是统一的各民族的中国人出

─────────────

〔1〕许有壬:《至正集》卷36《先施堂记》。

现之必要的历史前提。

一个包括各地区在内的中国,一个包括各民族在内的中华民族即将出现。由"天下一体"到"中华一体"是历史发展的必然过程,历史的发展已进入"前中华一体"时期,依然用"天下一体"时的传统观念称宋为"中国",辽、金非"中国",恐怕失之千里了。

17.4 "中华一体"

元和秦一样是个具有重大历史意义的开创性的朝代。秦朝的建立,标志着统一的多民族"天下一体"的开始,元朝的建立,标志着统一的多民族"中华一体"的开始。

中华,随着历史的发展而发展,随着历史的变化而变化。中华之初指中原华夏,后来不断发展和扩大包括进入中原的民族在内,而原属"四夷"边境地区也渐被纳入"中华"之内。渤海国远在东北的东北部,与唐"车书本一家","留句在中华",行中原制度,似可视为中华的一部分。及至元朝,在南北发展的基础上统一全国,实行统一的汉制,全国各族便被纳入"中华一体"之中。

元朝并没有因为灭金亡宋,而使"中国"、"中华"灭亡,相反的,它空前的统一成为一个包括各族在内的"中国"和"中华"。中华越来越成为多民族的,因此不管是哪个民族成为统治民族都是中华。中华民国的五族共和,是对元、明、清历史的继承,是将中华帝国变成中华民国。

元朝是"中国"、"中华"的历史的新开端,主要表现在以下诸方面:

(1)从国号的建立看是对历史的一次重要因革。《元史·世祖纪》:"岁甲辰,帝在潜邸,思大有为于天下,延藩府旧臣及四方文学之士,问以治道。"岁庚申,建元中统,其诏云:"建元表岁,示人君万世之传,纪时书王,见天下一家之义。"至元八年十一月建国号为"大元",国号的建立是"事从因革,道协天人"这个基本精神而定的。从因的方面讲,是"肇从隆古,匪独我家"。从革的方面讲,过去建国号"不以义而制称","为秦为汉者,著从初起之地名;曰隋曰唐者,因即所封之爵邑",是"要一时经制之权宜",非经久之长策。元朝"四震天声,大恢土宇,舆图之广,历古所无","取易经乾元之义",建国号为"大元"。因革之义在于"道协天人",即以中原的道统协天人,"见天下一家之义"。元是乾元一统的中国称号,天下一家的各族便成为一体的中国民族。

(2)元继辽、宋、金之后统一全国,视全国为"内地",即中国。《元史·地理志·序》:"自封建变郡县,有天下者,汉、隋、唐、宋为盛,然幅员之广,咸不逮元。汉梗于北狄,隋不能服东夷,唐患在西戎,宋患在西北。若元,则起朔漠,并西域,平西夏,灭女真,臣高丽,定南诏,遂下江南,而天下为一。""汉、唐极盛之际,有不及焉。盖岭北、辽阳与甘肃、四川、云南、湖广之边,唐所谓羁縻之州,往往在是,今皆赋役之,比于内地;而高丽守东藩,执臣礼惟谨,亦古所未见。"元于绝大部分地区设行省、路、府、州、县,变"蛮貊之乡"为"内地",即纳入"中华一体"之中,中国包括中原、边境的各民族在内。

(3)在我国历史上,无论是汉族还是其他少数民族,往往开始时族称不定,不断地更替其名称,而最后发展为固定的名称存在于后来的历史上。作为我国主体的华夏——汉族,在其取得固定的名称之前,也是不断地更替其名称的,此既与同一族属内部发展不平衡有关,也与取得统一的全国地位有关。如华夏族之前有夏族、商族、周族等,直至秦、汉统一后,汉族才成为固定的称谓而存在于后来的历史。其他少数民族在元朝以前也是不断更替其名称的,元朝统一由于将各族纳入"中华一体"之中,为各族名称的逐渐固定奠定了有利的基础,在"中华一体"中同呼吸,共命运。

中华民族是历史长期发展而形成的,它的渊源很久。《尚书·梓材》有"中国民",主要是指中原诸夏人民。《史记·货殖列传》有"中国人民",此"中国人民"是指当时郡县境内人民,包括入居郡县的各族人民在内。随着边境人民的不断内徙,"中国人民"的民族成分就越来越扩大;随着各民族的汉化以及其跨入和掌握中原的文明,华夏的民族含义也就越来越广。元统一全国,设行省,比于内地,各族皆为"中国人民",而掌握中原文化的各族人亦皆被视为"汉人","中国人民"和

"中华民族"构成一体。

（4）在封建社会中有两种民族观：一种是"非我族类，其心必异"，将少数民族排斥在"中华一体"之外，以汉族的中原政权为"中国"，以汉族为"华夏"，"绝夷于夏"视为"万世守之而不可易，义之确乎不拔而无可徙者也"[1]。另一种是不分华、夷，其在中原者皆中国，其在中原建立政权者即中国皇帝，元朝是以蒙古为统治民族建立起来的包括各族人民在内的中国。元初许衡向忽必烈建议："考之前代，北方之有中夏者，必行汉法，乃可长久。故后魏、辽、金，历年最多，他不能者，皆乱亡相继。史册具载，昭然可考。使国家而居朔漠，则无事论此也。今日之治，非此奚宜。夫陆行宜车，水行宜舟，反之则不能行，幽燕食塞，蜀汉食熟，反之则必有变。以是论之，国家当行汉法无疑也。"[2]徐世隆也说："陛下帝中国，当行中国事。"[3]元为中国帝，行中国事，其民为中国人，族为中国族。

明太祖朱元璋提出"驱逐胡虏，恢复中华"，不过是恢复以汉族为统治民族的中国。他说"朕既为天下主，华夷无间，姓氏虽异，抚宁如下"[4]，"人君视天下犹一家"[5]。他更提出不分中外的思想，"四海内外，皆为赤子"[6]。"无间远迩，一视同仁。"[7]清朝统治下的各民族"无分中外"[8]，"与中华一道同轨"[9]，"向在中华皇帝道法之中，不敢妄行"[10]，"无自外于中华皇帝"[11]。

包括全国各族人民在内的"中国"或"中华民族"，是历史发展的过程。有人认为从明朝开始，有的认为从中华民国后的五族共和开始，实

---

〔1〕《续通鉴论》。
〔2〕《元史·许衡传》。
〔3〕《元史·徐世隆传》。
〔4〕《明太祖实录》卷53。
〔5〕《明太祖实录》卷117、134。
〔6〕《明太祖实录》卷117、134。
〔7〕《明太祖实录》卷117、134。
〔8〕《清圣祖实录》卷112。
〔9〕《亲征平定朔方略》卷7。
〔10〕《清圣祖实录》卷147。
〔11〕《清圣祖实录》卷137。

始于元,发展于明、清,定名于民国。"前天下一体"时的"中国"与"华夏",是以诸夏为主兼容一些华夏化的秦、楚、吴、越等而形成的,其特点一经华夏化后即融合于"中国"、"华夏"之中。"天下一体"时的"中国"与"华夏",是以汉人为主包括进入中原的民族和政权在内,是中原的各族和政权的共同称谓。"前中华一体"时的"中国"与"华夏",包括南北两朝内的中原与边境的民族在内,是向统一的"中国"(中华)的过渡。"中华一体"时的"中国"与"华夏",是以汉族为主体包括各族在内的统一的"中国"和"中华民族"的确立、发展时期。今天的中国和中华民族是在长期历史发展中有层次地发展而来的。由于今天的中国和中华民族是在伟大的中国共产党领导下,不同于过去任何时期的中国和中华。伟大的祖国,伟大的中华民族,是属于各族人民的,光大历史的灿烂文明,发扬历史的爱国传统,为振兴中华而献身是各族人民的神圣职责。

(原刊《吉林大学学报》1986 年 5 期)

18 "中华一体"观念论

近多年来,把中华多元和一体作为一个研究的新课题,从不同研究的领域和角度提出探讨,明显地已引起学术界的特别关注。历史上的"中华一体"观念,便是对这一课题研究的内容之一。它所涉及的方面很广,如从对立的角度看,涉及文化人类系统的"人禽观"、族类系统的"华夷观"、区域划分系统的"中外观"、文明系统的"文野观"以及中原王朝承受系统的"正闰观"等。如从同一的角度看,涉及"人道观"、"一宇观"、"文脉观"和"道统观"等。对"中华一体"观念的研究,应分为前后两个不同的历史时期,即"天下一体"时的观念和"中华一体"时的观念,一体是研究"中华一体"观念的首要前提和基准。

18.1 "人禽观"与"人道观"

从文化人类学的观点看,人禽观念和人类的道德观念,在人类最后与禽兽分离的时候就已出现。"人禽观"的内容主要表现在两个方面,即人与禽的观念和华与夷的观念。区分人禽的观念标准是礼,即人类的原始礼俗和规范化了的礼制。礼之义在于分,别人禽。《帝王世纪》记载:"礼理起于太一,礼事起于遂皇,礼名起于黄帝。""礼事起于遂皇(人皇)",即人类最后与禽兽脱离的礼俗出现,《拾遗记》记载,伏羲"始嫁娶以修人道",即是对人类与禽兽区别的观念性的概括。到后来又有祭神、祭祖先的"礼名"出现[1] 在原始社会中,由于以血缘的亲属关系维系群体的存在,在原始的部落中把同属于自己血缘亲属的视为人,从自己的部落是人的道德观念出发,把本部落以外的人视为"禽

---

[1]《礼记·祭法》:"黄帝正名百物。"徐灏笺:"礼之名起于祀神。"

兽"。露丝·本尼迪克特在《文化模式》一书中说:"所有的原始部落对外来者这一范畴持有相同的看法。那些外来者不仅不受那限制一个部落的自己人的道德准则的诸规定的制约,而且一般说来,也被剥夺了任何一种做人的地位。很多部落的名称用的都是很一般的字,如祖尼、丹尼、基奥瓦等等,都是些原始部落用以自我认识的名称,可也都只是他们的土语中用以表'人类'——即他们自己——的专门术语。在这封闭的群体之外便无人类存在。"[1]恩格斯对原始的部落间的关系就曾指明"凡是部落以外的,便是法律以外的","无论对于别一部落异族人或对于自身,部落都是人底一种限界"[2]。这种以部落作为人禽限界的观念,在人类历史上却曾普遍存在过的。

从氏族部落的血缘亲属群体的"人禽观"、"人道观",到地缘群体的"人禽观"、"人道观",是随着部落制和统一的民族出现而确立和发展起来的,它是以一个作为核心的俗,把各部落融合为一个共同体,对其他的部落群体仍以人禽的观念对待。夏是由多地区、多元文化的精华交融汇聚而成,夷、狄、戎、蛮是尚处于文化发展落后的诸群体。根据当时在不同地区的不同群体,都把自身看做是人这个事实来看,夷、狄、戎、蛮原也都是自身的人的称谓,特别是在北方诸族的称谓中都含有"大"的意思,并附加以其群体的主要文明的标志。《说文》,大"象人形",徐曰:"本古文人字。"夷字从大从弓,其本字为穹、夸,大即人字,弓象其群体尚弓。狄字《唐韵》徒历切,狄是"狄历"的简称。其字所从之火,疑本是大。大、天古实是一字[3]。从狄字本义讲,亦是北方之人的称号。《大戴记·千乘》:"北辟之民曰狄。"《诗·旄邱》,《疏》:"狄者北夷之号。"犬字像狄人的群体尚犬。戎义为大,大即人,戈像戎人尚戈。蛮、苗字当与民有关,民苗双声,苗裔即民裔或人裔,民义为人,蛮、苗当是南方部落自称为人的专门术语。夷、狄、戎、蛮其初都是其群体自称,用以表示自己的人类的专门术语,后来才成为中夏人对其贱

---

[1]王炜等译,三联书店 1988 年 5 月第 1 版,第 9 - 10 页。
[2]据张仲实译本。
[3]李白凤:《东夷杂考》,齐鲁书社 1981 年 9 月第 1 版,第 23 页。

247

称。夷、狄、戎、蛮在中原有一个接触、交融和发展的过程,由诸部族融合而形成的统一的夏族、商族、周族,是高于夷、狄、戎、蛮的称谓的民族共同体。夏、商、周均是地名,《左传》昭公元年,子产说:"昔高辛氏有二子,伯曰阏伯,季曰实沉,……迁阏伯于商丘,主辰,商人是因;迁实沉于大夏,主参,唐人是因,以服事夏、商。"是商、大夏于高辛时即已出现,但成为统一的民族和国称则是后来的事。夏是以西方的羌为主体形成的,商是以东方的夷为主体形成的,故称夏为戎夏,商为殷商,即夷商。夷、狄、戎、蛮之称,随着历史的发展逐渐被人(夷)、民(蛮、苗)而统一为"人民"之称,而对那些仍处于落后状态的族继称夷、狄、戎、蛮。

在奴隶制和封建制社会中,人禽与人道观念赋予阶级的内容,而且随着历史的进步人禽与人道观念不断地发生着变化。奴隶制时代的奴隶主阶级的人禽与人道观念强烈地反映着奴隶主阶级的阶级意识和民族意识。奴隶主把与本族有血缘亲属关系的人看做是人(国人),把被征服的奴隶(庶人)看做是"禽兽",剥夺了他们的人格。对有着中原礼义制度的诸夏看做是人,而对四夷则视为"禽兽"。当时的人类道德观念是一种阶级和民族的统治观念。当奴隶制被封建制代替以后,"人禽观"和"人道观"在阶级意识上发生了新变化,庶人也被看做是人,由"礼不下庶人"变成礼可以下庶人,庶人由无人格的奴隶变成有一定人格的农民。但是这种变化并没有改变封建地主阶级对四夷的观念,仍称四夷为"禽兽",人的道德观念只适合用于中国九州。后来少数民族入居中原和在中原建立政权,都被视为中国人和中国政权,而在边境的四夷仍被视为"禽兽"。中国人变成多族的观念,首先是在中原发生的,这一观念的变化,推动了人们的人道观念的发展、扩大,推动了不分华夷的"贵人"思想的发展和变化。到唐太宗时便从自然人的观念出发,提出夷狄也是人这个新的命题。他说:"夷狄亦人耳,其情与中夏不殊。人主患德泽不加,不必猜忌异类。盖德泽洽,则四夷可使如一家;猜忌多,则骨肉不免为雠敌。"[1]他主张变过去分"人禽"的一家,

---

[1]《资治通鉴》卷197。

为皆是人的"父母"与赤子的一家。[1] 把人道观念,由中国华夏扩大到四海夷狄中去。到辽宋金时,便进入在同一个王朝内的各民族"皆是国人"[2]的新时期。元朝把全国统一为一个中国、中华,分国内民族为蒙古、色目、汉人、南人四等,把原来金和南宋统治下的民族分别视为汉人和南人,已不是按人禽观念来划分,而是依民族所处的地位和区域来划分,并把汉人、宋人以外的各族分别划入汉人和南人之中。这同当时还主张人禽之分者来说,显然是不能相比的。元朝已在实践上把民族的人道观念扩大到了全国各族中去。

封建社会后期是封建社会内部的重大变化时期,是把天子与庶人、华与夷都看做是人的时期。当然有的还用传统的人禽观念看天子与人、华与夷的问题,但从主导方面已被新的人道观念所代替。金世宗反对"天子自有制,不同余人"的说法,他说:"天子亦人耳。"[3]早在孟子时就曾说圣人也是人,[4]但在神学观念占统治时代是不能被承认的。在封建社会后期,坚持在民族上分人禽的还有人在,王夫之就是这种旧观念的积极鼓吹者,持有这种观念的人的思想发展到极点,就是封建的种族主义的恶性发作。他们从人禽的观念出发说:"夷狄异类,譬如禽兽。"[5]"华夷之分大于君臣之义",[6]"歼之不为不仁,夺之不为不义,诱之不为不信"[7]以人禽别华夷在封建社会中是对奴隶主旧意识的继承,是一种传统的反动思想。

"人禽观"在阶级社会中,是建立在人与人、族与族的阶级和民族的对立基础之上的,把人类和族类分割为人道与非人道的关系。当这种关系变化为人际和族际的人类观念时,为了维护封建伦理纲常的统治秩序不变,封建统治者虽不再在人际与族际间分人禽,但仍以封建伦理道德为标准把违反封建纲常者称之为"禽兽",但它已不是华夷区分

---

[1]《资治通鉴》卷 198。

[2]《金史》卷 88《唐括安礼传》。

[3]《金史》卷 8《世宗纪》。

[4]《孟子·离娄下》。

[5]《大义觉迷录》卷 1。

[6]《大义觉迷录》卷 1。

[7]王夫之:《练通鉴论》。

249

的标准了。只有推翻阶级统治的社会之后,人民才能成为人类社会的主人,民族才能成为中华民族的主人。尽管如此,在封建社会后期为消除在族际间的"人禽观",而确立新的人道观念,对传统的旧的"人禽观"进行批判和斗争,仍构成由"天下一体"格局转化为"中华一体"格局的一个时代的观念形态的巨大变化。

18.2 "中外观"与"一宇观"

"中外观"是在一体内的一种区域的观念,中指中国,外指四裔,它同"人禽观"、"华夷观"是互相关联的问题。批判历史上"华夷之辨"的思想,不能离开对"中外观"的批判,即批判其以一体内的中外不同区域作为别人禽和分华夷的依据。清世宗是具有中华多元一体思想的皇帝,他认为"自古中外一家",对"华夷之辨"持批判的态度。他从"夷之字样,不过方域之名","犹中国之有籍贯"出发,反对斥夷狄为"禽兽",他认为"不能以地之中外分人禽之别","非生于中国者为人,生于外地不可为人也"。[1] 清世宗的观念同传统的"内诸夏而外夷狄"的观念是对立的,是新观念与旧观念的不同。从文化人类学的观点看,"人禽观"与"人道观"是互相联系的;从区域结构的观点看,"中外观"与"一宇观"是互相联系的。别人禽、分华夷的一体是"天下一体",不别人禽、不分华夷的一体是"中华一体"。由"天下国家一体"到"中华国家一体",是由"春秋大一统"到"中国一统"的重大发展和变化。

以人禽分中外或以中外别人禽的观念产生很早,在原始社会的部落制时期就已出现以人禽分中外的观念,以本部落有血亲关系的人为人、为中,以本部落外界的人为"禽兽"、为外。随着历史的发展,由诸部落结合为部族,由此而出现部族与外界的关系,又由诸部族发展为统一的民族,并由统一的民族为统治的民族建立国家。这个国家是由"君天下"的不同层次的区域构成,即王畿(国君所在地)、四方(诸侯国)、四海(夷狄)。以王畿、诸侯国为中,四海夷狄为外,这就是中国与

[1]《大义觉迷录》卷1。

四海的中外观念。由此而构成君天下、国诸侯、家大夫、四海夷狄的"天下为家"的整体的区域格局。到春秋时出现了以华夏称的诸夏国,诸夏国是从"君天下"的"溥天之下,莫非王土"的统一中分裂出来的,当时的诸夏国还没有统一。在春秋时的诸夏国可分为诸夏与亚诸夏两个不同的类型。当时被视为诸夏的有与周为"同姓"的诸夏国,有"异姓"的诸夏国,当时还有仍被视为蛮夷的亚诸夏国。例如楚自称为蛮,但是其周围的蛮夷已视其为"华",楚亦视其周围的族为"蛮夷"。这时的中外是在诸侯国分裂中的中外。直到战国时楚与秦才被视为诸夏国。战国是封建制的确立时期,也是诸夏国经由分裂而走向统一的华夏的过渡时期。秦在统一六国的基础上,合诸夏国为一个中国九州,并以此为基础形成统一的多民族的包括中国和四海在内的"天下国家一体"的中外格局。

秦汉把分裂的诸夏国统一为以郡县设置为特点的中国,以与四海为中外。由君天下、国诸侯、家大夫的一体国家发展为君天下、国郡县、家编户的一体国家。秦汉称中国(中原)人为秦人、汉人,秦人、汉人都是以朝代的名称称中国人,即秦朝之人或汉朝之人,它包括在郡县的其他族人在内。汉族的称谓源于汉,有汉才有汉人的称谓,其初还不是严格的单一的汉族称谓,但从"胡汉"、"越汉"、"夷汉"并称来看,汉已具有族称的含义。后来有更多的民族入居中原和在中原建立政权,逐渐地汉人与其他在中原的族称,不能不更严格的有所区别。到北朝时,始正式采用汉人以专称在中原汉族人,汉人便由具有族称含义的称谓变成单一的汉族人的称谓。秦汉统一后,承袭了过去对民族别华夷、分中外的观念,而且随着统一更加强了这种观念,"内诸夏而外夷狄"成为当时一种占有主导地位的思想,夷狄不许入居中原,不许为中原主,鼓吹"尊王攘夷",实行拒四夷于中国之外的方针和政策。

到五胡十六国时,传统的分中外的观念首先在中国(中原)地区被打破,"内诸夏"变成了"内华夷",华夏的中国变成了华夷的中国。少数民族在中原建立的政权为中国政权,少数民族居住在中原为中国人,中国华夏成为多民族的中国华夏。民族关系所发生的变外为内和变夷

·欧·亚·历·史·文·化·文库·

从夏的变化,同民族观念在中原所发生的变化是分不开的。其一,入主中原的民族,为证明他们与华夏有着共同的祖源的人格,他们自称是炎黄之后,夏后氏之苗裔;[1]其二,他们从理论上接受了孟子的观点,夷入中国合符节都是圣人,[2]都可以为中国人、中原主;其三,在中原行先王和前朝的制度,这符合孔子提出的行周礼者为诸夏,不行周礼者为夷狄的明华夷的标准。这样进入中原的族,就在血统上和变外为内、变夷从夏上都找到为中国人的根据。但他们在中原同样视其属下的四海民族为"夷狄",为"禽兽"。"人禽观"与"华夷观"的中外之分没有因为他们在中原而在对外的观念上有所改变。

隋唐统一与秦汉统一时的历史条件不同,秦汉是把分裂的诸夏统一为中国华夏,而隋唐是把南北两个不同族建立的王朝统一为中国华夏,实际上是合南北多族为中国华夏。隋唐仍是分华夷、分中外的统一的多民族的"天下一体"国家,但随着"人禽观"、"华夷观"的变化,在"中外观"与"一宇观"上,相应发生有利于向"中华一体"变化的条件和基础。其一,唐太宗仿汉武帝设郡县精神在四海夷狄地区设羁縻州,变过去的羁縻部落、地方政权为府州,出现中外两种不同性质的府州制,加强了中与外的政治上的关系。因此唐太宗在对外的属民观念上也发生一定的变化,他对侍臣说:"汉武帝穷兵三十余年,疲弊中国,所获无几,岂如今日绥之以德,使穷发之地尽为编户乎。"[3]岑参诗云:"圣朝无外户,环宇被德泽。"[4]实际上唐还是分中国、四海的,所谓编户应理解为中外两种不同性质的编户。其二,唐在观念上打破了分人禽的中外限界,唐太宗说:"自古皆贵中华,贱夷狄,朕独爱之如一,故其种落皆依朕如父母。"[5]不分人禽的中外,是人与人的中外,因此唐太宗才有产生四海夷狄为编户的观念,是把中外的人禽关系变成中外

---

〔1〕北魏太武常自称是黄帝之子昌意的后裔,得优牺、神农的正统。匈奴自称是夏后氏之苗裔。

〔2〕《孟子·离娄下》。

〔3〕《资治通鉴》卷198。

〔4〕此"无外户",仍指"天下一体"内的户。

〔5〕《资治通鉴》卷198。

一家的父母与赤子的关系。其三,在唐时的四海地区出现了中国型的民族和政权,由原来中外不同制变成"车书本一家"的中外同制的不同类型的中国,其中最为典型的是中国型的渤海国在地方的出现。

历史发展到辽宋金时,便进入多中国王朝、列国和列部的并存时期,不仅从一体的系统结构中发生变化,也从各王朝内发生变化,在王朝内出现了不分华夷、不分中外的统一设置下的不同制,这是变外为内的新时期。元朝统一的"中华一体"的新格局,就是在这个基础上统一后形成的。其一,元朝的中外观念是合一体内的中外为"中华一体"的观念。《元史·外夷传》是把元朝统一境内的地区视为中国,而把邻国视为外(四海),其特点是把原来一体内的四海观念完全扩大到邻国中去,或者说元代的四海观念基本上是邻国的观念。其二,在元时,在"中华一体"内仍有中外观念,但它不是分华夷、分中外的"内诸夏而外夷狄"的旧观念,而是在统一中国内的内地与边疆的新观念。其三,元朝已形成包括八荒在内中华一宇区域的统一观念。元吴师道诗:"今日八荒同一宇,向来边徼不须论。"[1] 把原来视为外的地区"比于内地"[2]。明清两代是对元一宇区域的继承和巩固,明清在继承元的一宇中国的观念基础上又有新的发展。清继元明之后,在民族的问题上不分华夷,主张"不分满汉,一体眷遇","中外一家"[3] 清朝的版图,"是从古中国疆宇,至今而开廓"[4],合各族、中外"成一统之盛"[5]的国家。清朝把全国一统看是从元开始的,因而特别称赞元朝"混一区宇"的功业。

由"天下一体"的"中外观"发展为"中华一体"的"一宇观",是由以中原为中国、中华发展为不分中外皆是中国、中华的重大的变化。

18.3 "文野观"与"文脉观"

"文野观"是依据各族社会的发展阶段和所具有的文化程度而区

〔1〕引自《佩文韵府》。
〔2〕《元史》卷58《地理志》。
〔3〕《清世宗实录》卷15、卷83。
〔4〕《大义觉迷录》卷2。
〔5〕《大义觉迷录》卷2。

分为文明和野蛮。华夏的发展阶段高和有着高的文化,因而其所居的中国(中原)地区被视为冠带、礼乐之邦;四夷发展的阶段低,其文化亦低,因而被视为不知礼义的蛮貊之域。从各族的纵向发展看,都有由野蛮到文明发展的历史;从各族的横向关系看,在发展中都是不平衡的,由不平衡到平衡,由后进变先进,停滞不前的永无进步的民族是不存在的,只是在进步的快慢中有不同,发展的阶段有不同。文野在一定的条件下是可变的,由野转化为文,也由文转化为野。民族居住的地理空间的位置也是可变的,夷狄入居中国则为中国人,中国人入夷狄则为夷狄。[1] 孔子明华夷,其区分文野的标准是周礼,行周礼者为诸夏,不行周礼者为夷狄。由人禽观念的文野对立发展为同是人的一体同文观念,主要是由共同的"文脉观"而统一起来的,即不分华夷、不分中外都属于同一文脉的中华文化。在这一系统观念下,中华文化仍有民族和地方不同文化的特点。

原始的文野观念,在原始的部落时期以本部为人类,而外界为非人类,就已产生了原始的文野观念。在原始时代,起源于多地区和多元的原始文明,在黄河中下游地区汇聚交融而形成一个高于四周的部落文明以后,这里就成为文明兴起的摇篮,而四周的部落相对落后。在黄河中下游兴起和发展的文明,后来称之为华夏文明。《夏书·舜典》:"蛮夷猾夏。"《传》:"夏,华夏。"《疏》:"夏谓大也,中国有文章光华礼义之大。"《左传》定公十年:"夷不乱华。"《疏》:"中国有礼义之大故曰夏,有服章之美谓之华。"夏为中国之大的称谓,华为中国文明高的称谓。其初,夏只是作为一个族和一个国的称谓,不是所有具有华的文明的族和国都称夏,华指有着"服章之美"的族和国。后来经过不出于夏的周人的努力,到春秋把有着相同的中国礼义之大的国称之为华夏,华夏便成为出自多地区的族和国的共称。由于有着共同的中国礼义之大的诸华夏的出现,以华夏为文、以夷狄为野的观念更加强了。"文野观",反映在阶级关系上就是"君子"与"小人"、"国人"与"野人"的对立,反映在民族上就是"华"与"夷"的对立。这种民族观念对立的"文野观",

---

〔1〕《韩昌黎文集·原道》。

所表现出的最基本特征是：其一，从人禽观念看文野，辱骂夷狄为非人类，"戎狄豺狼"[1]，"夫戎狄冒没轻儳，贪而不让。其血气不治，若禽兽焉"[2]。其二，从社会发展及其经济生活的差异看文野，"无坛宇之居，男女之别，以广野为闾里，以穹庐为家室。衣皮蒙毛，食肉饮血，会市行，牧竖居，如中国之麋鹿耳"[3]。此以中原封建文明看匈奴奴隶制文明，因而抹杀了人类文明与禽兽的界限。其三，从人类的精神文明差异看文野，也就是以中原社会的礼义及道德观念否定落后于中原民族的礼俗道德所具有的人类属性，以"人禽观"看民族间的礼俗与文野问题。把民族间的不同俗、不同伦、不同制，不看做是人类社会发展的阶段不同及其所具有的文化不同，而是把问题曲解为人禽间的文野不同。其四，"文野观"与"华夷观"、"中外观"一样，是在"天下国家一体"内分华夷、分中外和分文野，一体依然是了解问题的基本出发点。在封建社会前期的"文野观"，保留了奴隶主的"人禽观"的意识，这种观念随着历史的发展和进步，必然要遭到进步思想的批判，于是人禽的文野观念在民族间便为人际的文野观念所代替。

作为与旧的"文野观"相反的新观念的产生，有利于民族间的文野观念对立的变化和消失，它对加强民族间的联系和由文野对立到民族文化上的"中华一体"，无疑地起了促进的作用。这种新观念的最基本特征是，不是把人禽之分的观念看是不可变的，在华与夷、中与外之间划一道不可逾越的鸿沟。《孟子·离娄》："舜生于诸冯，迁于负夏，卒于鸣条，东夷之人也。文王生于岐周，卒于毕郢，西夷之人也。地之相去也，千有余里，世之相后也，千有余岁。得志行乎中国，若合符节，先圣后圣，其揆一也。"他说"舜人也，我亦人也"，"何以异于人哉，尧舜与人同耳"[4]。孔子以周礼别华夷，他也不认为夷狄行周礼不为华夏。樊迟问仁，孔子说："居处恭，执事敬，与人忠，虽之夷狄，不可弃也。"[5]

〔1〕《左传》闵公元年。

〔2〕《国语·周语》。

〔3〕《盐铁论·备胡》。

〔4〕《孟子·离娄下》。

〔5〕《论语·子路》。

其意思是虽然夷狄没有礼义,但就仁来说就不可以弃去不行。孔子的"有教无类"的思想就是包括夷狄在内的。《孟子·尽心》强调中国(中原)文化对于无礼义地方文化的影响、传播和催化剂的作用,可以变其俗,行礼义。这种变化的功能,一是内向迁徙变夷为夏,二是外向传播变夷为夏。这两种功能可以促使包括中外的不同地区达到向同风、同伦、同制转化的作用。金代元好问的《中州集》就是基于此,从中州一体的宏大思想出发,把不同族和不同地区的文人统一到一个文脉和道统的中州人物上来。[1]

文野在发展中的影响和作用是互相的。但起主导和决定性作用的是在一体结构中的核心部分,也就是中原的先进的华夏文化,它是由多元的精华荟萃而成,它对周围落后的少数民族文化有着极大的吸引、融合和催化剂的功能,一般地讲,征服者的落后民族在其自树功能还不足以发展本族固有的文化时,往往被被征服者的先进文化所融合,但也有中原华夏的部分人到周围的民族中去,而被他族的文化所融合,因此在民族间文与野的交融也是互相的,但其地位和作用不是对等的。民族的文化要素,在互相接触和交往过程中是互相吸收和互相补充的。在文化上落后的征服民族,随着历史的发展也不都是被先进民族的文化所融合,会出现不同的情况,主要是由文野双方力量的对比以及其变化的情况和程度而定。一种情况是把本族固有的文化,移植到中原并与中原文化并存,如奴隶制文化与中原封建制文化并存。二是在本族文化与中原文化的对流中,由于两种文化的互相作用结合而成一种混合性文化类型,如契丹族的头下军州所具有的混合而成的文化即属此种类型。三是废除本族固有文化,用中原文化的类型。从中原文化向边境的传播和作用看,也有不同的类型。一种情况是把中原文化原封不变地移植到夷狄地区,变蛮貊之域为冠带之乡,主要是通过设置变外为内、变夷为夏来实现。二是原来本是中原民族而到四夷地区后变内为外、变夏从夷。三是由于中原文化的影响,由当地的民族自己建立同于中原的文化区。在这种不同文化的内向与外向的发展中,形成文化发

---

〔1〕家铉翁:《题中州诗集后》(见《元好问全集》附录二)。

展的互相交织的网络,你中有我,我中有你。当历史进入封建社会的后期时,绝大部分的族与地区在文化上都进入不同经济类型的封建社会,有了共同发展的"一道同轨"和"华夷同风"的条件和基础。各族文化已不再是在中外文野之分内发展,而是在统一的"中华一体"内作为不同族和区域的文化发展,相同的文脉把各族结合为一体,使不同的俗在一体中开放着奇异的花朵,丰富祖国文化的宝库。

中华民族是历史形成的,在不同的历史时期有不同含义和内容,它是由多元的而成的一体结构,在多元一体中的族都有自己的属源、族源和祖源。这是三个不同层次的概念,属源是指有着同一族属亲缘关系的系统的族,族源是指统一的民族共同体的族出于同一族属的哪一部,祖源是指在统一的民族共同体形成中核心家族所能追溯出的始祖。如女真族的族属的属源可以上推到肃慎,女真统一的民族的族源出自靺鞨的黑水靺鞨,女真的祖源可以追溯到其始祖函普。来源于不同的属源、族源和祖源的族,都有自己由野蛮到文明的历史。文野的观念根据马克思主义的理论,由猿到人是人与禽的分野,而从野蛮到文明是人类社会由氏族制到阶级社会的分野。"华夷之辨"的阶级与民族的文野观念,是由奴隶社会中产生,又被封建社会所继承,对文野的研究必须看到文野是民族在社会发展中的不平衡的反映,也就是先进文化与落后文化在发展中的不同,但文野在一定的条件下是可转化的,由野变文,由文变野,文中有野,野中有文,有主有次。文野对于华夷来说不是不变的,中外也不是不变的。正因为如此,就应从华夷社会发展不平衡和文野可变的观点,研究和分析民族间的不同社会形态的文化关系,应当站在华夏文化为各族所向往和为各族所掌握的高度看华夷文化间的关系。特别是到"中华一体"时期,统一的文脉和道统出现后,把各族文化统一到一个文脉和道统之中,再以旧传统的"文野观"分华夷、分中外就为历史所不能容。因此研究民族的文野,就应是平等地对待各民族的自身的进步问题,由野蛮进入文明时代是进步,变夷从夏也是进步,他们所取得的每次进步,对本族和对中华文明都是有贡献的。

·欧·亚·历·史·文·化·文·库·

18.4 "正闰观"与"道统观"

正闰之义为正统与非正统,正闰观也就是对正统与非正统的看法。闰是农历一年十二个月以外的月份,所以闰有非正常的意思,以正为正,以闰为不正。其应用到封建王朝的更替上,便成为对中原王朝的正统的承受系统和非正统承受系统的一种理论。这种思想源之于邹衍的"五德终始"说,并经过《吕氏春秋·应用》对五德的五帝解说,到汉朝董仲舒加以具体运用和加工在理论上则更加系统。他在五德五帝之上,建立一个统摄五德五帝的"太一"(即至高无上的上天)作为主宰。他提出"三统"、"三正"来,夏为黑统,商为白统,周为赤统;夏以寅月(农历正月)为正,商以丑月(农历十二月)为正,周以子月(农历十一月)为正。王朝的改换是"三统"的依次循环,只是"改正朔,易服色"的历法和礼仪在形式上的改变,他说:"王者有改制之名,无易道之实。"[1]王朝的改变只能在五帝、三王的系统内更替循环,这就是正(正统),反之不在五帝、三王的系统内更替循环,这就是闰(非正统),非正统被认为是僭伪。

作为正统与非正统的"正闰观",同传统的"人禽观"、"华夷观"、"中外观"是不可分的。五帝、三王系统以外的共工虽曾"霸九州",被视为闰,秦虽以华夏之一统一天下,但由于他出于西戎,仍被视为闰。"膺当天之正统,受克让之归运"[2]已成为当时占主导地位的王朝正统承受的观念。"正闰观"就民族而言,是站在中原汉族的立场上,在王朝承受系统中分人禽、分华夷、分中外的一种观念。就广义而言,凡非正统而取得帝位者皆被视为"闰位",即"不得正王之命,如岁月之余分为闰"[3]。

"正闰观"在史实上和理论上都是不能自我完善和自我为用的。五帝、三王不同源,黄帝出于西北狄,少昊出于东方夷,颛顼、帝喾出于

[1]《春秋繁露·楚庄王》。
[2]《文选》,汉班固《典引》。
[3]《汉书·王莽传赞》注引服虔。

东北夷,尧出于西方,舜是东夷人。夏出于西方的羌,与神农、共工、蚩尤同为西和西南之羌戎人。商出于东北夷,周出于西北狄。这些不同系统的族,他们先后汇聚于中原更替发展和交融,经过部族融合为统一的夏民族,又由夏族、商族和周族的更替发展和交融,融合为诸华夏族。在五帝、三王以外尚有与之同属的羌、夷、狄、蛮的诸部落。"正闰观"只不过是把在中原出于不同系统的族编造出一个同祖、同源的系统来,把在中原以外的族列为非正统的系统。同祖同源说,不但没有巩固华夏不变的地位,相反的被后来兴起的族所用,他们自视与华夏同祖同源,是先帝先王之后,同祖同源一时被各族接受成为反"正闰观"的思想武器。我国古代的族是由多元构成一体的关系,在多元一体的发展中出现同源同流、异源同流、同源异流、异源异流的分合关系,分是多元并存的基础,合是多元一体的基础,有出有入,有来有往,你中有我,我中有你,结成血肉不可分离的关系。夷变夏,夏亦变夷,这也就成为"正闰观"自我完善的困难,随着变夷从夏、变外为内的发展,"正闰观"也就被新的思想所代替。

由别正闰到不别正闰,同分人禽、分华夷、分中外到不分人禽、不分华夷、不分中外的统一的人性观、华夏观和一统观是分不开的。五胡十六国时,各族开始在中原建立政权,正统与非正统的观念遭受一次实际性的批判,变以汉族为中原正统为多民族在中原的正统。正统的最高观念层次是上帝,上帝授予汉族为中原王朝承受者,而夷狄被排斥在中原王朝承受系统之外,正朔与夷狄无份,如果少数民族建正朔也被视为闰。入主中原的民族从历史上学到"天命无常"和帝王无常这个思想作为武器。刘元海说:"夫帝王岂有常哉!大禹出于西戎,文王生于东夷,顾惟德所授耳。"[1]这里有几重意思:一是天命不常,上帝不是依族而是依德而授其为帝王的,神权的天帝变成了道德观念的理性观念。二是司马氏父子已失德,"天厌其德,授之于我"[2],因此可以代晋而为帝王。三是正统不分民族,只要有德就可以建正朔为正统。尽管如此,

---

[1]《晋书》卷101《刘元海载记》。
[2]《晋书》卷101《刘元海载记》。

259

欧·亚·历·史·文·化·文·库

在当时少数民族内部也存在着正统与非正统观念的影响和制约,例如符融每向坚上谏:"且国家戎族也,正朔会不归人。江东不绝如缒,然天之所相,终不可灭。"符坚听后反驳说:"帝王历数,岂有常哉,惟德之所授耳。汝所以不如吾者,正病此不达变通大运。刘禅可非汉之遗祚,然终为中国所并。"[1]有德者得天下皆可为正统,这是对神权的只有汉一族承受系统的批判。

从王通到司马光,是对旧的"正闰观"的批判和新观念的建立时期。在这个时期已从理论上为新的观念的建立提供了条件。其一,新的观念是以道德史观为标准看正与不正的问题。王通把道德观提高到上帝、帝王之上,以王道作为检验称帝的标准,他认为晋、宋、北魏、西魏、北周和隋可以称中国之帝,"近于正体",而南朝齐、梁、陈,虽是汉人建立的王朝不能称帝。[2] 其二,道德思想的提出和确立,在理论上确立了王道仁政的儒家道统说,提高了道统的地位,因而也就出现有同一道统的均为中国的新思想。其三,随着新观念的出现,对正统作新的解释,凡是能一统天下的,不分华夷、不分中外均为正统。

北宋司马光是对传统"正闰观"的批判最有力的人物。宋时的欧阳修作《正统论》,章民表作《明统论》,把秦视为闰,章民表则"以霸易闰"。宋庠"俭约不好声色,读书至老不倦,善正讹缪,尝辑《纪年通谱》,区别正闰,为十二卷"。[3] 司马光站在反传统"正闰观"的立场上,对正统论进行了批判,提出了超前人的新见解,其一,认为汉代学者始推五德生、胜,以秦为闰位的正闰之论,是一种"私己之偏辞,非大公之通论",他进而分析正闰之论的依据是不足为据的,因此说:"若以自上相授受者为正邪,则陈氏何所受?拓跋氏何所受?若以居中夏者为正邪,则刘、石、慕容、符、姚、赫连所得之土皆五帝三王之旧都也。若以有道德者为正邪,则蕞尔之国,必有令主,三代之季,岂无僻王!是以正闰之论,自古及今,未有能通其义,确然使人不可移夺者也。"其二,反

---

〔1〕《晋书》卷 114《符融载记》。

〔2〕《文中子中说·问易第五》。

〔3〕《宋史》卷 284《宋庠传》。

对正统与僭伪的提法,他说:"臣愚诚不足以识前代之正闰,窃以为苟不能使九州合为一统,皆有天子之名而无其实者也。虽华夷仁暴,大小强弱,或时不同,要皆与古之列国无异,岂得独尊奖一国谓之正统,而其余皆为僭伪哉!"其三,提出了处理的标准和办法,主张"据其功业之实"为据,如周、秦、汉、晋、隋、唐,都曾混一九州,"全用天子之制以临之";"其余地丑德齐,莫能相壹,名号不异,本非君臣者,皆以列国之制处之"。这样"彼此均敌,无所抑扬,庶几不诬事实,近于至公"。其四,在天下离析之际,"不可无岁、时、月、日以识事之先后",如此不属"尊此而卑彼"。[1] 司马光所论还是指"天下一体"时的中原九州地区的统一和分裂,但后来出现辽、宋、西夏、黑汗王朝、西辽的多中国王朝与地方政权的分裂,已不是"天下一体"时分裂的格局,而是多王朝、多列国并存的新格局,因而司马光所说的列国也就包括了全国内出现的多中国王朝、列国和列部在内,进而被统一为全国的中国和中华。元修三史,定辽、宋、金皆为正统,作为正统承受的政治标准是道统,文化的标准是文脉,区域的标准是一统,民族的标准是同为国人。这样的中国就是全国各民族、各地区统一的中国,也就是统一的多民族的"中华一体"的中国。

(原刊《社会科学战线》1991 年 4 期)

---

[1]《资治通鉴》卷 69。

19　中华史论

　　中华是由"天下一体"的中华到"中华一体"的中华。中华最初是由多元的民族融合而成的华夏族（汉族）在中原的称谓，进而为在中原多民族的称谓，最后才发展为四裔各民族在内的全国的称谓。这中间是经由变外为内和变夷为夏的长期历史过程才完成的。

19.1　释华夏

　　夏与华在观念上不完全相同。夏、华初不连称，到后来华夏方成为一个总的称谓，但仍单称为夏、为华，而内容与含义也逐渐相关联。

　　夏之初义为人，是部落内部的自我称谓，随着地域观念的加强，便由群体内的人的自我称谓发展为地域的称呼。《左传》昭公元年，高辛氏"迁阏伯于商丘，主辰，商人是因。迁实沈于大夏，主参，唐人是因，以服事夏、商"，是证在高辛氏时，大夏之名已出现。《左传》定公四年，晋唐叔初封，"命以《唐诰》，而封于夏虚"。夏虚即高辛氏时的大夏，乃夏之故都，亦即尧之故都唐。《左传》僖公二十七年，晋赵衰："《夏书》曰：赋纳以言，明试以功，车服以庸。"此所引文本出自《尧典》，而却称之为《夏书》，因疑唐、虞、夏之部族均曾称为夏。[1]

　　由地名的夏变为国名、族称，当与人的观念和地域观念的变化有关。在夏王朝出现以前就有作为部族的夏人观念，主要是指尧、舜、禹时部落联盟的核心部族和相近的诸部族，也即舜肇十二州内的人，而不包括此外的蛮夷在内。夏的观念后来发展为统一的夏民族观念，地域名称的大夏到后来则成为王朝的称号。族称与国称是一致的。在历史

---

　　[1]束世澂：《中国通史参考资料选辑》，新知识出版社1955年3月，第151页。

记载中禹与夏相关,郭沫若举出二例《齐侯镈钟》:"虩虩成唐(汤),有严在帝所。敷受天命。刻(翦)伐颐司(夏祀),败其灵师,伊小尹(伊尹)惟辅,咸有九州,处禹之堵。"此"翦伐夏祀"与"处禹之堵"相条贯。《秦公簋》:"秦公曰:'丕显朕皇祖受天命,鼏宅禹责。十又十公在帝之坏,严恭寅天命,保业厥秦,虩使蛮夏。'"上言禹,下言夏,则禹与夏确有关系,此"蛮夏"亦与《舜典》"蛮夷滑夏"相印证,[1]是在夏王朝前已有蛮夷与夏的观念。鲧与禹曾先后为"崇伯",《国语·周语》称"崇伯鲧",《逸周书·世俘》称"崇禹"。崇即嵩,《后汉书·郡国志》作"嵩高",《汉书·地理志》作"崈高"。《世本·帝系篇》谓"鲧生高密","高密禹所封国"。《吴越春秋·越王无余外传》,禹"产高密"。高密当即"高崈",亦即"崈高",禹嗣鲧为"崇伯",乃是嵩山一带的地方部落联盟首长。《史记·夏本纪》:"夏禹,名曰文命。""禹于是遂即天子位,南面朝天子,国号曰夏后,姓姒氏。"这里说的"即天子位",实是即元后或后王之位。《正义》引《帝王纪》谓于嵩高之地,即是先封为夏伯。可见禹嗣舜后初都大夏,复由夏伯进而为夏后,变原来夏之地名为国名。如果认为禹嗣舜后仍在崇为"崇伯",与理不通。从历史看应是虞舜、夏禹相嗣,而不是虞舜、崇伯相承。以夏为国后,夏之含义已包括三个层次,一是夏都(京师);二是夏邑(直接统治区);三是诸伯国(即九州之地)。四海蛮夷是不包括在夏之内的。

夏之义又由朝代名进而发展为具有相同礼义制度的国家均可称夏。

夏与裔对言,夏是中国,华与夷对言,华指中国文明发达的民族,夷指四海文明不发达的民族。《左传》襄公十四年,戎子驹支说:"我诸戎饮食衣服不与华同,贽币不通,言语不达。"这是从饮食衣服的习俗和语言不同来分华夷的。在对夏与华的研究中,特别是在对夏的研究中,会涉及历史上的重大问题。

在夏朝以前,是多元的民族的结合还是单元的民族发展?是五帝的帝的部落联盟长制还是政治体制的元后的王制?有人认为唐尧、虞

---

〔1〕郭沫若:《中国古代社会研究》,人民出版社1955年3月,第337-339页。

舜、夏禹、弃、契、皋陶、伯益都是同一祖先黄帝的后裔,因而夏、商、周族是同血缘祖先的黄帝子孙,这是一元的同源同流说,实际上不是一元的同源同流,而是多元的异源同流。在原始社会中放射出的文明曙光起源我国的各地,由各地向黄河的中下流辐辏,他们不是出自一个祖先,也不是一个祖先的同一个血缘的后裔。夏人出自西方的羌,商人出自东方的夷,周人出自西北方的狄。他们都带着本地的文化进入中原而互相接触、交融和汇聚,由多元的汇聚而结成一个高于原来的诸部族共同体的新的部族共同体的夏。从族属来源说,禹出西戎,契出东夷,稷出西北狄,他们已交融为一个具有大夏的共同心理状态的民族,但仍保有出自不同族属的观念,仍保有他们各自的称谓。同源说是在华夏形成后而出现的,秦、楚本与中原华夏不同源,但说是颛顼后裔。吴非华夏,因周太王之子太伯、仲雍奔荆蛮,到春秋时吴始大,"比于诸夏",也就找到了吴为"周之胄裔"[1]的依据。

夏是对虞的继承和发展,史书"虞夏"连称不无道理。《史记》:"自虞夏贡赋备矣。"[2]"虞夏之道,寡怨于民","虞夏之质"。[3] 儒家以夏、商、周为"三代"、"三王",而《墨子》一书以"尧、舜、禹、汤;文、武"为"三代圣王"。据史书记载,至少到虞夏时已以"后"代"帝",由"后"代"帝"是历史的一大变革,"后"之义为君,"后"是新确立的官氏之称,最高为"元后"(即后王),其下为"群后"(即君公)。在元后之下地方有四岳的"四时官","主方岳之事"。[4] 据记载当时有掌管平水土的司空,有掌管林、牧、渔、猎的虞,有掌管邦教的司徒,有掌管五刑的司土,还有秩宗、典乐、纳言等官,这些官均称后。当时是由元后、群后组成的最高的贵族权力机构,它具有部落奴隶制的特点,还保有贵族议事会的组织形式。群后各有分职,各有专门的职称。夏建国仍称后,基本是这种制度的继承和发展。它肇始于尧,形成和发展于虞、夏。"后"不是原社会部落联盟长和部落长的称号,而是以部落为特点的奴隶制

---

〔1〕《左传》昭公三十年。

〔2〕《史记·夏本纪》。

〔3〕《礼记·表记》。

〔4〕《史记·五帝本纪》,《集解》引郑玄。

时代的"后王"和"君公"的统治者的称号。

夏代虞以后,始以夏名族名国,不称华。殷人建国,既不称夏,也不称华。周人灭商,以周名族名国。这是在华夏族形成前的民族与国名更替时期,到西周始孕育着高于虞、夏、商、周的统一的华夏的称谓。有人说华族或华夏族始于夏朝,这与当时族称和朝代称的更替历史是不符合的。

19.2　由夏族到华夏族

华夏作为共同的统一的民族和国家观念提出,孕育于西周,形成于春秋,发展于战国。华夏族的形成、发展,是以诸夏或诸华的出现而形成的一个统一的华夏观念,并使夏、商、周更替的历史发展为诸华夏国并存的历史。这是变原来的民族格局为诸华夏民族的格局,是民族的大发展和大交融的新时期,是后来统一的中国华夏形成的历史前提和基础。

19.2.1　华夏雏形孕育于西周

夏、商、周是三个异源同流的不同的统一的民族共同体和国家。他们长期有着接触、影响、联合乃至交融的关系,并成为华夏族形成的三个主要来源。这种由异源同流的关系而形成的文明制度,是以华夏作为共同的民族称谓,以及产生共同祖源的共同心理愿望的依据,于是便编出一个"少昊受黄帝,黄帝受炎帝,炎帝受共工,共工受太昊,故先言黄帝,上及太昊"[1]的不真实的世系谱。由夏、商、周的统一民族的名称更替建立王朝,说明还没有形成一个以华夏为称谓的共同观念,只是到西周时才在夏、商、周的不同族称和国称之上加强了华夏的共同观念。

(1)西周首先提出了统一的完整的"华夏"的新概念来。《尚书·周书·武成》:"予小子既获仁人,敢祗承上帝,以遏乱略,华夏蛮貊,罔不率俾。恭天成命,肆予东征,绥其士女,惟其士女,篚厥玄黄,昭我周

---

〔1〕《汉书·律历志》。

265

王,天休震动,用附我大邑周。"这里把华夏与蛮貊作民族的两大分类而对称,已具有"内而华夏,外而蛮貊"[1]的思想,这种思想的提出是以华夏为中国的基础,形成中国(京师)与四方(诸侯国)为中国以及以四裔为四海的"天下一体"的观念。当时领土是王土,"溥天之下,莫非王土,率土之滨,莫非王臣"。[2]这种政治体制是君天下、国诸侯、家大夫的"天下国家一体"的体制,天下包括中土(京师)、四国(四方)和四裔(四海)在内,是同服不同制,由同服而一体的臣附关系。

(2)周人自视为夏,把夏的观念提高到本族称和国称之上。周人并不否认自己系出自"天鼋"的西北狄,也不否认自己是周。《左传》昭公九年,周人说"我自夏以后稷",认为自己是夏的继承者。《诗·周颂·思文》:"思文后稷,克配彼天,立我蒸民,莫匪尔极,贻我来牟,帝命率育,无此疆尔界,陈常于时夏。"时夏即兹夏。《尚书·周书·康诰》:"王若曰:'孟侯朕其弟小子封,惟乃丕显考文王,克明德慎罚,不敢侮鳏寡,庸庸祗祗,威威显民,用肇造我区夏。"周人视其祖后稷为夏人,又有夏之土地,自然可以称夏。

(3)西周为把诸夏的概念推广于先帝先王之后裔,封黄帝之后于蓟,尧之后于祝,舜之后于陈,禹之后于杞,并封纣子武庚于邶,微子于宋,以奉其诸祀,又封一部分姜姓为诸侯,称洛阳以东原商地为"东夏"。《尚书·周书·微子之命》:"庸建尔于上公,尹兹东夏。"《穆天子传》:"自阳纡(在陕)至于西夏氏。"在阳纡以西则有西夏。周人的华夏观念是包括夏人、商人、周人等在内的,华夏观念高于诸族和诸国称的观念。

19.2.2 华夏族形成于春秋

统一的华夏观念以及这种观念高于当时的诸族称和诸国称,是华夏族形成的重要标志,它以周礼把各诸侯国统一到华夏之中。

作为区域观念的夏与裔,主要是从区域格局上维护京师、四方、四海的划分。《春秋公羊传》:"《春秋》内其国而外诸夏,内诸夏而外夷

---

〔1〕《书经》蔡沈注。

〔2〕《诗·小雅·北山》。

狄。王者欲一乎天下,曷为以内外之辞言之?言自近者始也。"这里讲的"自近者始",既有地域上的远近之义也有内外亲疏之义。从中外、贵贱、尊卑、亲疏、上下之义出发,在诸夏与四夷之间划一道人类与禽兽的不可逾越的界限。《左传》闵公元年:"狄人伐邢。"管仲对齐桓公讲:"戎狄豺狼,不可厌也;诸夏亲匿,不可弃也。"对内要柔之以德,对外则要威之以刑。确定诸夏、夷狄同服不同制的统属关系,夷狄"服事诸夏","蛮夷"不能"滑夏"、"乱华"。这就是在区域上夏与裔的界限和在政治上的贵贱、尊卑、上下的界限。

别华夷在于从经济生活、礼俗、语言和共同的心理素质上强化诸夏与夷狄的不同,而这种不同是用人禽来划分的。《左传》襄公四年:"无终子嘉父,使孟乐如晋。因魏庄子纳虎豹之皮,以请和诸戎,晋侯曰:'戎狄无亲而贪,不如伐之。'魏绛曰:'戎狄无亲而贪,不如伐之。'魏绛曰:'诸侯新服,陈新来和,将观于我。我往则睦,否则携贰,劳师于戎,而楚伐陈,必弗能救,是弃陈也,诸华必叛。戎,禽兽也。获戎失华,无乃不可乎!'"此以华与戎对言,戎狄无中原之礼,被曰为"禽兽"。《国语·周语》:"夫狄无列于王室,郑伯南也,王而卑之,是不尊贵也。狄,豺狼之德也,郑未失周典,王而蔑之,是不明贤也。"诸夏与夷狄不同在于列王室还是未列王室,而周礼、周典是区别华与夷的最基本的标准。

夏之区域观念与华之礼典观念合起来,就是华夏的完整观念,合于此者为"诸夏"、"诸华",也就是华夏族。春秋时华夏族的形成可概括为以下几点:

(1)华夏的形成,是分散的多国分裂的华夏,因称"诸夏"、"诸华",它是在西周的孕育和西周分解后而形成的。

(2)华夏的形成,更加强化了华夏与夷狄的界限,提出区分华夷的依据和标准。

(3)华夷之分主要表现在区域上的中外之分,社会发展的文野之分和人类文化观念上的人禽之分,由此而产生在华夷问题上的贵贱、尊卑、亲疏以及"利内"还是"利外"的问题。

·欧·亚·历·史·文·化·文·库·

(4)华夷的形成,促进了民族的共同心理和意识,促进了诸夏的内部团结和一致对外,树立了华夏的自尊感和蔑视夷狄的观念,提出了"安内攘外"、"尊王攘夷"的思想。

(5)在华夏形成的过程中,又涌现出新的变夷为夏的诸侯国,但由于华夷的限界并不承认他们为"诸夏"、"诸华"。华夏是形成于诸华夏国之上共同的族称和国称,因而它的产生并不排斥仍以其本族和国家的称谓名族、名国。

由春秋诸华夏的形成,经由战国的发展、扩大和变革,为统一的中国华夏的形成做好了准备。

19.2.3 由诸夏到中国统一的华夏

春秋战国之交是由奴隶制向封建制急剧变革的时期,华夏作为一个族称也随着发生新的变化。在春秋华夏的形成中,诸华夏内部及诸华夏之间都朝着一个统一的华夏趋向发展,变其国内的夷狄为统一的华夏。在春秋时,虽在实际上已成为华夏的秦、楚、吴、越等,仍被看成是蛮戎之国。由于其内部的统一,变其周围的蛮戎为华夏,到战国时秦、楚已被视为华夏,中山也被视为中国。在各国的发展中,一方面是礼下庶人,另一方面是变其所辖地区内的蛮戎夷狄为华夏,到战国的诸国间已无夷狄相间,而诸华夏国在区域上连成一片,四夷环于诸华夏国之外,东方的夷已融合于齐、鲁,变夷为夏,只有北方的狄,西方的戎,南方的蛮,尚在诸夏之外,而与之发生一体内的中外、华夷的关系。经春秋到战国,基本上改变了西周时华夷错居,在诸夏之国中有夷狄,在夷狄之国中有华夏的情况。

战国改革,推行郡县制,统一文字、风俗,加强了地域性的华夏一体的步伐。秦朝就是在七国发展的基础上,在中国九州之内推行郡县,统一制度和文字,改革风俗,形成一个统一的中国九州华夏。

19.3 由中国单一民族的华夏到 中国多民族的华夏

秦统一六国,把诸夏统一为一个华夏族,在中原主要是由统一的华夏族所构成,拒四夷于中原之外。由中国九州的华夏族(汉族前身)发展为一个与其他族相等的族称——汉,并在中原同为中国、华夏,有一段较长的发展变化的过程。

19.3.1 中国统一的华夏族的诸称谓

秦、汉、三国、西晋,是统一的多民族"天下一体"国家发展的第一个阶段。在这段历史中,中原地区称中国、华夏、中夏、中华,同时仍以朝代称秦人、汉人、晋人。这些不同的称谓应从地域和族类两个方面理解。地域的含义指当时中原王朝所建立的所有郡县地区,而族类的含义指郡县地区内的不同族。

中国是就四裔与中原郡县地域的不同而言,在中国郡县地区居住的皆为中国人。中国与四裔之分主要是地域之分,由于地域的变化,也可以由裔变为中国,由中国变为裔。《路史·国名记》:"《春秋》用夏变(于)夷者,夷之;夷而进于中国者,中国之。"四裔地区变郡县后,其夷狄即变为中国人,四裔民族入居郡县地区,即变为郡县内中国人。就地域而言,中国又称中夏、中华,都是指中原郡县地区。

中国,有人认为是当时王朝的自称,其实也是中国以外四裔对中原的他称。匈奴、鲜卑等都称中原王朝为中国、夏或华,自视为裔、夷。匈奴称汉为中国,冒顿使使遗高后书:"愿游中国。"[1]后来向高后使使来谢亦称汉为"中国"。[2] 匈奴中行说在与汉使辩匈奴与中国之俗时,亦称汉为"中国"。[3] 呼韩邪单于在其死前遗言给其子:"有从中国来降者,勿受。"[4]南越赵佗也称汉为"中国"。[5] 在汉时,中国既是自称,同时也是四裔对中原之称。

汉自称汉、大汉,四裔也称其为汉、大汉、汉家。[6] 汉有几重意思:就中原王朝承受系统来说,汉是朝代称,即中国王朝之称,就这个意义

---

〔1〕见《汉书·匈奴列传》。

〔2〕见《汉书·匈奴列传》。

〔3〕见《汉书·匈奴列传》。

〔4〕见《汉书·匈奴列传》。

〔5〕见《史记·南越尉佗列传》。

〔6〕见《史记》、《汉书》匈奴等列传。

讲,汉人指汉朝的中原郡县之人。但就族类的系统来说,汉也是族称,即指华夏族。在中国与四裔之间分华夷,而在中国郡县的内部也有夷汉、羌汉、胡汉、越汉之间的区别。这样汉人,一方面是指汉朝中原郡县的人,以与四周的夷狄相区别;另一方面又用以区分中原郡县内的汉(华夏)与夷、羌、胡、越等族的不同。汉人之称始于汉,他与夷、羌、胡、越对言,因此已具有汉族称谓的内容。这时的汉人基本与华夏人是相等的,还没有发展为华夏称谓之下的与其他族称对等的汉族,也就是作为华夏中的一个专用民族名称而出现,这样的汉民族的形成大约是在后来的北朝时期。

19.3.2 由中国单一民族的华夏到中国多族的华夏

到东晋、十六国及南北朝时,由中国单一的华夏(汉)族一体进入以多民族为中国华夏一体的新时期。在这次大变化的过程中,汉的称谓与地位,逐渐地已不再与华夏的名称和地位相等,华夏观念又上升到中国各族称谓之上,汉与在中国的其他族均为中国、华夏的一个族,即由汉时的朝代与族兼称发展为以汉作为一个族称而出现的新时期。由华夷之分发展为蕃汉之分。五胡十六国时,在中国的民族及其所建立的政权,变外为内,变夷为夏,其民族和政权都是中国、中华的民族和政权。因此,这个时期的中国、中夏、中华的含义是中国多民族华夏的含义,而朝代的名称和以朝代称其国内的郡县地区的人,仍继续存在。十六国是中国的十六国,北朝也是中国的北朝。各族在中国建立的政权或王朝均以其政权或王朝称。如北魏自称为魏、大魏,四裔也称其为魏、大魏或大国。这个时期在中国各族的共称是中国、中夏、中华,以郡县地区为中国,以边境地区为四裔。当时国家的整体结构仍是"天下国家一体"的体制。国家,指国郡县,家编户;天下,指"外及四海"。在统一的时期,最高统治者君,既是中国九州的皇帝,也是四海夷狄的天子。当五胡十六国在中原割据时,便在中原出现多民族的中国皇帝,到南北朝时,又出现南北两个中国的皇帝和南北两个四裔的天子。

汉人之称始于汉,即是汉朝的中国人之称,也是族称,即指华夏族。汉人这个名称后来被沿用,到南北朝时,便成为与当时胡夷对言的汉民

270

族的专称。自东汉以来,入居中原的各族人民成为中原编户,在文化上已逐渐与汉相等,但在中原仍保其本俗和语言。其政权称其本族人为国人,对原中原的编户齐民以其政权名称之。又进而分胡汉,称汉人语言为汉语,其族为汉人。这样便出现胡语、虏语与汉语的不同,诸胡夷人与汉人不同,华夏的称谓便上升到胡汉名称之上,在中国的胡汉皆为中国、中夏、中华。

19.3.3 由中国华夏向中外一体华夏的孕育

隋、唐是"天下一体"发展的最后和最盛的阶段。隋把中国、中华由原来的南北朝发展为统一的多民族的"天下一体"国家。隋朝的统一,在"天下一体"内仍分中外、分华夷,它没有改变君天下、国郡县、家编户的一体格局。

隋称中原为中国、诸夏、华夏,由于对南北的统一,空前宏大了中国华夏对外的影响。我国北方的突厥兴起,"抗衡中夏",称隋为大国,称中国为华夏,自称是隋之臣民,与隋为一体。"乞依大国,服饰法用一同华夏。"[1]特别是西突厥对外传播,中国、大国、华夏对外影响更加扩大。隋时与西域、南海、日本交通更加发展,胡商往来或居中国者很多,极称中国之富。隋为显示"中国之盛",向西蕃人大摆排场,"又令三市店肆,皆设帷帐,盛列酒食,遣掌蕃率蛮夷与民贸易,所至之处悉令邀延就坐,醉饱而散。蛮夷叹嗟,谓中国为神仙"[2] 中国为大国、华夏,西方史学家在其史书中记载隋事时便以"桃花石"称中国。"桃花石"的名义,国内外都有研究,有"拓跋"、"大唐"、"大魏"、"大汗"诸说,依我所见桃即大,花即华,石即人,其全称是"大国华"或"大国华人"。这正是当时以大国、华夏的名称对外影响的结果。称中国为"大国华"与后来西方称中国为"大国契丹"同。[3]

唐继隋又有很大发展,但仍分中外、分华夷,谓中原州县地区为中国、中华。"中华者,中国也。亲被王教,自属中国,衣冠威仪,习俗孝

---

〔1〕《隋书·突厥传》。

〔2〕《隋书·裴矩传》。

〔3〕详见《"桃花石"的名与义研究》,《北方文物》1991 年第 4 期。

悌,身居礼义,故谓中华。非同夷狄之俗,被发左衽,雕体文身之俗也。"[1]由此可见,中华有两重意思:一是指中国、中夏,其标准是在中国"亲被王教";二是指在衣服、习俗、礼义上与汉族同,并为中华。唐太宗认为中华与狄都是人,没有两样。他反对"贵中华,贱夷狄",提出天子与夷狄如同父母与赤子的关系,把人与禽的观念变为人与人的观念,这是民族意识和民族关系在思想上一大进步,它的进步如同消除国人与野人、君子与小人的人禽关系一样,将展示不分中外,不分华夷的中外皆为中华的历史到来。在唐朝以前,在边境地区就已出现变夷从夏、变外从内的民族和政权,如宕昌和高句丽,而到唐朝便出现实际上与中国并存的地方华夏的民族和政权,如渤海是最为典型的,行唐制,是与唐"车书本一家"的中国型的地方政权。唐朝实行中原与边境的两种府州制,是由过去的羁縻部落、政权向全国的州县制的一种过渡的形态,展示着向全国的中国、中华发展的一种趋向,但唐还没有形成不分中外,不分华夷的国家。

19.4 由中原的中国、中华到全国的中国、中华

历史的发展是由"天下一体"的中华发展为"中华一体"的中华。辽、宋、金是一个重大的变化时期,由我国的封建社会前期进入封建社会的后期,也是由"天下一体"进入"前中华一体"时期。从辽、宋、金到元、明、清是由多中国的"前中华一体"向统一的多民族的"中华一体"的重大发展。

19.4.1 多中华的并存

在辽、宋、金以前,四裔地区的民族是以氏族部落、部族和地方臣服于中原王朝,同时也出现地方的中国型政权,但在四裔地区还没有出现中国的王朝。正因为如此,中华仍指中原。在当时,华夷皆是人的思想

[1]《唐律释文》。

和"华夷无隔"、"混一戎夏"[1]的思想已经被提出和发展,特别是统一南北,变边境为府州,视边境府州人为"编户"(是同中原不同的一体内的两种府州制和编户),是"前中华一体"形成的历史前提和基础。辽、宋、金时期就是在这一前提和基础上进一步发展起来的,并形成以南北朝为重心的多中国王朝、列国和列部的新时期。它既不同于秦统一前的战国分裂时期,也不同于隋统一前的南北朝时期。隋以前的南北朝是南北对等的两个王朝,没有第三个王朝在四裔地区与之并存,因此称之"前南北朝",而辽、宋、金的南北朝不是对等的,南朝臣附于北朝,不是两个王朝而是多中国王朝的并存。元统一不同于秦统一,是合多中国王朝、列国和列部为中国、中华。

"前中华一体"时期,先后并存的中国王朝有辽、宋、金、西夏、黑汗朝和西辽。辽、宋、金都是中国王朝,耶律楚材说:"辽家遵汉制,孔教祖宣尼。"[2]辽自视为中国,行中国教。《松漠纪闻》记载辽道宗:"吾闻北极之下为中国,此岂其地邪?"又:"吾修文物彬彬,不异中华。"金朝自称是中国王朝的合法嗣承者,主张统一天下者皆可为正统。西夏自称大夏,[3]自视其与宋为中国东西两个王朝。西辽是从辽分出,行辽制,可称为两辽,自属中国王朝。黑汗朝与辽、北宋并存,是属于新兴的中国王朝的一个类型。黑汗朝诸汗自称是"中国之君",在王号之上冠以"中国"的名称。把中国分为上秦(宋),中国东部,中秦(契丹),下秦(黑汗朝),中国西部[4] 这个时期的地方政权和部族,已不同程度的中国化或直隶于诸王朝,司马光就已提出,不能以"僭伪"视之,应同视为列国,[5]因此当时与中国王朝并存的地方政权和部族,亦应以列国、列部对待。

19.4.2　全国中华的开创

在"天下一体"时期,中华主要指中原诸侯国和郡县地区,诸侯国

---

〔1〕《隋书·裴矩传》。

〔2〕耶律楚材:《湛然居士文集》卷12。

〔3〕田况:《儒林公议》下。

〔4〕张广达:《关于马合·喀什噶里的〈突厥语词汇〉与见于此书的圆形地图》,《中央民族学院学报》,1987年第2期。

〔5〕《资治通鉴》卷69。

欧·亚·历·史·文·化·文·库

和郡县以外被称为四裔、四海。辽、宋、金进入多中国王朝、列国和列部并存时期,为后来的元朝实现统一的全国的中国、中华创造了条件。元统一的特点,是把多中国王朝、列国和列部统一为多民族的"中华一体"国家。

自从汉作为一个民族的专称以后,汉便成为多民族的一个族与其他民族共存于一体之中,而华夏则成为民族的共同称谓,因此不能再用传统的"正闰华夏之辩"看待华夏,应重新看华夏的民族与区域结构的新变化。在华夏已成为高于各民族的称谓之后,仍把汉人、中国、中华划为一个等号,拒各民族及其区域于华夏之外,已成为不合时宜的陈腐观念。正因为如此,就要严格区分汉化与华化的不同,就要重新思考和认识"民族融合"这个概念的提出与实际应用问题。民族融合是互相的,但不是等同的。各民族在发展中融合于汉族,同时汉族也融合于其他民族。从历史上看,在中国九州主要是华夏(汉)族的时期,其他民族的自树能力还很弱而往往是走与华夏(汉)族相融合的道路,即变夷狄为汉人。在前北朝时,这种自树能力也是弱的,北魏孝文帝所采取的便是本族汉化的方针,到后北朝的辽、金时则不同了。契丹人、党项人首先表现出在作为一个华夏中发展本民族自树能力,以各民族共有的华夏文明为核心创制本民族文字和学校,培养本民族的文人,使之成为华夏文化的一部分。金代女真族更为本民族设科举,找到了既保存本民族作为华夏的一个成员,又可与汉人等齐步发展和繁荣的道路。这样的发展不是汉化为汉族的方针,而是不走融合于汉族而共同为华的方针。元朝所建立的不是使本民族为汉人的国家,而是以本民族为统治民族,以汉族为主体民族,包括各民族在内的"中华一体"国家。元朝灭亡西夏、金、南宋,不是外来民族入侵而灭亡了中国、中华,相反的,是空前跨进全国为中国、中华的历史时期,分裂的中华变成统一的中华。

19.4.3 全国中华的发展与巩固

明、清是对元朝统一的多民族的"中华一体"国家的继承、发展和巩固。明是以汉为统治民族建立的王朝,是作为全国的统治民族而更替出现在元与清之间。元自称其统治下的全国为中国,把统一中国之外的邻国称外,这样就在全国消除一体内的中外、华夷之分,中外变成中国内的中原与边疆之分,华夷变成中国内的诸民族之分,不分地域和民族同是中国、中华。元消除一体内的外,只存在一体外的外,并把"天下一体"内的"天下一家"思想扩大为与邻国的和睦关系,确立与外国的"亲仁善邻"的友好外交政策,而四邻的国家也仍沿旧称元朝为大国、上国和天朝。"王者无外"、"以四海为家"。[1] 把中国与四海的观念扩大到邻国中去,对其国制是"官僚士庶:凡衣冠典礼风俗一依本国旧制"。到明、清则更以全国的中国加强了与国外的关系,不仅自称中国、中华,外国也称之为中国、中华。从历史上看,中国、中华有两个方面的名称同时存在,既以中国、中华自称,也以不同时期的朝代称,已改变了它的内容和含义。只待封建的王朝被推翻,中国、中华便成为唯一的名称。"中华一体"便由封建帝国的一体变成民主共和的一体,最后则变革为人民共和的一体,这是不同性质的"中华一体"。

对"中华一体"之史的考察,应当研究它具体发展和变化的过程,研究它经过什么样的历史过程,而最后发展为一个统一的多民族的"中华一体"的国家。在"天下一体"时分中外、分华夷,甚至在中原地区也出现过多政权的分裂。从元朝起,不仅形成一个统一的全国中华,而且也从历史上消除了像战国、三国、五胡十六国、五代十国那样的时代重演,应当从实际出发,而不能再用"同室藩篱,一家尔汝"[2]观念看一统中华的问题。在今天研究"中华一体"之史的发展的根本点,对内改革,对外开放,反对国家分裂和民族分裂,反对搞颠覆活动,反对和平演变,自强于世界之林,同各国建立和睦的亲仁善邻的友好关系,为人类的发展和进步作出新贡献。民族虚无主义和国家虚无主义都是没有前途的。

(原刊《民族研究》1993 年 3 期)

---

〔1〕《元史·外夷传》。

〔2〕《元文类》卷38,家铉翁:《题中州诗集后》。

20　试论我国北方民族
政权类型的划分

我国北方民族政权类型的划分,是由各民族政权的属性及其与主体民族的不可分割的关系决定的。北方民族政权,都属于"天下一体"之中的"中国"(中原)与"边境"(四周少数民族地区)的民族政权。民族政权虽然可以从不同的角度和内容划分出不同的类型来,但是最主要的还是"中国"与"边境"之分,社会形态发展不同之分,而社会形态类型的划分又无不与"中国"与"边境"有关。类型寓于我国的社会整体之中,整体由诸种类型来体现,这就是研究北方民族政权及其类型的辩证关系。只有这样认识,才能从整体上把握北方各民族政权的关系,并进而阐明这些政权发展的层次及其特点。

20.1　从统一的多民族封建国家的
区域构成看民族政权的类型

我国统一的多民族封建国家,是由"中国"与"边境"组成的。属于"中国"与"边境"的民族,互相来往,互相调动,不可分割。早在秦朝建立统一的多民族封建国家以前,就有好多"边境"的部族进入"中国"。《后汉书·东夷传》:"武乙衰敝,东夷寖盛,遂分迁淮、岱,渐居中土。"周幽王之时,"西戎、东夷交侵中国"[1]。春秋之世,伊洛九州皆有戎人居住。"戎有中国",即戎人入居"中国"(中原)之地。《国语·郑语》记载,史伯在述周初雒阳、成周四方的小国和部落时,有诸夏之国,有蛮夷之部落。他们都居于黄河南北,当时就已不是内诸夏、外夷

---

[1]《诗·小雅·苕之华》。

狄,而是夷、夏杂居,犬牙相间。在华夏国中有夷狄,在夷狄国中有华夏。就入居"中国"(中原)的民族而言,有几种情况,其中有的仍保持其本族的习俗,如卫国与狄人订盟,刘炫《疏》云:"春秋时,戎狄错居中国,此狄无国都处所,俗逐水草,无城郭宫室,故云就庐帐盟。"有的则已改易旧俗,有城郭之制,如鼓人有城、聚落和郭门,中山国有君主、诸卿、大夫、士,有百官,皆与诸夏无异。《谷梁传》称中山国为"中国"。可见"中国"并非独指诸夏,而那些人居"中国",其文物制度与中原无异者,均为"中国"。正因为如此,北方民族及其所建立的政权就有"中国"与"边境"之分。其未入居"中国"的民族,亦有文化发展程度的不同。扬雄在《法言》中将当时分为三种情况:一是中原礼乐之邦(大礼乐);二是貊,即居于中原与远夷之间,受中原影响较深的民族(小礼乐);三是远夷,无礼乐者。在秦统一以前,还没有出现"边境"的民族政权,所谓国则不过是部落、部族。到秦统一后,不仅有"中国"的北方民族政权,也有"边境"的民族政权,构成统一的多民族的"天下一体"。

20.1.1 "边境"的民族政权类型

秦朝开始建立以汉族统治为主的统一的多民族的"天下一体"封建国家。此后,不仅使许多"边境"的民族和地区纳入"中国",而且在"边境"地区又涌现出新类型的民族政权。

"边境"的民族政权,就经济文化划分,主要有两种类型。

一种是北方草原的游牧型。属于此种类型的如秦、汉时期的匈奴,北朝的柔然和隋、唐时期的突厥汗国。匈奴初与汉朝南北分治,约为兄弟,是一个"天下一体"中的"二主",是"一家"中的"两国"。"先帝制:长城以北,引弓之国,受令单于;长城以内,冠带之室,朕亦制之。""使两国之民若一家子。"[1]南匈奴呼韩邪单于归附汉朝,则相约:"自今以来,汉与匈奴合为一家,世世毋得相诈相攻,有窃盗者,相报,行其诛,偿其物。有寇,发兵相助。"[2]匈奴已由"边境"民族向"中国"内地的民族转化。晋时匈奴分东、西,已是"中国"的编户。

---

[1]《汉书·匈奴传》。

[2]《汉书·匈奴传》。

柔然立国于原匈奴草原之地,但也有一部分居于中国内地。北魏不把柔然内徙,主要是鉴于汉、晋处置匈奴的经验教训,柔然被分为东、西两部,阿那环主东,婆罗门主西。这就是在柔然中实行的"一国二主"的政策,使之互相牵制。

隋、唐时突厥,有一部分入居中原,其在北者,分为东、西突厥,一方面保其旧俗,另一方面行羁縻州制,设都督、刺史。唐制的特点,是把"天下一体"分为中原的府州与少数民族聚居的"边境"地区的府州。羁縻州是由部族的臣附向中原的府州制发展的一种过渡形式。

匈奴、柔然、突厥等汗国,建立在"天下一体"的"边境"地区,其经济以游牧为主,属于游牧类型的国家。

另一种是东北地区的农业型。属于此类型的政权有夫余、高句丽和渤海。夫余政权建立在玄菟郡以北今呼嫩平原地区,其地一直属郡县以外的"边境"。高句丽政权建立在辽东塞外今鸭绿江、浑江地区,汉武帝时属郡县,后玄菟郡内徙属郡县之外。高句丽后占有乐浪、辽东、玄菟等郡县地后,又成为汉以来郡县内的政权。夫余、高句丽均是以城为特点的农业政权。

渤海政权建立在东北的靺鞨地区,属"边境"之地。渤海也是以农业为主的政权。

夫余没有由以农业经济为主的奴隶社会发展为以农业经济为主的封建社会,高句丽与渤海都经由以农业经济为主的奴隶社会改革为以农业经济为主的封建社会。从封建社会的经济、政治、文化的结构看,高句丽虽然在好多方面同于"中国",但保留本族的特点较重。渤海学习中原制度较为彻底,照搬唐制,"习识古今制度"[1],与唐"车书本一家"[2]。实际上是在"边境"地区建立的"中国"式的地方民族政权。

20.1.2 "中国"的民族政权类型

"中国"的民族政权,是指建立在"天下一体"之内的中原地区的北方民族政权。随着北方兄弟民族入居中原为编户,北中国的民族和民

---

[1]《新唐书·渤海传》。
[2]温庭筠《送渤海王子归国》诗。

族的运动类型也就更加复杂化。其中有的是反抗中原汉族王朝的剥削与压迫而进行的斗争;有的是北方民族上层分子与中原汉族统治者争夺领导权和统治地位的斗争;有的是汉族人民反抗北方民族政权而进行的斗争;有的是各族联合的起义斗争。在斗争中,北方民族的上层统治者纷纷建立民族政权,这些政权都属"中国"境内的政权。

北方民族在"中国"境内所建立的政权,是由低级向高级推进的,因而政权的形式也就随着时间的推移表现出按层次发展的多种类型来。

研究秦统一以后北方民族政权史,五胡十六国是个值得重视的时代。从此以后,在中原相继出现按层次发展的三种类型的政权。首先是五胡十六国在中原开创的封建割据式的政权,这些政权的建立从历史上看有特殊的意义。它是秦统一以后,第一次开创少数民族在"中国"境内建立封建割据政权的时期,打破了秦以后只有汉族在"中国"建立政权和割据的局面,从此中原政权不仅在汉族内部更替,也在民族间更替,这些政权也为后来北朝式的政权建立奠定了基础。前秦统一了北方的大部,继承了汉、魏、晋的制度,并有新的开创,它直接影响后魏制度的形成。

其次是北朝式的"中国"民族政权类型。北朝有一定的历史含义,是在统一的多民族封建国家的"中国"境内,由民族政权割据走向统一的过程中出现的。建立北朝的民族最初在"边境"地区,也必须是取代北方的前一王朝之后方为北朝的。北朝是由北方民族建立的,是在"天下一体"之中的"中国"分为南北两朝,是"一家两国",情如鲁、卫的兄弟关系[1]。北朝是作为中原王朝的正统继承者而出现的,使"中国之道不坠","以明中国之有代"[2]。北朝对北方郡县以外的"边境"民族起着维系的作用,并把他们纳入一体之中。北朝是在北方中国民族割据之后出现的统一,它是比民族割据政权更高一级的形式。匈奴

---

〔1〕宋朝政府曾编南北交往文献为书,题曰《华戎鲁卫录》。鲁卫典故见《论语·子路》,"鲁、卫之政兄弟也"。南北朝为一家的兄弟关系,见陈述《汉儿汉子说》(《社会科学战线》1986年第1期)。

〔2〕王通:《文中子中说》,《周公》及《问易》。

与汉初分南北,但不是南北朝,而历史上两个不同的国度(指今中国与邻国)的政权虽然方位一南一北,并有一定来往关系,亦非南北朝。

最后的一种形式是"中华一体"的统一全国的王朝。由南北朝发展为统一是历史的必然趋势,在隋、唐以前出现的南北朝,最后由汉族的王朝统一,是秦、汉以来统一的多民族封建国家的再建和空前发展。而蒙古族统一金和南宋,开创了北方民族在中原建立统一的多民族封建国家的先例,出现了北方民族在中原建立政权的最高形式。

如上所述,中原北方的民族政权的建立与发展,反映了北方民族统治地位变化的过程。

在"中国"境内出现的民族割据政权、北朝和"中华一体"的统一王朝,其特点都是以汉人为主体,以中原制度为核心而建立和发展起来的。其经济主要是中原农业经济,其文化主要是对中原传统文化的继承和发展,其民族是中原的民族,其政权是中原的政权。所有这些并不因居于统治地位的民族不同而有所改易,而只是保有多民族的共同进取和共同发展中原文化制度的特点。由哪一个民族作为全国的居于统治地位的民族,是经由历史选择的,此诚如朱元璋所申明的"昔胡、汉一家,胡君主宰","迩来胡、汉一家,大明主宰"[1]。

"边境"与"中国",是在"天下一体"和"中华一体"中形成的两种类型的区域。在"天下一体"时是作为民族和习俗不同的地域而存在,分中外,而在"中华一体"时已不分中外,同是中国、中华,就是分中外时也是民族和政权交错的。我国著名民族史大家马长寿先生,对此曾有精深论断,他说:"五胡十六国时期以匈奴贵族为首所建的前赵、夏、北凉以及以羯胡石氏为首所建的后赵,都是在中国境内所建立的临时封建政权。虽然统治阶级的上层是匈奴和羯胡,但国内人民仍然是多部族、多部落的,其中占绝对多数的仍然是广大的汉族人民。"[2]马先生观察问题的局限性,即还没有将"中国"、"边境"作为"天下一体"的整体进行考察。"中国"境内的多民族、多政权,与"天下一体"的多民

---

[1]《华夷译语》。

[2]马长寿:《北狄与匈奴》,三联书店1962年7月第1版,第120-121页。

族、多政权是不可分割的整体。"中国"和"边境"是"天下一体"中的"中国"和"边境",中外也是"天下一体"中的中外,中外仍然是"一家"。

20.2　三种不同样式的奴隶制类型

北方各族社会发展不平衡,受中原影响的程度也不相同。一般地讲,他们都曾经过氏族社会的历史阶段,有的没有跨出氏族制的门槛,有的由氏族制进入阶级社会,而进入阶级社会的情况也不尽相同。有的族只经过奴隶制而未发展到封建制就退出历史舞台;有的未经过奴隶制而直接跃进为封建制;有的则完整地经过奴隶制和封建制。我国北方民族的奴隶制不外有以下三种形式,而这三种形式都有着奴隶制所必备的基本特质与条件,同时又有不同的特点。

20.2.1　夫余、高句丽的种族奴隶制

夫余、高句丽出自涉貊语族,其受中原历史的影响较深,就其类型看与殷、周奴隶制很相似。这种奴隶制的社会构成是以农业作为社会的主要生产部门,其特点是:

(1)《三国志·魏志·夫余传》:"邑落有豪民,名下户皆为奴仆。诸加别主出四道,大者主数千家,小者数百家。""别主出四道",即以诸加四出主道,道犹言地域,其制盖如殷制在中土之外分东、西、南、北"四土",国君主中道,诸加别主四道。其社会基本组织是邑落公社。《三国志·魏志·高句丽传》:"本有五族,有涓(一作消)奴部、绝奴部、顺奴部、灌奴部、桂娄部。"桂娄部是高句丽的内部,亦称黄部;绝奴部一名北部,又名后部;顺奴部一名东部,亦名左部;灌奴部一名南部,亦名前部;涓奴部一名西部,当然即是右部。此五族、五部之制亦与殷之五土制相似。

(2)夫余、高句丽的奴隶社会阶级结构,由国君、诸加、国人和下户组成。国君是全国的最高统治者,诸加是贵族大臣,国人是本族的自由民,下户即奴隶。夫余以六畜名官,有马加、牛加、猪加、狗加,诸加的加亦写作家。此制似亦与殷制有渊源关系,甲骨文中有"牛家","告牛

281

家"。契丹族的"头下",金时作"头段",下、家皆可读为遐之上声或去声,可知下、段均是家(加)的谐音。其制源于氏族社会人、畜聚居的"家",因之古之家字从豕、从犬、从人不定,后来为人所居之家,又演变为贵族官名。下户实是诸加的家户(奴隶)。

(3)夫余、高句丽分其国为国人与下户,也就是国与野之分。城邑为国人所居,野为下户所居。《三国志·魏志·高句丽传》:"其国中大家不佃作,坐食者万余口,下户远担米粮、鱼、盐供给之。其民喜歌舞,国中邑落暮夜男女群聚,相就歌戏。无大仓库,家家自有小仓,名之为桴京。"大家即高句丽的奴隶主贵族,他们居于国中不从事生产,专靠"坐食"(剥削)为生。国中邑落的民,即高句丽本族的自由民,"家家自有小仓",自食其力,这些被称为民的,当是与奴隶主贵族大家有别的小家。距离国中邑落远者的下户,即野中的奴隶,他们很可能是被征服后集体转为奴隶的,因而这种奴隶制保有种族统治的特点,对原有的部落制的改变很有限,基本上把氏族社会的邑落公社保留下来,其性质应与殷、周时的邑相近似。

(4)夫余、高句丽的奴隶制是建在城邦的基础之上的,也就是城市与农村的分离,由城市支配农村。这样奴隶制是在将血缘的部落改变为地缘的部落基础上实现的,土地国有,没有私人所有制。由于邑落组织形式的保留,奴隶是以家计的集体被征服者,因而氏族制的残余相当严重。它不同于以部落为特点的游牧经济的奴隶制,也不同于家族奴隶制。

20.2.2 匈奴等以游牧经济为特点的部落奴隶制

属于此种类型的奴隶制有匈奴等。游牧的部落奴隶制建立在"天下一体"的北方"边境"的草原地区,在政治区域的划分上往往是分为两部分。如匈奴分为左右,可汗所居为中,另有左右贤王、左右谷蠡王、左右大将军、左右大都尉。其制是同姓主兵封于外疆,异姓主政居于庭内,这是东方国家宗法制社会安排的政治机构的一个特点。匈奴的部落奴隶制国家,一方面把被征服的一部分人置于中心地区为奴隶,另一方面把被征服的各地的部落集体降为奴隶,而附属的部落又有远近不同,乃至旧有的经济和社会形态的差异。一种是被征服后由其直接役属的,如乌桓"岁输牛马羊皮,过时不具,辄没其妻子"[1]。一种是较远的臣附的民族,采取纳贡赋的形式,如对西域设"僮仆都尉","赋税诸国",或"遣责诸国,备其逋租,高其价值,严以期会"[2]。乌桓等成为匈奴国家官有的部落奴隶,而西域的城郭人民是被征服的封建小国的农牧民,采取役使的办法进行剥削,这是在基本上不改变被征服者的原有的生产方式基础上形成的一种奴隶制国家。

游牧的部落奴隶制,有不同于其他类型的奴隶制的特点:

(1)匈奴是以游牧经济为主的民族,由匈奴所建立的国家,游牧在其社会生活中占主要地位。它是以部落、帐落的旧有形式按地域组成的政权,与以城邑为主的奴隶制不同。

(2)匈奴的游牧部落奴隶制,也是多制的,当时中原汉人"北走胡,南走越"[3]是不可遏止的现象,一些人士北亡入匈奴,在草原中建筑城郭。卫律为匈奴单于献计:"穿井、筑城、治楼以藏谷,与秦人守之。"[4]秦人即亡入匈奴的中原北部的人民,主要是华夏人——汉人。此外还有被征服的西域诸封建城邦国。但城郭在匈奴是作附属物存在的,没有成为经济的主体。

(3)游牧的部落奴隶制,存在于"天下一体"中的不同的社会经济分工的地域中,属于"边境"奴隶制类型之一。

20.2.3 以村寨组织为特点、以农业为主的家族奴隶制

家族奴隶制是直接由氏族社会末期的家长奴隶制发展演变而来的,它冲破了旧的部落组织形式,也冲破了邑落的组织形式,出现了新的以地域为特点的地方行政组织和村寨组织。家族奴隶制不像种族奴隶制那样分国与野,征服者的邑落和被征服者的邑落,也不像部落奴隶制那样成部落地把被征服者降为奴隶,而是把被俘掠的奴隶内徙组织

---

[1]《后汉书·乌桓传》。
[2]《汉书·西域传》。
[3]《汉书·季布传》。
[4]《汉书·匈奴传》。

在家族中进行生产。属于这种奴隶制类型的有金朝和后金女真所建立的政权。

家族奴隶制作为一种特定的奴隶制存在有它自己的特点：

（1）家族奴隶制是在统一本民族过程中产生和发展起来的。家族奴隶制不仅需要有一般奴隶制产生的条件，它同时还必须与这样几个条件联系起来才能确定：需将在氏族社会末期的军事组织改革为地方的行政组织系统；需要地方的组织与以地域为特点的、以家族为经济单位的村寨组织结合为基层的组织；需要以奴隶为家族的成员的家长式奴隶制作为基础。当这种奴隶制进入比它更为先进的封建地区后，它无力将被征服者集体地变为奴隶，只能将俘掠来的人口作为家族奴隶的补充，本族的制度与被征服地区的先进制度并存。

（2）家族奴隶制的土地所有权归国家，家族内包括本家族的正口和奴婢口，统称之为"家人"，因之它是保有家长式特点的家族奴隶制。《金史·食货志》世宗大定二十一年："山东、大名等路猛安谋克户之民，往往骄纵，不亲稼穑，不令家人农作，尽令汉人佃莳，取租而已。"此"民"即女真本族户民，"家人"在这里主要指家族奴隶。满族的奴隶制也是家族奴隶制，"包衣"汉译为"家的"或"家里的"，意即"家里的人"，亦即家族奴隶。"包衣"与金代女真家族的"家人"为同一义语。

（3）家族奴隶制不同于种族奴隶制、部落奴隶制。种族奴隶制和部族奴隶制在统一的多民族封建国家时期，只适合于在"边境"的民族中建立和发展，而不能在中原地区与封建制并存。家族奴隶制比种族奴隶制和部落奴隶制更有自存发展的条件，它不是以部落和邑落的形式把被征服的中原人民变成种族和部落的奴隶，随着这种奴隶制的内徙，而与中原的先进制度犬牙相错，并最后与中原的制度融合。

20.3　从历史的发展层次看封建制的类型

在统一的多民族封建国家中，北方民族政权是有层次地发展着的。因此在研究北方民族政权的封建制类型时，既要注意到封建制已延伸"边境"地区，又要注意到封建制的有层次发展和它所表现出的不同类型来。

20.3.1 "边境"的封建制类型

五胡十六国在中原建立政权之后,由于中原先进制度的强烈影响,始在"边境"出现封建制的地方民族政权。这些政权一般地讲是出现在以农业为主的民族中,其类型主要有高句丽和渤海。

高句丽到小兽林王时开始由奴隶制向封建制变革,大约到北周时已基本完成。高句丽是在本族内部发展变化并在进入辽东接受中原封建制影响的基础上,建立了以封建关系为主的社会。它一方面受中原封建制度的强烈吸引和影响,另一方面又受本族旧制的顽强制约和限制,因而改革后的封建制明显地表现出这两方面结合的痕迹,但从本质和主导方面看是封建制,已不再是旧有的奴隶制的延续。

从经济方面看,改革后的租税制度有人头税,"人税,布五匹,谷五石"。人头税的承担者是由过去"下户"(奴隶)转化而来的,他们由过去无限度被剥削的奴隶,转化为按人头出租调的农民。游人税,三年一税,十人共出细布一匹。租户"上户一石,次户七斗,下户五斗"[1]。租户是由过去的破产的游人和自由民转化而来的。按户等收租的租户,其租额低于承担人头税的农民。此种制度可能是受中原占田、均田制的影响而产生的,它既不是本族旧制,也不是中原制度的照搬。

从官制来看,高句丽在旧制基础上定为十二等级,大对卢比一品,总知国事,太大兄比正二品。外置州县六十余城,五部大城各置傉萨一,比都督;其他诸城置邑使,比刺史,其下各有僚佐,分掌曹事。古邹加掌宾客,比鸿胪卿,以太大使者担任;国子博士、太学博士、舍人、通事、典书客,以小兄以上担任;武官大模达,比卫将军,以皂衣头大兄以上担任;末客,比中郎将,以大兄以上担任;其次领千人以下各有差等,高句丽封建官制的特点,或在保留旧有名称的条件下赋予封建的内容,或直接吸取中原官制的名称,完成由奴隶制向封建制的变革,因而它还保留着本族的显著特点。

---

〔1〕《周书·高句丽传》,

渤海是继高句丽之后出现的一个地方民族封建政权。它初受突厥、高句丽的影响,后来照搬和效仿中原,行汉制。渤海同高句丽相比是在"边境"地区建立的另一个封建制类型政权。

20.3.2 "中国"的封建制类型

北方民族的封建制政权,除建立在"边境"者外,也还有建立在"中国"(中原)的。他们的共同特点都是由少数民族统治者所建立。前者是以当地的民族为主,后者是以中原的汉民族为主;前者是经奴隶制之后出现的新制,后者是"中国"(中原)政权的直接继承和延续;前者对中原的发展还不能直接产生重大的影响,后者对中原政权的发展却起着越来越大的影响,并引起民族统治地位和民族意识的重大变化。在"中国"建立的北方民族的封建制政权,依历史发展和民族关系的变化有层次地出现了三种不同的类型,而在各类型中又可分出不同的类型。

20.3.2.1 封建割据的政权

封建割据有的出现在一个民族内,有的出现在民族之间。五胡十六国开创了在"中国"与汉族一起建立封建割据政权的新局面。这些由北方民族建立的封建割据政权,同样可以分出不同的类型,并不同程度地影响后来"中国"政权的发展。

第一个类型是两台省并存的前赵、后赵。匈奴族刘渊自称汉王,以汉高祖以下三祖、五宗为祖宗,不祭匈奴单于,继承两汉。乃至刘聪时,祭冒顿单于、刘渊为祖宗,设统治汉人的尚书台及统治六夷的单于台,实行的是双轨制。此外仍于皇帝直辖地区外,设置州牧郡守。羯族石勒以皇帝身份管汉人,称汉人为赵人,以石虎为单于元辅(即左右辅),都督禁卫诸军事,统治六夷,亦是两台省之制。

第二个类型是汉、魏、晋封建制继承与延续的诸燕、前秦。慕容鲜卑所建立的前燕和后燕,是对中原制度的直接承袭,并将鲜卑本族纳入封建体制之中。前燕的建立,有本族和汉人两个方面的基础,慕容廆时,"教以农桑法制,同于上国"[1]。一方面大批收容中原流人,侨置郡

---

[1]《晋书·慕容廆载记》。

县,"流人之多旧土,十倍有余"[1],另一方面把部落制的部民改为郡县编户。慕容鲜卑的军封诸军营户制度,是受中原曾不隶于州县的军户的影响,由本族旧有军事部落组织演变而来,主要是鲜卑贵族子弟或中原一些强宗子弟。军封营户和王公贵族荫户,是部曲、佃客制的一种表现形式。国家公田所采取的出租办法,是对魏、晋屯田的继承。前燕"至于朝廷铨谟,亦多因循魏、晋"[2]。

前秦是比较单一的封建制度,是东汉以来豪强地主经济的继承和发展。在豪强地主和贵族中有汉人,也有氐人,他们都拥有僮隶。苻坚对归附的部落沿魏、晋制为编户,"课之治业营生,三五取丁,优复三年,无税租"[3]。他也因晋制设州牧、刺史以领管理夷狄的护西夷校尉等,并"复魏、晋士籍,使役有常"[4]。苻坚具有先进民族思想,欲消除民族间的对立,"今四海事旷,兆庶未宁,黎元应抚,夷狄应和,方将混六合以一家,同有形于赤子"[5]。

诸燕与前秦在继承汉、魏、晋的封建制度上有好多相同之处,但比较来看,前秦的封建制则更单一一些。从主要方面看,都是对汉、魏、晋旧制的继承,当为同一类型。

第三个类型是州郡与军镇并存的后秦。后秦置司隶校尉部和中部都尉部,司隶校尉领州郡,中部都尉领军镇。后秦的州郡与军营制是对诸燕的继承,军镇也是由魏、晋以来堡坞豪帅的军事部曲制发展而来的,它不同于前赵、后赵,也不同于诸燕和前秦,它把魏、晋以来的堡坞豪帅的军事部曲制地方组织化了。

第四个类型是军镇式的夏国。洪亮吉《十六国疆域志》:"甚者姚苌以马牧起事,故崇镇堡之势,以敌方州。赫连以统万建基,故芟郡县之名,尽归城主。"军镇的特点虽有州牧之名而无州县之实,《元和郡县志》胜州条云:"赫连氏之后,讫于周代,往往置镇,不立州县。"军镇有州、城、

---

[1]《晋书·慕容皝载记》。
[2]《晋书·慕容儁载记》。
[3]《晋书·苻坚载记》。
[4]《晋书·苻坚载记》。
[5]《晋书·苻坚载记》。

镇、堡、台,另有吐京、长城两护军,"惟以州统城","以城为主"[1]。天子及其父子、太后"筑城以居"[2],主要是俘掠和迁徙各族人口以筑城。此种制度的形成,一方面与本族的军事头领"崇镇堡之势,以敌方州"有关,另一方面与魏、晋以来堡坞豪帅的军事部曲制有关。

五胡十六国时在中原建立政权的民族,有一个共同的特点,即把部族的封建制同中原的部曲制结合形成军事性较强的封建制,这对后来封建制的发展起着重要的影响。

20.3.2.2 北朝式的封建政权

继五胡十六国在北方建立封建割据的民族政权之后,先后出现拓跋鲜卑建立的后魏,契丹建立的辽和女真建立的金。这三个政权都是以北朝的形式出现的王朝,是三个不同类型的北朝,而三个类型的形成无不与中原王朝息息相关,是"中国"王朝在北方的发展与继续。

拓跋鲜卑建立的后魏,是以拓跋鲜卑为统治民族,以汉族为主体,包括北方各族在内的一个封建王朝。这个王朝的确立,从地域的构成上看吸收了古代王畿、郊、甸的精神,统治的中心地区为王畿,王畿之外为郊甸或甸服,即"其外为四方四维"。在王畿之内组织新民生产,计口授田;郊甸由八部帅监督生产,即屯卫,统称为新民。后魏初还继承了诸军营户、军镇和诸部护军制度。后魏为把各部纳入封建系统之中,分散诸部,分土定居,同为编户。后魏所建立的宗主督护制的地方行政组织,是拓跋鲜卑和北方其他部族从邑落制转化为封建土地所有制的重要标志,同时也是与中原汉族强宗大族在政治上结合的结果。

契丹族建立的辽朝是继后魏之后而出现的另一个类型。辽朝初期在部族制与中原汉人封建制之间建立头下军州,头下军州的最大特点是在经济和政治上的两重性。在经济上,头下军州是国家的领地制与契丹头下主的食税制的结合,头下军州的二税户,向国家输租,向头下主纳课。在政治上,头下军州是由中央派节度使与刺史以下由头下主行使政治管理相结合,由朝廷赐州县额与头下主的私城结合。这种制

[1]洪亮吉:《十六国疆域志》卷16。
[2]洪亮吉:《十六国疆域志》卷16。

度一方面受中原州县制、国家的领户制与私人食封的封建关系的影响，另一方面又受本族的军事部族的封建制与部曲相结合的私城的影响。就头下主的私城而言，似与赫连所建立的夏国的军镇有渊源关系。

金朝的女真族在建立本族的封建制过程中，与拓跋鲜卑、契丹又有不同的特点，是由本族的家族奴隶制变革为与中原相同的租佃制。女真族是通过计口授地而转化为封建制的，但与其他族比较也有不同的地方。拓跋鲜卑没有经过奴隶制社会，对内徙的人口实行计口授田，后来的满族是进入汉人地区后对汉人计口授田，而金代女真族是行之于猛安谋克内部，并随着奴隶制的解体，通过此途径转化为封建制。女真族的奴隶制向封建制转化是受中原汉族强烈的影响，女真奴隶主将土地出租给汉人而自己为地主，猛安谋克一般民户经由计口授田为封建制下的自耕农民，而作为军事组织的猛安谋克成为封建制下的屯田军。

20.3.2.3 中华一体的封建政权

继北朝之后建立全国政权的蒙古族和满族，完成了统一的中华一体的封建政权的使命。蒙古与契丹同属东胡系，其初继承了头下制，满族与女真同属肃慎系，继承了女真族发展过程，通过计口授田变本族奴隶制为封建制。元之头下与后金之计口授田，如与辽、金比较亦有不同特点。元朝合"一家两国"为一国，是我国统一的中国的开端，也是统一的中华民族的开端。从此中国成为包括全国各地的中国，中华成为包括各族在内的中华。当然元朝只是新的开端，后来又经明、清加以发展和巩固。

北方民族政权发展的层次，与北方民族发展及其统治地位的变化分不开。先是在"边境"内取得在本族聚居地区建立奴隶制政权的资格与地位，臣属中原或北方的民族政权。接着在"中国"和"边境"取得建立封建割据和地方封建政权的资格与地位，与北方汉族政权争衡或臣附中原。又接着取得统一北方建立北朝的资格与地位，并进而为南朝的宗主。最后由北朝发展为全国政权。这些政权建立在中原的属"中国"型政权，建立在"边境"的属"边境"型政权，同在"天下一体"之内。这就是统一的多民族的国家的一体观。

欧·亚·历·史·文·化·文·库·

中国与中华民族的一体观是历史形成的,研究北方民族政权必须把"中国"与"边境"作为一个整体考察。民族政权是多类型的,都按着历史的层次朝着一个统一的中国和中华民族发展,构成我国各民族不可分割的关系。那种企图分裂我国,把建立在"中国"境内的民族政权从"中国"分割出去,把建立在"边境"的民族政权从"天下一体"中分割出去的观点,都不符合我国历史的实际。

(原刊《学习与探索》1987 年 1 期)

21 试论历史上的"一家两国"与"一国两制"

"一家两国"和"一国两制"是历史上的问题,而且"一国两制"也是个现实问题。"一家两国"是封建割据的产物,就民族政权发展的层次来说,"一家两国"又是统一的中国以前的产物。历史上的"一国两制"和今天实行的"一国两制"有本质的区别,不可同日而语。对历史上"一家两国"和"一国两制"的研究,既涉及理论问题,也涉及事实上的问题。

21.1 两种不同的历史观

在对待"一家两国"、"一国两制"的研究中有两种不同的历史观:一是统一多民族国家的观点,一是分裂的民族排斥的观点。两种不同的历史观会得出截然不同的看法。

研究"一家两国","一家"是看问题的根本点;"一国两制","一国"是看问题的根本点。因此研究"一家两国"、"一国两制"最根本的前提就是统一多民族的国家,也就是民族的团结,国家的统一。如果离开这个根本点,就不是讲"一家两国"、"一国两制"。

我国从秦、汉开始就形成"天下一体"的统一多民族国家,统一是主流,时间也最长。统一与分裂都是发生在一个统一的多民族国家中,因之统一是最根本的条件。"天下一体"包括中国(中原)与四海(边境)两部分,有的是在中原地区的汉族政权的分裂,如东汉后的三国(魏、蜀、吴),三国依旧是统一多民族国家内的三国。五胡十六国是各

·欧·亚·历·史·文·化·文·库·

族分裂为多政权的中国,其族是中国的族,其政权是中国的政权。南北朝也是统一多民族国家分裂为两朝,是"一家两国"。作为南北的"一家两国"有两种情况,匈奴与汉是"一家两国",但不是南北朝,南北朝是"一家两国"发展的另一种形式。所有这些分裂的政权,都发生在"天下一体"之中,都属我国政权。"一国两制"发生在一个政权内部,也是以政权的统一作为前提的。

封建社会前期"天下一体"的统一多民族国家与封建社会后期"中华一体"的统一多民族国家,是前后发展的不同,表现的形式和民族构成也有不同,但都是统一。

不同的理论观点都有它历史发展的依据,而理论正确与否是由这样几个方面来规定和区别的。统一的观点,是总结历史发展的主流,是总结历史上多民族思想的精华,是总结多民族共同发展的趋势;分裂的观点,是继承历史上的非主流,是继承历史上传统的"正闰观",是强调民族方面的分割对立的反动趋势。这仅是就两种观点的侧重而言,而统一的多民族观点,又必须是辩证地观察统一与分裂的关系。统一和分裂是对立的统一,统一有不同形式的统一,分裂也有不同形式的分裂,分裂为更大的统一准备条件,统一也包含着不统一的因素。历史发展的总趋势和主流是统一。

在统一多民族国家中提出"一家两国"、"一国两制",有无理论上的根据?我认为主要有三点:第一要掌握和运用事物发展的对立统一的规律,这是自然、社会和思维的普遍规律,也是研究"一家两国"、"一国两制"最基本的理论依据。一个国家在统一的母体中,可能暂时分裂为两个或两个以上的政权,而最后复归于统一。一个国家在同一性的条件下,在不采取外部对抗的形式,把本来是互相对立的制度完全可能共存于一个统一体中。第二要掌握和运用事物发展不平衡的规律。不平衡的规律性运动,既可从两个根本不同的国家间表现出来,也会在一个统一的国家内或者是在某一个非统一的政权内表现出来。在一个统一国家内的各民族和各地区的发展都是平衡的,不平衡是事物发展差别的依据,当矛盾着的双方势力达到均衡时,暂时尚不能归之于一种制度中,不能由一个政权统一另个政权时,就会暂时出现均衡的政权的并存,或者是出现南北势力暂时均衡中的对峙,即南北朝,或者是在一个政权内两种制度的并存,一旦打破了均衡又复归于统一。在一个统一体内,不平衡的事物,或对立的两个政权,由于他们有着共同的利害关系,有着共同的一家的观念,可以通过和平方法解决,这就是和议,一国内实行两制也是和平解决,这有利于稳定局势和求得更大的发展。在阶级社会中,有不同性质的和,也往往是不对等的。辽与北宋、金与南宋和议虽是不对等的,但在"与民休息"中,对双方也曾起过一定的稳定作用。这是通过和议解决统一多民族国家内的国与国问题,或者是解决国家内部的不同制度问题。第三要掌握统一的趋势和特点,这是看问题的根本出发点,没有统一是我国历史发展主流的观点,没有统一多民族国家的观点,就无法正确说明历史上的"一家两国"和"一国两制"的真相。

我们这里讲的是历史上的"一家两国"和"一国两制",因之它的含义完全是从历史事实中概括出来的,绝不是主观的臆测和虚构。历史上"一家两国"是根据双方的势力均衡乃至通过和议的形式,共同承认是"一家"。南北朝是由"一家"分裂出兄弟或伯侄的亲属国家,在对等或不对等的关系中各自行使本地域的管理权,其不对等的隶属关系主要是通过贡纳来实现。正因为如此,由双方共同确定为"一家"的原则,有着共同奉行的道统,行中国制,用和平的手段解决争端,南北均为正统。其特征是"一家两国",有着共同承认的南北一体(一家)的特征,其主体的民族是汉族,主体的制度是中原制度,允许各自的特点的存在。

"一国两制"不同于"一家两国",是在一个国家的统一的领导下,在不同的民族和地区实行两种或多种制度,两制不一定是两种不同的社会制度,也可能是在不同族间同一社会制度的不同形态。表现的形式也可能不相同,但不管是什么样的差别,其最高的权力归国家。其特征是同属于一个国家内的社会结构,带有多制复合的特点,其中有一个主导的制度,即是汉制。"变夷为夏",由边境民族和政权变中国(中原)的民族和政权,废本族旧俗行汉制,这是个规律性发展过程。

在对历史上出现的"一家两国"和"一国两制"的研究,两种不同的历史观所得出的结论是不相同的。持我国是个统一多民族国家的,在于从统一多民族国家分析多民族的发展以及"一家两国"、"一国两制"产生的根源,有利于加强民族的团结和国家的统一;持相反观点的,把历史上暂时出现的分裂当做主流,宣扬南北对立,民族分割,把历史上出现的"一家两国"、"一国两制",作为北方民族与政权对汉族和汉族所建立的政权对抗的依据。两种不同的历史观,反映着两种不同的观察历史的立场、观点和方法。

21.2 "一家两国"与"一国两制"的历史及其特点

历史上的"一家两国"和"一国两制"究竟从什么时期开始?它发展的层次、类型和采取的方式如何?是个值得深入研究的问题,特别是"一家两国"和"一国两制"产生的历史及其特点尤需深入研究。我国自古是个多民族国家,"一家两国"和"一国两制"都有它发展变化的过程,不过在不同的时期其情况也有所不同。

历史是有规律的发展过程。在奴隶制时代,中原的民族与四周的民族构成"前天下一体"的国家。"一家两国"是以中原王朝和方国或中原割据的诸侯国的并存的形成表现出来的;"一国两制"是在一个统一王朝中并存两种或两种以上的不同制度。这里又可分为几种情况:

(1)周天子管下的诸侯国不同制,是因地因俗而治。《左传》定公四年记载,分康叔殷民七族,而封于殷墟,"皆启以商政,疆以周索"。政用殷制,法则用周制。又分唐叔怀姓九宗,而封于夏墟,"启以夏政,疆以戎索"。政用夏制,法用戎法。商政、夏政与周索、戎索是两种不同的制度。

(2)《荀子·正论》载古王者之制说:"故诸夏之国同服同仪,蛮夷之国同服不同制。封内甸服,封外侯服,侯、卫宾服,蛮夷要服,戎狄荒服。甸服者祭,侯服者祀,宾服者享,要服者贡,荒服者终王。日祭、月祀、时享、岁贡、终王,夫是之谓视形执而制械用,称远近而等贡献,是王者之至(制)也。"并认为楚、越是属于时享、岁贡、终王的,都受制于汤、武。这里的"服"是指服事,在服事上虽有差别,但都是"服",是相同的;但在仪(制度)上诸夏与蛮、夷、戎、狄不同,是异制。这就是说在王者所管辖的区域内,有着统一的服事关系,同时也实行两种不同的制度,即"一国两制"。

(3)《周礼·秋官·大司徒之职》:"掌建邦之三典,以佐王刑邦国,诘四方。"旧注,典义为法,诘义为谨。又载:"一曰刑新国用轻典,二曰刑平国用中典,三曰刑乱国用重典。"新国是辟地立君之国,因其民尚来习于教,用轻典。平国即承平守成之国,用常行的法(中典)。乱国指篡弑叛逆之国,用重典。二典即区别对待不同的国,因势而治,是行之于王者的管辖之内。从表面看是用法的问题,但其中有未习于教与习于教的区别,也涉及制度的不同问题。

从战国到西晋,情况发生了重大的变化。秦、楚在春秋时还不被看成是诸夏,视为戎、蛮,战国已取得诸夏的资格,并由取得诸夏资格的秦统一。秦、汉、魏、西晋时期,北方民族还不曾在中国(中原)立国,而是在"天下一体"的边境地区立国。汉、魏、西晋出现的属国、都尉,都是因俗而治的两种制度。匈奴也是两制,本族的制度与汉制并存。

十六国到北朝,是"一家两国"、"一国两制"的重大变化时期,即在中国(中原)出现了由少数民族建立的封建割据政权,接着又第一次在中原出现北朝。

在中原建立汉国的刘渊是匈奴人,实行胡、汉分治的两种制度。刘渊死前以刘聪为单于,置单于台于平阳西[1] 刘聪时,"置左右司隶,各领户二十余万,万户置一内史,凡内史四十三;单于左右辅,各主六夷十万落,万落置一都尉",又"置御史大夫及州牧"[2] 左右司隶及内史皆中原官制。单于台是与统治汉人的尚书台并列的统治六夷的机构。州牧设在直接统治区域之外,主要是为怀安新附者而设。刘曜

---

〔1〕《晋书·刘元海载记》。
〔2〕《晋书·刘聪载记》。

"置单于台"[1]，石勒以宏为大单于[2]，也都是实行胡、汉分治的办法。

前后燕主要推行魏晋制度。诸军营户是以鲜卑贵族形成的一种制度，营户不属于州郡，隶于军营，主持军营的是王公贵族，营户又叫军封。后燕慕容垂罢军营分隶郡县。姚秦有不属于州郡的镇户。赫连勃勃在其统治内不立郡县，以军镇统户。北魏时成为边镇制度。

北魏统一北方为北朝，北朝是中原民族封建割据政权高一级发展层次。拓跋珪推行"一国两制"，对鲜卑实行本族制度，对汉人保留封建制，对北边归附部族保留其原有制度。北魏称鲜卑贵族的姓氏为"国姓"，称汉族地主的姓氏为"郡姓"。北魏其初虽在北方行本族制，但很快就向封建制转化，没有经过奴隶制发展阶段，北魏初采取王畿、郊甸划分法，形似国、野之分，实际行的封建屯田制。[3] 北魏实行军府制度，荫附户不隶守宰。杂户、营户是农奴，本族封建制与原有封建制并存，封建制与北边各族旧有制度并存。

隋、唐是汉族再建的统一的多民族的"天下一体"国家，同样实行"一国两制"。在中国（中原）实行道、府、州、县制，在边境的民族地区实行羁縻州制。唐时在边境上也存在地方的民族政权，渤海臣属于唐，渤海也实行"一国两制"，一方面是中原的唐制，另一方面保存着本族的制度。唐制是渤海居于主导地位的制度，实际上是在地方出现的中国型的地方民族政权。

封建社会前期的"一家两国"和"一国两制"，使各族和各族所建立的政权同处于一个"天下一体"或政权之中。在一个统一的"天下一体"之中，各族互相来往、互相接触、互相迁徙、互相融合，促进了中原和地方的发展。"一家两国"既产生于民族间，也产生于一个族内，它的根本前提"一家"；"一国两制"则主要产生于一个政权内，是由于社会发展不平衡规律决定的，它不产生于同一族的同一社会经济形态中。

辽朝及其以后的"一家两国"、"一国两制"，是由前期继承下来的，

---

〔1〕《晋书·刘曜载记》。

〔2〕《晋书·石勒载记》。

〔3〕见马长寿《乌桓与鲜卑》，上海人民出版社1962年11月第1版，第268页。

并有新的发展。此后再也不曾出现像五胡十六国和五代十国那样多民族政权割据的历史时期,虽分割不能制止,但作为一个历史时代不复存在了。所存在的主要有南北朝和统一的中国这两种形式。这两种形式与前期相比也不同,后期的南北朝出现了主从关系,后期的统一是"中华一体"的统一多民族国家。"一家两国"随着金、宋被统一而结束,在元统一后南北朝已不复出现,但"一国两制"仍继续存在。

首先讲"一家两国"的变化问题。在历史上被称为南北两国者不一定都是南北朝,匈奴与汉分南北,但不是南北朝,因为匈奴政权建立在中国(中原)之北的边境地区,不是建立在中原的北部与汉政权为南北朝,但匈奴与汉却是"一家两国"。西汉孝文帝前六年(公元前174年)遣匈奴书云:"皇帝敬问匈奴大单于无恙。使系虑浅遗朕书曰:'愿寝兵休士,除前事,复故约,以安边民。世世平乐。'朕甚嘉之。此古圣王之志也。汉与匈奴约为兄弟,所以遗单于甚厚。"孝文帝后二年(公元前161年)使使遗匈奴书:"先帝制:长城以北,引弓之国,受令单于;长城以内,冠带之室,朕亦制之……便两国之民若一家子。"[1]汉与匈奴若一家,约为兄弟。和约是不施诸武力,从两国的和平愿望出发,解决两国同为一家中和睦共处问题,这是四海为家的"天下一体"中的两国。

南北朝是继北方民族在中原建立封建割据政权后出现的,是由封建割据的民族政权发展为北朝,这是中国(中原)形成的南北两朝为"一家两国"的开始。南北朝出现在封建社会的前期,是南北朝的早期类型,南北的关系是对等的,不通过和约的形式,无主从关系,分疆理民,都各自视为中国(中原)的王朝。

辽、金是在北朝后出现的,是南北朝的后期类型,即由对等的南北朝发展为南北不对等的两朝。

其次讲辽、金与宋为南北朝的问题。辽自太宗即自视为北朝,大同元年《责问汉刘知远书》:"汝不事南朝,又不事北朝,意欲何所俟

---

[1]《汉书·匈奴列传》。

耶。"[1]辽与宋和盟,称宋为南朝,自称为北朝,南北朝的关系的实质是"一家两国"。兴宗重熙十二年《答宋仁宗书》:"今两国事同一家。"[2]道宗咸雍十年《致宋帝商地界书》:"讲好以来,互守成规,务敦夙契。虽境分两国,克保其欢和,而义若一家,共思于悠永。"[3]又寿昌五年:"肇自祖宗开统,神圣贻谋,三朝通五世之欢,二国敦一家之睦,阜安万宇,垂及百年。"[4]金与宋的往来始于"海上之盟",互称两朝。天辅七年《答宋主书》,与书同封《白劄子》:"虽贵朝不经夹攻,而念两朝通和,实同一家,必务交欢,笃于往日。"南宋回书云:"惟两朝吊民伐罪之举,振古所无;而万世讲信修睦之诚,自今伊始。用坚盟载,永洽邻欢。"[5]此时金尚未代辽而与宋为南北朝的关系,及灭辽实际上已取得原辽与宋为南北朝的历史地位。金灭北宋是对北朝的扩大和发展,而金对宋战争也以嗣正统自居,"今皇帝正统天下,高视诸邦,其惟有宋,不可无主"。[6]金代替辽与宋为南北朝,"义同一家"。

辽、金与宋为南北朝具有后期的特点,既不同于匈奴与汉的南北两国的关系,也不同于过去在中原南北朝的关系。主要表现在:第一,南北两朝的地位是通过和约形式确定的;第二,南北两朝互相承认是"一家两国"关系,即在同一家中"境分两国",南北两朝同认为是中国,是合法的嗣统者;第三,两朝已非对等,北朝是南朝宗主,南朝臣附、纳贡于北朝。

辽、金与宋为南北朝,"一家两国"是此前北朝的继承和发展,标志着民族关系和地位的新变化,是向后来由北方民族统一全国和成为全国的统治民族的过渡,也是此前南北朝发展的高级形式,使我国由封建社会前期以汉族为主统治中原的历史,发展为封建社会后期以少数民族为主统治中原的历史。

[1]陈述辑校《全辽文》,中华书局1982年第1版,第7页。
[2]陈述辑校《全辽文》,中华书局1982年第1版,第27页。
[3]陈述辑校《全辽文》,中华书局1982年第1版,第49页。
[4]陈述辑校《全辽文》,中华书局1982年第1版,第47页。
[5]《大金吊伐录》卷1。
[6]《大金吊伐录》卷1。

最后讲辽、金时期的"一国两制"问题。辽朝实行"一国两制"。其方针是因俗而治,因地制宜。其特点是官分南北面,而北面官中又分南北院。北面治契丹部族,南面治汉人州县。契丹实行的"一国两制",是以南北面为特点包括其他制度在内的。辽朝建于封建社会后期之初,在它以前有北方民族在中原建立的封建割据政权、北朝实行"一国两制"的经验,有唐朝实行"一国两制"的历史上的条件与依据。从辽朝本身看,社会发展是不平衡的,是其实行"一国两制"的自身的条件与依据。辽朝的北面是多种制度的复合与结合而形成的。其中有契丹新形成的头下军州制、斡鲁朵制、部族制,以及灭亡渤海后的东丹国的州县制。

辽太宗占领燕云十六州后,"兼制中国,官分南北,以国制治契丹,以汉制待汉人"[1]。"辽国官制,分南北院(面)。北面治宫帐、部族、属国之政,南面治汉人州县、租赋、军马之事。因俗而治,得其宜矣。"[2]契丹北面官制分北南院,治北面事,是军与政之分,与南北面不同,南北面是契丹与汉人之分。辽圣宗时,契丹北面的北南枢密院在职掌上发生了变化,北枢密院治北面契丹,南枢密院治南面汉人。这种变化不仅与当时封建化有关,同时也把权力更加集中到契丹手中。辽朝实行南北面的"一国两制",不是建在北面的奴隶制和南面的封建制上,而是建在北面的农奴制、部族制与南面的封建制上。辽代北面的头下军州是受唐州县制影响,退一步说也受渤海影响,而渤海本身行汉法,是仿唐制而建的。

金朝建国后对被征服的地区推行本民族的猛安谋克制,用猛安谋克组织渤海人、汉人、契丹人、奚人等。同时因地设万户府路、都勃堇路和军帅司、都统司路,以统各路的猛安谋克,这是金后来北面官制构成的基础。金占领辽南面汉人地区后,蹈辽南北面的制度,北面是女真族的猛安谋克制,南面是汉人的州县制。占领北宋黄河以北地区后,又沿宋制,这样在南面汉人地区又有辽制、宋制的不同。金太宗天会四年设

---

[1]《辽史·百官志》
[2]《辽史·百官志》。

尚书省,即把这两种制度统一。南面汉人地区由都元帅直接管理,当时中央的最高统治机构是国论勃极烈制。金熙宗改革,推行汉官制度,废国论勃极烈为三省制,废除南北面制为统一的制度,这样作为北面官制的猛安谋克便成为与地方州县平行的组织。猛安谋克与州县两种制度统一在同一制度之下。到金章宗明昌、承安间,随着女真族封建化的完成,猛安谋克的性质发生了变化,作为封建的军事屯田组织而存在,"一国两制"基本上成为一国一制。

元朝是我国封建社会的重大发展时期,经过南北朝的过渡,终于形成包括各族、各地区在内的统一的中国。元朝结束了历史上南北朝、"一家两国"的历史,也结束了封建割据作为一个时代出现在历史上;元朝结束了划分中外,各民族与政权间的隔绝状态,形成空前统一的"内地";元朝结束了南北政权称伯称侄,用大量货币来换取和平,在政治分主宗与臣附的关系,形成"胡、汉一家,胡君主宰"[1]的新的统一局面。

从元开始"一家两国"的历史结束了,但"一国两制"依然存在。元朝以本部为中心,设行省和宣政院,并建立四个汗国。以本部为中心的中书省是元朝直辖区,而岭北行省则是一种特殊的区域,由宣政院管下的吐蕃,是一种民族区域自治性质的设置,汗国是元朝内部封国制度。元朝并没有把全国各族的制度统一为封建制,也是因俗而治,实行一国多制制度。

明、清是对元的继承和发展,如明在东北实行都司、卫、所制度,清在东北及伊犁实行特别的区域管理,都属于"一国两制"的性质,

元朝形成统一的中国和统一的中华之后,民族与国家发展的总特点是统一,民族的分裂与国家的分裂,是对统一的反动。由于社会发展不平衡,因俗因地制宜的"一国两制"则仍有利于民族的团结和国家的统一,作为国家统一之下一种特别的制度而存在,一旦条件成熟则统一于全国同一制度之中,如清代实行的将军、都统制之变为省制。

---

〔1〕见《华夷译语》。

21.3 "一家两国"、"一国两制"
与政统、道统的关系

　　研究历史上的"一家两国"和"一国两制",最根本的就是政统、道统与各族、各政权的关系,这是统一多民族国家中的核心问题。

　　政统,是指适于我国多民族的特点,符合于我国多民族发展的政权统治的授受系统。道统,是指适于古代发展的学术思想的授受系统。春秋是民族融合的重要时代,其重要表现是融合为一个以华夏政治、文化为核心的体制。从民族区域发展看,黄河流域的中原文化在发展,而四周诸民族区域的文化也在发展。春秋在华与夷的区别上,主要是从饮食、衣服、发饰、语言和风俗习惯的不同。《左传》襄公十四年记载,戎子驹支说:"我诸戎饮食衣服,不与华同,赘币不通,言语不达。""华"概念的出现,无疑是我国民族意识上的一件大事。从民族起源来说,"华"是由来自不同的民族的先进部分,经过长期融合而形成的。最早步入文明的夏族、商族、周族后来成为"华"的主体部分,战国的秦、楚、吴、越乃至徐戎、姜戎、淮夷、蜀人、庸人等,也都先后包括在"华"的概念中。这就是所谓三代同源,秦、楚、吴、越以及北方诸民族同源的历史依据,其实他们不同源而是同流。

　　在封建社会的初期,形成了封建的历朝授受的政治与学术思想的政统和道统。政统至少包括国体、政体、政区、国教、政治思想和纲领等。国体,在封建社会前期是以"天下一体"而表现出的统一的多民族国家的体制。政体,是指政权构成的形式,即封建的中央集权的专制主义国家。政区,主要分成中国(中原)与四海(边境)两部分,中国实行郡县制,四海是氏族部落制和地方政权制。国教,尽管各朝所定不同,但实际上起着作用的是以儒家的教义为教。政治思想和纲领也是以儒家的思想为主。从汉朝开始建立王朝更替嗣统的德运说,并形成以武力取天下,以文治国的思想。政统是以先王为政治蓝本,以儒家思想为主兼容其他而形成的。道统是以五经六艺为本,以儒学的授受为正宗而形成的。这两种系统,是以盛世的致治作为颂扬的楷模。

欧·亚·历·史·文·化·文·库·

我国封建时代的政统和道统,随着国家的发展变化和民族关系的发展变化,在内容上不断充实、发展和更新,其民主精华部分,是其发展、更新的活力所在。民族思想的进步和精华在于它的多民族性,比如中国(中原),由最初中原居住的华夏族(汉族)进而包括进入中原的各族在内,政权也由不包括少数民族政权到包括在中原建立的民族政权,这样中国的含义也就变成多民族的。四海原指边境的少数民族地区,后来也包括从中原迁去的汉族,政区的划分在民族的构成上也就发生了变化。随着民族分布的调动和迁徙,在中原有更多民族和政权成为中国(中原)的民族和政权,他们继承和发展中原的经济、政治和文化,成为中原人和政权的组成部分。在发展中,中原不断地吸收少数民族及其文化,边境的少数民族更不断地吸收汉族及其文化。这样中华民族文化的精华——华夏文化,便成为各族的共同文化,是各族共同发展创造的财富。

政统、道统与北方诸族和政权有着不可分割的关系。在封建社会前期的"天下一体"时期,中原的政统、道统,越来越成为多民族的。这一时期大致经历四个阶段而与中原发生着关系。第一个阶段是作为"天下一体"中的边境的氏族部落,接受中原的教化,隶属中原,被纳入"天下一体"之中。其中也有几种情况:一是与中原郡县邻近的族,接受和使用中原文化,在中原大礼乐之邦外,成为小礼乐之邦;二是在小礼乐之邦与荒远之间的族,他们受中原文化教化不深,但影响也是不断的;三是受中原文化影响很少的荒远的氏族部落集团。第二个阶段,在边境地区出现了各族建立的地方民族政权,他们开始以政权与中原发生关系。这些政权是按本族的方式建立起来的,但都不同程度和以不同方式受中原制度的影响,如在匈奴部落奴隶制社会中,插花式的出现以汉人为主的城市,而夫余、高句丽的种族奴隶制,颇受殷、周奴隶制的影响,其文化也多接受中原影响。第三个阶段是边境的民族和政权转化为中国(中原)的民族和政权的阶段。他们由接受中原的影响和封号,经由慕华风,仿中原制度,直接在中原继承中原的政统、道统而建立封建割据的政权。第四个阶段是在前一时期发展基础上建立北朝,北朝与南朝共同在继承中原的政统、道统中发展。随着这种变化,在边境的地方民族政权也开始按中原封建政权的模式,改造和建立自己的政权(如高句丽、渤海),对中原继续保持臣附关系。

由地方的民族和政权转化为中原的民族和政权,是北方民族发展的一个飞跃。五胡十六国时期的北方民族政权,他们与汉族合作并在汉族的帮助下,以中原的政统、道统的继承者自居,行中国制度,建立中国政权,此时中原的政统、道统对他们来说,已不再是接受影响和教化,而是直接掌在手的问题。

刘元海都于离石,后迁左国城,晋永兴元年(公元304年)称汉王。刘宣曾劝刘元海"当兴我邦族,复呼韩邪之业"。元海则说:"善。当为崇冈峻阜,何能为培塿乎!夫帝王岂有常哉!大禹出于西戎,文王生于东夷,顾唯德所授耳。今见众十余万,皆一当晋十,鼓行而摧乱晋,犹拉枯耳!上可成汉高之业,下不失为魏氏。虽然,晋人未必同我,汉有天下世长,恩德结于人心。是以昭烈崎岖于一州地,而能抗衡于天下。吾又汉氏之甥,约为兄弟,兄亡弟绍,不亦可乎!且可称汉,追尊后主以怀人望。"[1]刘元海从历史上、理论上以及与汉的关系上,找到了继承中原政统、道统的依据,他主张尊汉,绍兴汉业,设汉官制。

石勒当雇佣时,曾遇一父老对他说:"君应为中州主。"石勒拜而受命。石季龙与张敬、张宾及诸将佐百余人劝石勒称尊号,石勒下书说:"昔周文以三分之重,犹服事殷朝,小白居一匡之盛,而尊崇周室。况国家道隆殷、周,孤德卑二伯哉!"不许。后石季龙、张敬、张宾等上疏"请依刘备在蜀,魏王在邺故事",称赵王。晋太兴二年石勒称赵王,咸和三年称赵天王,行皇帝事。石勒把自己看是中原政统、道统继承者。他在宴高句丽、宇文屋孤使者时,喝醉了酒,他问徐光:"'朕方自古开基何等主也?'对曰:'陛下神武筹略迈于高皇,雄艺卓荦超绝魏祖,自三王以来无可比也,其轩辕之亚乎!'勒笑曰:'人岂不自知,卿言亦以太过。朕若逢高皇,当北面而事之,与韩、彭竞鞭而争先耳;朕遇光武,当并驱于中原,未知鹿死谁手。大丈夫行事当礌礌落落,如日月皎然,

---

[1]《晋书·刘元海载记》。

303

终不能如曹孟德、司马仲达父子欺他孤儿寡妇,狐媚以取天下也。朕当在二刘之间耳,轩辕岂所拟也!"[1]群臣皆顿首称万岁。

慕容涉归迁邑于辽东之北,"渐慕诸夏之风"。慕容廆"教以农桑法制,同于上国"。[2]他对高瞻有一段话,其中"且大禹出于西羌,文王生于东夷,但问志略何如耳,岂以殊俗不可降心乎"。[3]其义是各族均可成为中原主,不因民族的不同而有差异,主要是看"志略"。

苻坚时,薛赞、权翼对坚说:"'今主上昏虐,天下离心。有德者昌,无德受殃,天之道也。神器业重,不可令他人取之。愿君王行汤、武之事,以顺天人之心。'坚深然之,纳为谋主。"前秦苻坚行汉制,"吾今始知天下之有法也,天子之为尊也"。[4]

南凉秃发乌孤,其先与后魏同出。秃发乌孤说:"帝王之起,岂有常哉!无道则灭,有德则昌,吾将顺天人之望,为天下主。"[5]

夏国赫连勃勃,对从姚兴处来奔的王买德说:"朕大禹之后,世居幽、朔,祖宗垂辉,常与汉、魏为敌国,中世不竞,受制于人。逮朕不肖,不能绍隆先构,国破家亡,流离漂虏。今将应运而兴,复大禹之业。"[6]

北方民族进入中原成为中原人,在中原建立政权成为中原政权,作为中原的"一家两国"或一家多国出现,而最根本的问题是他们对中原政统和道统的继承。而继承中原的政统和道统,他们从各方面立论有与汉族同样的资格成为中原的君主,摆脱少数民族不能称帝王的旧的传统观念。他们从历史上证明华夏族来源于不同的族,"大禹出于西羌,文王生于东夷",来自不同族属的均可成为华夏。他们自称是古先王的后人,如赫连勃勃称是"大禹之后",他们从姻戚和结盟关系证明有权成为中原主,如刘元海称是汉室之甥,汉与匈奴约为兄弟,"兄亡弟绍"是合理的。他们以天命观为理论依据,不分民族,有德者皆受天

〔1〕《晋书·石勒载记》。
〔2〕《晋书·慕容廆载记》。
〔3〕《晋书·高瞻载记》。
〔4〕《晋书·苻坚载记》。
〔5〕《晋书·秃发乌孤载记》。
〔6〕《晋书·赫连勃勃载记》。

命为皇帝,行先王的宏业,顺天人之望。帝王之起无常,在汉族内部是这样,在民族间亦理应如此。在这种重大的变化中由各族结合成一个中华的思想在孕育和发展着。这种思想是少数民族和汉族合作中发展起来的,到隋朝的王通又加以总结,这是对传统正闰观的有力批判。

辽、金、元、清所建立的政权,都是中国的王朝,都是对我国历史上的中原的政统、道统的继承。契丹耶律阿保机建立契丹国,太宗时改为辽。《契丹国志·契丹初兴本末》:"原其立国,兴自阿保机,至耶律德光而寝张。……中国帝王名数,尽盗而有之。"这完全是从传统的正闰观看问题。阿保机作中国皇帝,在他看来是天之有德者嗣为继统。他说:"上天降监,惠及烝民。圣主明王,万载一遇。朕即上承天命,下统群生,每有征行,皆奉天意。"[1]他称帝是"天人所与,若符合契"。[2]

辽把自己所建立的政权看是中国政权,因以天命嗣政统,以儒学作为中国道统。《辽史·义宗倍传》:"太祖问侍臣曰:'受命之群,当祀天敬神。有大功德者,朕欲祀之,何先?'皆以佛对。太祖曰:'佛非中国教。'倍曰:'孔子大圣,万世所尊,宜先。'太祖大悦,即建孔庙,诏皇太子春秋释奠。"神册三年五月,"诏建孔子庙、佛寺、道观"。四年八月,阿保机"谒孔子庙",而"命皇后、皇太子分谒寺观",[3]以此表示在三教中对儒教的重视。元时许衡说后魏、辽、金皆"行汉法"。[4]辽把自己看与华夏无异,辽道宗时汉人讲《论语》,至"夷狄之有君",疾读不敢讲,道宗则说:"上世獯鬻、猃狁荡无礼法,故谓之夷。吾修文物彬彬,不异中华,何嫌之有?"[5]因为"华夷同风",视少数民族建立的政权为"僭伪",少数民族为"异类"的观点已不为具有先进民族思想的人所取,就是北宋也不得不承认与辽是"一家两国"的关系。

金继辽、北宋之后,在继承中原的政统和道统上,其思想更加发展。金朝女真族统治者自视为中国王朝的继嗣者,金初在与宋共同承认为

---

[1]《辽史·太祖纪》。
[2]《辽史·耶律曷鲁传》。
[3]《辽史·太祖纪》。
[4]《元史·许衡传》。
[5]洪皓:《松漠纪闻》。

305

"一家两国"的前提下,把对宋战争看成是统一战争,正统天下。[1] 海陵王反对贵中华、贱夷狄的思想,提出能实现统一的都可以为正统。王若虚为维护南北两朝的合法地位出发,他批评实现统一必由北宋的观点,他认为天下"非一人之所独有"[2]。赵秉文提出有公天下之心的皆可称汉,夷狄入中国则中国之,中国入夷狄也就是夷狄。[3] 金朝以历朝致治为楷模,在政统上继承唐、宋,"盖欲跨辽宋而比迹于汉、唐"[4]。在道统上强调正宗之传,金把孔子抬高到与宋相等的地位。元好问《中州集》把各地域、各民族出身的人物,不分民族同视为中州人物,其依据即有着相同的中原道统。金朝不仅继承中原的政统和道统,而且出现发展中原政统和道统的典型皇帝,被史称为"小尧舜"的金世宗,时"以汉文拟世宗",[5]后来被当做封建帝王学习的榜样加以颂扬。

元时行汉制,继承了中原的政统和道统。元时汉人的含义更加广泛。元朝作的是中国皇帝,其方针是"祖述变通"。祖述就是继承,变通就是改革。元世祖忽必烈即位诏书提出:"稽列圣(祖宗)之洪规,讲前代(唐、宋)之定制。"[6]郝经也说:"以国朝之成法,援唐、宋之故典,参辽、金之遗制,立政安民,成一代之法。"[7]元朝的功绩在于把南北统一,在同一政统、道统下,把各民族、各地区统一为中华民族和中国。

清朝与元一样,从历史上消除"天下一体"中的华与夷中外之分。《热河志》乾隆《杂咏》诗小注云:"从猎蒙古王公,内扎萨克四十九旗,又喀尔喀四部及四卫拉特,并青海等部各扎萨克,不下百余旗。我朝中外一家之盛,实史册所未见云。"《亲征平定朔漠方略》卷7,噶尔丹向清表示:"我与中华一道同轨。"又"向在中华皇帝道法之中,不敢妄行"。

作为一个统一的中国,并没有彻底消除分裂割据的因素,特别是在帝国主义入侵后,这种破坏的力量为帝国主义分割中国所利用。实行

---

〔1〕见《金史·礼志》及《大金吊伐录》卷1。

〔2〕王若虚:《滹南遗老集》卷26《君臣实辨》。

〔3〕赵秉文:《闲闲老人滏水文集》卷14《蜀汉正名论》。

〔4〕《金史·章宗纪》赞。

〔5〕刘因:《静修先生文集》卷5《金太子允恭墨竹诗》。

〔6〕《元史·世祖纪》。

〔7〕《元文类》卷14《立政议》。

统一的政统和道统,并不是说一国之内的民族差异和制度的不同不复存在,这是元、明、清继续实行"一国两制"的依据。它的存在与"一家两国"对统一所起的破坏作用不同,有利于民族的团结和国家的统一。

从我国历史上的"一家两国"和"一国两制"的实际发展来看,都是统一多民族国家内部的问题。由以汉族为主包括各族在内而形成的政统和道统,是多民族的,在促进各民族进入先进民族的行列,以及各族被纳入"中华一道同轨"之中曾起重要作用。这个历史证明,南北对立论和北方民族文化与中原汉族文化对抗的观点是一种不符合中国实际的理论。

(原刊《史学集刊》1987 年 4 期)

索　引

跋

张博泉先生,一名甫白,字在清,晚年号为东梁老人。满族人,中共党员,是我国著名的金史专家、地方史学家。1926 年 1 月 28 日生于奉天省(今辽宁省)西丰镇,童年和少年时代生活于辽宁省辽阳市。1948 年 12 月考入沈阳东北行政学院(吉林大学前身);1950 年毕业留校任教;1952 年 9 月考取中国人民大学与东北人民大学(吉林大学前身)联合培养研究生,攻读中国古代史专业,先后师从尚钺先生和吕振羽先生,毕业后一直在吉林大学任教。张博泉先生先后担任历史系中国古代史教研室主任、东北地方史研究室主任、历史系副主任、古林大学学术委员会委员、吉林大学职称评定委员会委员等职。20 世纪 80 年代以来先后兼任中国辽金契丹女真史研究会副会长、名誉理事长;中国元好问学会副会长、顾问;吉林省社会科学规划历史学科规划小组成员、吉林省高等院校教师职务评审委员会历史学科评议组成员。1992 年 10 月,张先生以其卓越的学术成就获得国务院政府特殊津贴,12 月获得吉林省省委、吉林省政府颁发的"吉林英才奖章"。

自 20 世纪 50 年代初以来,张先生始终致力于东北史、辽金史、北方民族史、史学理论的教学与研究工作,先后出版了近 20 部学术著作,发表 150 余篇学术论文,主持完成多项教育部、吉林省社科规划项目。张先生于 1981 年出版的《金代经济史略》被学界认为是新中国金史研究的发端之作;1984 年出版的《金史简编》是新中国第一部完整的金朝断代史;1985 年出版的《东北地方史稿》被学界视为东北史研究领域的里程碑。张先生晚年集一生学术研究之探索,构建了"中华多元一体与一体多元"的史学理论体系,1986 年发表了著名的论文《中华一体

欧·亚·历·史·文·化·文·库·

论》,1995 年出版的《中华一体的历史轨迹》集中地阐述了"多元一体与一体多元"的学术思想体系,不仅在当时学术界产生了重大反响,而且进入 21 世纪以来,越来越为学术界所重视和认同。正当张先生筹划撰写《中华一体的历史轨迹》续篇,并初定名为《中华一体的史论追踪》的时候,2000 年病魔突然夺去了先生的生命。先生的仙逝,给学界留下了永远的遗憾。

本文集是我们从张先生发表的 150 余篇论文中,按照辽金史研究、东北地方史研究、史学理论研究三个研究领域,选择各个时期具有代表性的 21 篇论文,约 30 万字,集成文集,基本上可以反映先生的主要学术成就。以先生的别名而名之为《甫白文存》。

程妮娜　杨　军
2010 年 1 月